中国法院2023年度案例

国家法官学院　最高人民法院司法案例研究院 / 编

借款担保纠纷

中国法制出版社
CHINA LEGAL PUBLISHING HOUSE

《中国法院2023年度案例》通讯编辑名单

序

法治是治国理政的基本方式，司法是法治体系的重要基石。党的二十大报告指出，要坚持走中国特色社会主义法治道路，建设中国特色社会主义法治体系、建设社会主义法治国家。加快建设公正高效权威的社会主义司法制度，努力让人民群众在每一个司法案件中感受到公平正义。人民法院始终坚持以习近平新时代中国特色社会主义思想为指导，深入学习贯彻习近平法治思想，围绕“公正与效率”这一主题，践行新时代能动司法理念，把加强司法案例研究作为加快建设公正高效权威社会主义司法制度，坚持为大局服务、为人民司法的重要途径，通过发布具有普遍指导意义的典型案例，统一法律适用，提高审判质效，提升司法公信力，努力让人民群众在每一个司法案件中感受到公平正义。

“中国法院年度案例系列”丛书，是国家法官学院和最高人民法院司法案例研究院精选全国各高级人民法院每年选送的优秀案例，深入挖掘典型案例内在价值编辑的实用精品丛书，旨在总结提炼典型案例的裁判规则和裁判方法，发挥司法规范、指导、评价、引领的重要作用，大力弘扬社会主义核心价值观，增强全民法治意识和法治素养，展现新时代我国司法领域新发展、新成就。

本丛书自2012年编辑出版以来，已连续出版12年，每年年初出版，受到读者广泛好评。本丛书出版之初有15个分册。近年来，为顺应审判执行实践需要，更加全面反映我国司法审判执行工作的发展进程，响应读者需求，2014年度新增金融纠纷、行政纠纷、刑事案例3个分册，2015年度将刑事案例调整为刑法总则案例、刑法分则案例2个分册，2016年度新增知识产权纠纷分册，2017年度新增执行案例分册，2018年度将刑事案例扩充为4个分册，2022年度将土地纠纷（含林地纠纷）分册改为土地纠纷（含环境资源案例）分册。在全国各级人民法院的大力支持下，丛书编委会现编辑出版《中国法院2023年度案例系列》丛书，共23个分册。

“中国法院年度案例系列”丛书以开放务实的态度、简洁明快的风格，追求“好读有用”，主要体现出以下特色：一是选编案例来源广泛、时效性强。

国家法官学院和最高人民法院司法案例研究院每年通过各高级人民法院汇集全国范围内上一年度审结生效的典型案例近万件，使该丛书有广泛的精选基础，可及时、定期提供全国范围内新近发生的多种类型的新型、疑难案例。二是由法官释理说法，全方位深度挖掘案例价值。大多数案例由主审法官撰写"法官后语"，深入阐释案例的裁判思路和相关考量，充分发挥典型案例在司法裁判、类案参考、法学研究、行为指引、宣示教育等方面的价值，力求引发读者的共鸣与思考，为读者提供借鉴和启迪。三是编排依次以案由和法律适用问题为序，方便读者检索。丛书充分体现"以读者为中心"的理念，每册内容主要根据案由分类编排，每个案例主要围绕法律适用问题，用一句话精要概括裁判规则、裁判思路或争议焦点，以其作为主标题，让读者能一目了然，迅速找到所检索的目标案例。四是注重裁判文书再加工，高度提炼案例内容。案例编写突出争议焦点以控制篇幅，剔除无关信息，尽可能在有限的篇幅内为读者提供更多与争议焦点、所查类案相关的有效、有益信息。

中国法制出版社始终全力支持"中国法院年度案例系列"丛书的出版，给了作者和编辑们极大的鼓励。2023年，这套丛书将继续提供数据库增值服务。购买本书，扫描前勒口二维码，即可在本年度免费查阅往年同类案例数据库。我们在此谨表谢忱，并希望通过共同努力，逐步完善，做得更好，真正探索出一条编辑案例书籍、挖掘案例价值的新路径，更好地服务司法审判高质量发展、服务法治社会建设、服务学习研究法律的读者。

"中国法院年度案例系列"丛书既是法官、检察官、律师等法律工作者的办案参考和司法人员培训的实用教材，也是社会大众学法用法的经典案例读本，同时是教学科研机构与人员从事案例研究的良好系列素材。当然，案例作者和编辑在编写、编审过程中也难以一步到位实现最初的愿望，客观上会存在各种不足甚至错误，欢迎读者批评指正。我们愿听取各方建议，不断拓宽深化司法案例研究领域，立足新发展阶段，推动实现中国特色司法案例事业的高质量发展。

国家法官学院

最高人民法院司法案例研究院

2023年5月

目　录

Contents

一、借　款

二、保　　证

三、抵　　押

四、质　押

一、借　款

1

第三人单方自愿代为履行特定情形下产生诉讼时效中断

——投资发展公司诉广告公司等借款合同案

【案件基本信息】

1. 裁判书字号

北京市第三中级人民法院（2021）京03民终11146号民事判决书

2. 案由：借款合同纠纷

3. 当事人

原告（被上诉人）：投资发展公司

被告（上诉人）：广告公司

被告：陶甲

【基本案情】

2016年7月21日，投资发展公司向广告公司转账500万元。当日，广告公司及法定代表人陶乙作为借款人出具《借条》：今有广告公司向投资发展公司借款人民币伍佰万元整，此笔借款广告公司一年内向兴某源一次还清，借款收益参照人民银行同期利息计算。《借条》底部有“注：此笔借款见证及担保人陶甲”。

投资发展公司提交刘某与陶甲的微信聊天记录。显示：2020年1月21日，陶甲：我个人转了10万元……2020年5月13日，刘某：今天能给40个吗？陶甲：您放心吧。

2020年1月21日，陶甲向康某梅支付10万元。2020年8月21日，陶甲委托传媒公司向Z集团公司付款20万元。针对上述30万元款项，投资发展公司于2020年9月9日向陶甲出具《确认函》，认可该款项系涉案债权。2020年9月10日，陶甲委托传媒公司向投资发展公司付款20万元。

投资发展公司称50万元还款系广告公司与陶甲共同偿还借款，陶甲是基于借款人身份还款，其行为可视为对借款本金及利息的重新确认；广告公司与陶甲亦认可系本案项下还款，但主张陶甲当时仍属担保人，其系基于保证人身份还款。广告公司持有传媒公司80%股权，广告公司与陶甲认可广告公司与传媒公司系关联公司。广告公司对借款事实无异议，认为投资发展公司主张已超过诉讼时效；陶甲不认可借款人身份，认为投资发展公司主张超过保证期间。陶乙是陶甲的父亲，投资发展公司称陶甲系广告公司实际控制人，其在2013年持有广告公司60%股权并担任法定代表人、执行董事与经理；广告公司与陶甲均不认可陶甲系广告公司实际控制人，陶甲在2016年并非广告公司股东，其虽曾担任过广告公司董事等职务，但不能认定其为广告公司实际控制人。

【案件焦点】

保证人在保证期间届满后、主债权诉讼时效届满前作出的履行行为性质的认定及对诉讼时效的影响。

【法院裁判要旨】①

北京市朝阳区人民法院经审理认为：陶甲在《借条》落款处签字并确认保证人身份，应承担保证责任，保证期间为主债务履行期限届满后六个月，投资发展公司未证明曾在该期间内向陶甲主张保证责任，但从微信聊天记录可以看出刘某接受投资发展公司委托向陶甲主张债权并应陶甲要求出具《确认函》

① 本书【法院裁判要旨】适用的法律法规等条文均为案件裁判当时有效，下文不再对此进行提示。

《情况说明》。故在保证期间届满后，陶甲再次对投资发展公司的债权进行确认，应继续承担保证责任。投资发展公司起诉时间为 2020 年 8 月 4 日，但在 2020 年 1 月即向陶甲主张债权，陶甲未提异议且履行还款责任，故可认定本案未超诉讼时效。

北京市朝阳区人民法院根据《中华人民共和国合同法》第六十一条、第二百一十条，《中华人民共和国担保法》第六条、第二十五条，《最高人民法院关于审理民间借贷案件适用法律若干问题的规定》第十条之规定，作出如下判决：

一、广告公司、陶甲共同给付投资发展公司本金 500 万元，并以此为基数，按照中国人民银行同期贷款利率标准计算给付自 2016 年 7 月 21 日至 2019 年 8 月 20 日期间的利息，并按照全国银行间同业拆借中心公布的贷款市场利率标准计算给付自 2019 年 8 月 21 日起至实际结清之日止的利息，陶甲已付 50 万元优先抵扣上述利息，超出部分折抵本金；

二、驳回投资发展公司的其他诉讼请求。

广告公司与陶甲不服一审判决，提出上诉。北京市第三中级人民法院经审理认为：《借条》载明陶甲系见证及担保人，对保证方式未约定，故陶甲应为连带责任保证人。当事人对保证期间未作约定，故结合转账时间及借款时间、期限，主债务履行期于 2017 年 7 月 21 日届满，投资发展公司有权自 2017 年 7 月 21 日起六个月内要求陶甲承担保证责任，但其未举证证明在前述期间内要求陶甲承担保证责任，故陶甲依法免除保证责任。在无中止中断事由情形下，本案诉讼时效于 2020 年 7 月 21 日届满。但是，在无相反证据证明陶甲与投资发展公司存在其他债权债务关系情况下，陶甲个人转款 10 万元及委托付款 40 万元均指向广告公司应向投资发展公司承担的借款偿还义务；结合陶甲与陶乙为父子关系、陶乙系广告公司法定代表人的事实，基于此种亲属关系，陶甲的付款及协调行为理应为陶乙所知悉；又鉴于传媒公司代付行为及其与广告公司的关联关系，可以认定 50 万元还款均指向广告公司具有并实施了清偿债务的行为表示。因此，在诉讼时效期间届满前，广告公司间接作出前述清偿债务表示行为导致诉讼时效中断。

北京市第三中级人民法院依照《中华人民共和国民法总则》第一百八十八条、第一百九十五条第二项，《中华人民共和国担保法》第十九条、第二十六条，《最高人民法院关于适用〈中华人民共和国合同法〉若干问题的解释（二）》第二十一条，《最高人民法院关于适用〈中华人民共和国民法总则〉诉讼时效制度若干问题的解释》第二条，《最高人民法院关于审理民事案件适用诉讼时效制度若干问题的规定》第十六条，《最高人民法院关于审理民间借贷案件适用法律若干问题的规定》第二十九条第二款第二项、第三十二条第二款；《中华人民共和国民事诉讼法》第一百七十条第一款第二项之规定，作出如下判决：

一、撤销北京市朝阳区人民法院（2020）京 0105 民初 56963 号民事判决；

二、广告公司支付投资发展公司借款本金 500 万元以及截至 2019 年 8 月 19 日的利息 242187.5 元；

三、广告公司支付投资发展公司利息（以 500 万元为基数，自 2019 年 8 月 20 日起至实际付清之日止，按照全国银行间同业拆借中心发布的一年期贷款市场报价利率计算）；

四、驳回投资发展公司的其他诉讼请求。

【法官后语】①

《中华人民共和国民法典》（以下简称《民法典》）第五百二十四条第一款规定，债务人不履行债务，第三人对履行该债务具有合法利益的，第三人有权向债权人代为履行；但是，根据债务性质、按照当事人约定或者依照法律规定只能由债务人履行的除外。第三方单方自愿代为履行的构成要件有四：（1）合同未约定第三人具有履行义务；（2）债务人不履行债务；（3）第三人对履行该债务具有合法利益；（4）根据债务性质、合同约定或者法律规定，未明确将第三人代为履行排除在外。关于构成要件一，是指此处的第三人不能是

① 本书【法官后语】对此类法律问题涉及的法律法规等内容进行了时效性更新，下文不再对此进行提示。

合同的当事人，包括不能是债务人、连带债务人、保证人、担保人等，否则该第三人的履行行为并非单方自愿代为履行，而是基于合同约定或者法律规定承担履行义务。本案中，陶甲原本为借款合同项下承担连带保证责任的保证人，因投资发展公司未依法向其主张权利而免除保证责任，故其现已并非借款合同项下的保证人，亦非共同借款人、债务加入人等主体身份，故应属“第三人单方自愿代为履行”中的第三人。关于构成要件二，具体包括债务人明确拒绝履行、违约、丧失履行能力、自己履行或委托他人履行已无现实可能等情形。本案中，广告公司在借款期限届满后并未履行还款义务，故属于“债务人不履行债务”的情形。关于构成要件三，有观点认为，只要第三人履行该债务的目的合法或者不违反法律法规和规章的禁止性规定，即可认定其具有合法利益。[①] 关于构成要件四，具体包括根据债务性质、合同约定或者法律规定，只能由债务人履行。显然，本案陶甲的履行行为并不违反有关禁止性规定，且广告公司偿还借款的义务亦非只能由其自己履行。因此，本案中陶甲的履行行为符合《民法典》第五百二十四条关于第三人单方自愿代为履行的规定。

第三人单方自愿代为履行与义务人同意履行并非当然等同，故第三人单方自愿代为履行行为在一般情形下不能对主债权诉讼时效发生中断效力，但亦存在例外：1. 第三人履行时的意思表示主要指向第三人在向债权人代为履行时的主观认识，包括对主体、债权债务内容以及自身履行行为的认识：对主体的认识，是指第三人对债务人与债权人情况明确清楚，并对自己并非债务人、保证人或者连带义务人等不存在错误认识；对债权债务内容的认识，是指第三人知悉债权债务的种类、性质以及范围等事项；对自身履行行为的认识，则是指理解自己履行行为的替代性并对履行内容无误解。与第三人履行时的意思表示相对应，债权人在接受履行时的意思表示，主要指向债权人对第三人系单方、自愿代债务人履行债务而非履行自己对债权人的债务不存在错误认识，并对第三

---

① 最高人民法院民法典贯彻实施工作领导小组主编：《中华人民共和国民法典合同编理解与适用（一）》，人民法院出版社 2020 年版，第 422 页。

人的履行行为将相应扣减其与债务人之间的债权债务无误解或者异议。2. 第三人与债务人的关系，在双方均为自然人的场合下主要表现为亲属关系，在双方均为法人或者一方为法人的场合下则主要表现为持股关系、投资关系以及合作关系等，在具体案件中还会出现各种关系的交叉重合。因此，第三人是基于其与债务人之间的特定关系而愿意代其向债权人履行债务，亦正是基于此种特定关系，债务人理应对第三人的履行情况知情，除非债务人有证据证明其对此确实不知情或者不应当知情，例如债务人举证证明其对第三人单方自愿代为履行行为及时提出过异议或者明确表示过拒绝。3. 第三人的履行行为与主债权债务之间的关联性，指向《民法典》第五百二十四条第一款规定的“第三人对履行该债务具有合法利益”。如前所述，只要该第三人履行债务的目的合法或者不违反法律法规和规章的禁止性规定，即可认定其具有合法利益；从利害关系角度来看，第三人对履行该债务具有合法利益，是指该第三人与主债权债务之间具有利害关系，第三人会因债务人的不履行而遭受损失。尽管此种利益一般仅限于财产利益，但在具体案件中不宜仅以财产利益为限。另外，《民法典》并未对无利害关系情形下的第三人单方自愿代为履行作出规定，实践中该第三人一般是基于赠与或者无因管理等原因代为履行。

综上，根据陶甲与广告公司及其法定代表人的关系以及陶甲的履行行为与主债权债务之间的关联性，结合陶甲作出履行行为时的意思表示与投资发展公司接受履行时的意思表示，本案认定陶甲的履行行为可以指向广告公司具有向投资发展公司清偿债务的意思表示且其亦通过陶甲间接向投资发展公司作出了债务清偿行为。

编写人：北京市第三中级人民法院　尚晓茜　刘行

2

未经村民会议授权而转让村属集体企业资产份额的行为无效

——房地产公司诉某村村民委员会借款合同案

【案件基本信息】

1. 裁判书字号

上海市第二中级人民法院（2020）沪02民终9965号民事判决书

2. 案由：借款合同纠纷

3. 当事人

原告（上诉人）：房地产公司

被告（被上诉人）：某村村民委员会

【基本案情】

实业公司是某村的村属集体企业。1999年12月，实业公司从他人处全资收购了钢厂，购买价500万元。因资金不足，2001年5月，实业公司向经济合作社借款200万元以支付收购款。2010年4月，上述借款到期，某村村民委员会又向房地产公司借款200万元，即由房地产公司代为向经济合作社还款200万元。就该笔借款，某村村民委员会与房地产公司未签订书面协议，也未约定借款的期限和利息。

2015年下半年，某村村民委员会向房地产公司出具一份《承诺书》，其中载明："本村于1999年12月收购钢厂资产，当时因资金困难，向本镇钱湾村借款200万元。后因本村无力偿还，故由房地产公司代本村偿还此款。嗣后，本村亦一直未偿还房地产公司，至今亦无力偿还。鉴于以上情况，经本村与房地产公司商定，确认在所购钢厂资产中房地产公司享有40%的权益。若日后该厂房遇土地征收，所得补偿款的40%由房地产公司享有。特此承诺。”

诉讼中，某村村民委员会代理人陈述，2015年7月、8月村换届选举后，房地产公司向村里领导催讨该笔借款，由于当时资金紧张无法还款，由村里的支部书记、村长与房地产公司商议，决定以钢厂厂房将来征收补偿款的40%抵债，后由支部书记盖了村委会章，向房地产公司出具该份《承诺书》。就该份《承诺书》，某村在事前和事后都没有召开过村民代表会议或村民大会进行讨论。

2018年5月，某村所在的镇人民政府与某村村民委员会签订《拆迁房屋补偿协议》，约定因土地收购储备项目需要，杨行镇政府对某村集体土地上的建筑物和构筑物实施拆迁房屋补偿，拆迁补偿款共计17854787元。某村村民委员会确认，上述《拆迁房屋补偿协议》所涉房屋就是钢厂的资产，并确认该村已收到镇政府支付的全部拆迁补偿款17854787元。

上述拆迁补偿结束后，钢厂被注销。

房地产公司起诉至法院，其认为某村村民委员会向房地产公司出具的《承诺书》合法有效，现某村所购厂房已拆迁，且某村已取得拆迁补偿款，某村村民委员会理应履行承诺，向房地产公司支付相应拆迁利益的40%。故请求判令某村村民委员会向房地产公司支付该厂房土地征收地面资产补偿款（扣除承租人安置费等费用后）的40%，共计5374314.80元。

某村村民委员会辩称，向房地产公司借款200万元属实，确认向房地产公司出具过《承诺书》，但还有其他征地成本房地产公司在起诉中未计入。

一审审理中，法院询问双方当事人，如果本案认定2015年《承诺书》的约定无效，双方的意见，房地产公司坚持认为《承诺书》关于其可取得钢厂拆迁补偿款之40%的约定是有效的；某村村民委员会则称《承诺书》的效力和后果由法院依法处理。

【案件焦点】

1. 房地产公司与某村村民委员会的借款合同关系是否成立；2. 某村村民委员会向房地产公司出具的《承诺书》是否产生效力。

【法院裁判要旨】

上海市宝山区人民法院一审审理认为，房地产公司与某村村民委员会均认可 2010 年 4 月房地产公司向经济合作社付款 200 万元系房地产公司出借某村村民委员会该款项用于还款，故可认定房地产公司与某村村民委员会之间就该 200 万元成立借款合同关系。

对于某村村民委员会向房地产公司出具的《承诺书》的效力，一审认为，《中华人民共和国村民委员会组织法》（以下简称《村委会组织法》）第二十四条规定，涉及村民利益的有关事项，包括征地补偿费的使用、分配方案，或者以借贷、租赁或其他方式处分村集体财产，需经村民会议讨论决定方可办理。该规定系对农村集体经济组织成员利益的保护。钢厂属于某村村民委员会的村集体企业，其资产属于某村的集体资产，《承诺书》确认在钢厂全部资产中房地产公司享有 40%的权益，并承诺若该厂遇土地征收所得补偿款的 40%由房地产公司享有，此类似于约定将村集体企业的 40%产权份额转让给他人。根据《村委会组织法》的规定，该《承诺书》所约定的上述事项并非村委会负责人所能单独决定的事项，而应经过村民会议的决定授权。本案《承诺书》虽然加盖了某村村民委员会的印章，但该签章行为未经村民会议授权，构成越权代表，内容也有损于某村的村民集体利益。综上，一审认定该《承诺书》中某村村民委员会所承诺的内容无效。

因《承诺书》所承诺内容无效，故房地产公司依据《承诺书》主张某村村民委员会支付 40%拆迁补偿款缺乏依据，法院不予支持。一审法院已就《承诺书》可能认定无效询问了双方当事人的意见，为了避免当事人讼累，对于某村村民委员会所欠房地产公司借款在本案中一并处理。本案中，房地产公司主张自 2012 年 1 月起向某村村民委员会催讨借款，某村村民委员会基本认可房地产公司催讨情况，故一审认定某村村民委员会应归还房地产公司借款本金 200 万元，并应按央行同期贷款利率或 LPR① 利率标准支付利息。

---

① LPR（Loan Prime Rate），贷款市场报价利率。以下不再标注。

一审法院据此判决如下：

一、房地产公司提供的某村村民委员会出具的落款日期为2015年的《承诺书》中，某村村民委员会所作的确认房地产公司在钢厂全部资产中享有40%权益并可取得该厂被征收补偿款的40%的承诺无效；

二、某村村民委员会归还房地产公司借款本金200万元；

三、某村村民委员会支付房地产公司以200万元为基数，自2012年2月1日起计付至本判决生效之日止的逾期利息，2019年8月19日之前按同期中国人民银行贷款基准利率计付，2019年8月20日之后按LPR利率计付；

四、驳回房地产公司的其余诉讼请求。

房地产公司不服一审判决，提出上诉，坚持原审诉请。

上海市第二中级人民法院二审认为，本案中钢厂资产在被实业公司购买后，已成为某村集体资产，现某村村民委员会未经法定程序擅自决定处分村集体资产，构成越权代表。越权代表行为仅对不知道或者不应当知道超越权限的善意相对人有效。本案中，房地产公司未证明其对于村民会议的决定提出审查要求或尽到了审查义务，故房地产公司并非善意相对人，其合同权益不应得到支持。二审法院判决：驳回上诉，维持原判。

【法官后语】

本案涉及村民委员会处置村属集体企业的财产的行为效力问题。《中华人民共和国民法典》（以下简称《民法典》）第九十六条［即原《中华人民共和国民法总则》（以下简称《民法总则》）第九十六条］规定“农村集体经济组织法人”系“特别法人”，本案涉及的本村为发展村集体经济而设立的平台招商企业，应属于《民法典》规定的农村集体经济组织法人，而农村集体经济组织法人全资拥有的企业属于农村集体所有制企业，该企业的资产属于村民集体所有，该企业被征收后的补偿款亦属于村民集体所有。未经村民会议授权，村民委员会擅自对外签章承诺将该村集体企业的部分资产份额或企业被征收后的部分补偿款份额转让给他人的，该行为违反了我国《村委会组织法》的规定，该承诺或约定应属无效。

在乡村振兴的国家战略背景下，本案的处理对于规范农村集体经济的运行和管理、维护村集体组织成员利益具有积极示范意义。

一、实业公司属于《民法典》所规定的“农村集体经济组织法人”

我国《民法典》第九十六条（即原《民法总则》第九十六条，两条款内容一致）① 规定农村集体经济组织法人系“特别法人”。农村集体经济组织是指以土地的集体所有制为基础，以乡村区域为范围，以管理土地和集体财产、组织本集体成员共同开展生产经营活动和提供其他社会经济服务为职能的集体性经济组织②。如果该农村集体经济组织具备法律规定的“法人”条件，就是“农村集体经济组织法人”。

本案中的实业公司是某村村属集体企业，在《民法总则》关于“农村集体经济组织法人”的特别法人规定尚未出台之前即早已成立。实业公司作为村集体创办的企业，法律地位属于乡村集体所有制企业③。但实业公司又非一般的村集体所有制企业，系某村为发展该村集体经济、对外招商引资而设立的平台性企业，具备了集体所有、合理利用土地或自然资源、其财产由举办该公司的村内全体农民集体所有（与成员身份密切相关）等特点，并具备法人资格。所以，当《民法总则》和《民法典》对“特别法人”之“农村集体经济组织法人”作了专门规定之后，则实业公司可以视为《民法总则》和《民法典》中所规定的“农村集体经济组织法人”。这也是从法律上赋予实业公司这类为了发展本村经济设立的经济组织“特别法人”的地位。

二、农村集体经济组织法人全资拥有的企业属于该集体组织成员集体所有

本案中的钢厂登记的企业类型为集体所有制企业，是实业公司全资拥有的

① 《民法典》第九十六条和《民法总则》第九十六条均规定：“本节规定的机关法人、农村集体经济组织法人、城镇农村的合作经济组织法人、基层群众性自治组织法人，为特别法人。”

② 最高人民法院民法典贯彻实施工作领导小组主编：《中华人民共和国民法典总则编理解与适用（上）》，人民法院出版社 2020 年版，第 532 页。

③ 实业公司工商资料显示其股东亦为实业公司，这是当前许多集体企业工商登记存在的较为普遍的情况。集体企业的股东不能登记为村委会、政府或其他实体机构，这个“集体”无法具象，权宜之计为在工商登记时不少集体企业登记的股东名称亦是该企业自己。

村集体企业，钢厂所占土地即某村的集体土地，土地上的建筑物和构筑物是钢厂的资产；本案中的房屋拆迁补偿款涉及的房屋就是钢厂的资产，钢厂注销后，该拆迁补偿款属实业公司所有。而实业公司是某村的集体经济组织法人，那么从逻辑上讲，钢厂由实业公司全资所有，其财产（被拆迁的补偿款）应由实业公司全部享有；而实业公司是某村的农村集体经济组织法人，实业公司享有的财产应属某村村民集体所有；因此，钢厂被征收后的补偿款的终极归属应系某村村民集体。

可见，村级农村集体经济组织法人全资拥有（或全资持股）的企业[①]仍属于该村集体所有制企业，其企业财产终极归属于村集体，该企业的财产份额（或股份）若被转让给集体经济组织成员以外的他人，应适用有关规制集体经济的法律规定，应经村民会议讨论授权；而不能简单套用《中华人民共和国公司法》的规定。本案中，钢厂的份额若要转让给外人（如原告），需经所在某村的村民会议讨论，仅有投资人实业公司的盖章或某村村民委员会的盖章都是不行的。

三、对农村集体经济组织法人全资持有的企业之资产份额的处分应经村民会议授权

根据上文陈述，钢厂拆迁后的补偿款属于某村村民集体所有，而根据《村委会组织法》第二十四条[②]的规定，要处分征地补偿费用的使用、分配方案因涉及村民利益，应当经村民会议讨论决定方可办理。根据该规定，本案中某村村民委员会对外出具《承诺书》，未经村民会议讨论决定，擅自处分钢厂40%资产份额对应的征地补偿款，违反了《村委会组织法》第二十四条规定，损害

① 公司是企业的主要形式，但至今仍有一些集体企业未进行公司化改制，企业名称仍冠以“××厂”“××中心”的形式，例如本案中的钢厂。

② 《村委会组织法》第二十四条第一款：“涉及村民利益的下列事项，经村民会议讨论决定方可办理：（一）本村享受误工补贴的人员及补贴标准；（二）从村集体经济所得收益的使用；（三）本村公益事业的兴办和筹资筹劳方案及建设承包方案；（四）土地承包经营方案；（五）村集体经济项目的立项、承包方案；（六）宅基地的使用方案；（七）征地补偿费的使用、分配方案；（八）以借贷、租赁或者其他方式处分村集体财产；（九）村民会议认为应当由村民会议讨论决定的涉及村民利益的其他事项。”第二款：“村民会议可以授权村民代表会议讨论决定前款规定的事项。”

了某村村民集体利益，故《承诺书》的该承诺应属无效。从另一方面看，钢厂作为实业公司全资拥有的集体企业，实业公司是该村农村集体经济组织法人，代表的是村民集体的意志表达，处分其拥有的大额财产当然应由村民集体意志决定；而村委会在未召开村民会议的情况下直接代村民集体处分钢厂的拆迁款的行为自然是无效行为。

村集体经济组织法人全资拥有企业的财产属于村集体所有财产，其处分涉及的是集体利益，《村委会组织法》第二十四条规定涉及村民利益的事项应当经村民会议讨论决定方可办理，村民会议可以授权村民代表会议讨论决定前款规定的事项。该规定列举出的应当经村民会议或村民代表会议决定的事项，即法律规定的特定事项或重大事项，应当经本村集体成员决定，村集体经济组织法人或村委会都不得越权代表。

本案中，如果某村村民委员会欲将钢厂40%的资产份额（或拆迁补偿款的40%）转让给原告，应按照《村委会组织法》规定的程序召集村民会议或村民代表会议讨论通过。而事实上直至涉诉，某村村民委员会都没有履行过上述程序，故案涉《承诺书》承诺的转让村集体企业钢厂资产份额（或拆迁补偿款）的内容应属无效。

编写人：上海市宝山区人民法院　徐子良　马培　宋显爱

3

出借信用卡套现转贷给他人的法律关系认定及处理

——王某、杜某诉李某借款合同案

【案件基本信息】

1. 裁判书字号

山东省沂源县人民法院（2021）鲁0323民初2908号民事判决书

2. 案由：借款合同纠纷

3. 当事人

原告：王某、杜某

被告：李某

【基本案情】

原告王某、杜某系夫妻。李某从事代还信用卡活动，从中赚取服务差价。原告将其在多家银行开立的信用卡以将卡片及密码交与李某、原告将信用卡套现及从网络平台贷款等方式先后向李某出借借款，双方约定李某按照实际刷卡数额每月支付给原告2分的利息。截至2021年8月，由李某刷取原告王某多家银行信用卡合计381623.36元，刷取原告杜某中信银行信用卡5663.84元，其中原告王某已偿还中信银行41499.78元、农业银行13939.87元及利息808.17元、浦发银行38646.85元。因原告信用卡逾期还款产生利息、分期还款费用等损失8万余元。原告王某还从网络贷款平台贷款后以支付宝转账的方式交与李某以获取高额利息，李某尚有33435.50元未归还。李某使用原告信用卡刷取现金初期，尚能按期支付约定利息，后李某因故不能支付利息并导致信用卡逾期，未能偿还上述款项，原告诉至法院要求李某偿还借款本金459210.3元、截至2021年8月上述借款利息80496.65元及自2021年9月至实际履行完毕之日的借贷利息。

案件审理期间，原告王某、杜某自愿放弃其诉求借款本金中包含信用卡逾期利息、分期还款费用甚至包含部分本金等共计8000元的诉讼请求。原告对网贷借款部分的利息，要求自起诉之日至清偿之日，按照LPR计算。

【案件焦点】

出借信用卡、套现转贷给他人形成的法律关系性质的认定及处理。

【法院裁判要旨】

山东省沂源县人民法院经审理认为，信用卡作为银行给予特定持卡人透支消费的凭证，仅能向特约商户购物或者消费，而不具有作为现金进行民间借贷交易的功能，出借信用卡套现、套现出借给他人形成的法律关系不属于民间借贷关系。该行为违反法律、行政法规的强制性规定，系无效民事法律行为，行为人因该行为取得的财产，应当予以返还。有过错的一方应当赔偿对方由此所受到的损失；各方都有过错的，应当各自承担相应的责任。依照《中华人民共和国民法典》第一百五十三条、第一百五十五条、第一百五十七条，《最高人民法院关于审理民间借贷案件适用法律若干问题的规定》第十三条第一项之规定，判决如下：

一、被告李某于本判决生效之日起十日内返还原告王某、杜某412722.70元；

二、被告李某于本判决生效之日起十日内支付原告王某、杜某利息损失40248.32元；

三、被告李某于本判决生效之日起十日内返还原告王某借款本金33435.50元及利息（以33435.50元为基数，自2021年9月18日起至清偿之日止，按照全国银行间同业拆借中心发布的同期贷款市场报价利率计算）；

四、驳回原告王某、杜某的其他诉讼请求。

判决后，双方当事人均未上诉，本判决现已生效。

【法官后语】

本案主要涉及公民个人之间因出借信用卡、套取现金转贷形成的法律关系性质的认定及由此带来的法律后果问题。司法实践中，不能仅凭借条或者当事人的陈述，即认定双方之间构成民间借贷关系，进而按照民间借贷的相关法律规定径行判决，而应当透过借贷的表象，深入分析该行为的法律本质，准确定性，合理分配责任，维护各方当事人的合法权益，并以此警示大众避免发生类似问题，发挥司法良好的指引和教育功能。

一、出借信用卡、信用卡套现转贷行为的定性

（一）信用卡仅限持卡人本人使用

信用卡作为银行给予特定持卡人透支消费的凭证，仅能向特约商户购物或者消费，而不具有作为现金进行民间借贷交易的功能，民间借贷不能以信用卡

套现方式出借款项，且信用卡内的信用额度系银行所有，并不是持卡人所有的欠款，持卡人在消费透支前对该额度并没有所有权，只是在持卡消费时，持卡人方与发卡银行之间发生借贷法律关系。

发卡行向持卡人提供信用卡主要是基于持卡人的资信状况而授予持卡人在有效期内循环信贷的权利，该循环信贷的权利与持卡人属性相关联。且发卡行向持卡人发行信用卡时，在信用卡领用合约等契约性文件中均事先约定信用卡的用途为信用消费、转账结算及存取现金，同时约定信用卡只限持卡人本人使用，持卡人出租、转借或以其他方式交由他人使用信用卡，视为违约。因此，无论从持卡人合同权利性质本身还是从发卡行与持卡人的约定来说，信用卡的合同权利均是不能转让给他人行使的。

持卡人向他人出借自己的信用卡，供他人刷取现金，收取利息差价及将自己的信用卡非以消费为目的，套取现金交予他人使用，收取利息，均系恶意串通损害银行利益、妨害国家金融管理秩序、有损社会公共利益的行为。

（二）出借信用卡、信用卡套现转贷为无效民事法律行为

《中华人民共和国民法典》第一百五十三条规定："违反法律、行政法规的强制性规定的民事法律行为无效。"《最高人民法院关于审理民间借贷案件适用法律若干问题的规定》第十三条规定："具有下列情形之一的，人民法院应当认定民间借贷合同无效：(一）套取金融机构贷款转贷的……"《中华人民共和国中国人民银行法》第二十七条规定："中国人民银行应当组织或者协助组织银行业金融机构相互之间的清算系统，协调银行业金融机构相互之间的清算事项，提供清算服务。具体办法由中国人民银行制定。中国人民银行会同国务院银行业监督管理机构制定支付结算规则。"中国人民银行根据《中华人民共和国中国人民银行法》制定了《银行卡业务管理办法》和《支付结算办法》。其中《银行卡业务管理办法》第二十八条、第五十九条规定，银行卡及其账户只限经发卡银行批准的持卡人本人使用，不得出租和转借。持卡人出租或转借其信用卡及其账户的，发卡行应当责令其改正，并对其处以1000元人民币以内的罚款。《支付结算办法》第一百四十条、第二百二十七条、第二百三十九条亦

规定，信用卡只限于合法持卡人本人使用，持卡人不得出租转借信用卡。持卡人违反本办法规定使用信用卡进行商品交易、套取现金以及出租或者转借信用卡的，应按规定承担行政责任。对个人和单位承担行政责任的处罚，由中国人民银行委托商业银行执行。本案中，原告在明知信用卡只限于本人使用的情形下，仍然将信用卡借给被告并告知密码供其取现的行为，以及原告以赚取利息为目的，套取信用卡贷款转贷给被告的行为，不仅加大了原告的经济风险和信用风险，而且增大了信用卡被恶意透支、形成不良信贷的金融风险；既损害了发卡行的利益，也妨害了国家金融管理秩序。双方当事人之间的法律关系从表面上看是信用卡出借和民间借贷关系，但本案原告出借信用卡及套现转贷的行为实为以合法形式掩盖非法目的，系违反法律、行政法规强制性规定的行为，属无效民事法律行为，由此形成的借贷合同为无效合同。

二、因出借信用卡、信用卡套现转贷行为的法律处理

《中华人民共和国民法典》第一百五十七条规定："民事法律行为无效、被撤销或者确定不发生效力后，行为人因该行为取得的财产，应当予以返还；不能返还或者没有必要返还的，应当折价补偿。有过错的一方应当赔偿对方由此所受到的损失；各方都有过错的，应当各自承担相应的责任。法律另有规定的，依照其规定"；第一百五十五条规定："无效的或者被撤销的民事法律行为自始没有法律约束力。"依照上述规定，本案被告因双方间的无效借贷行为而取得的财产即涉案借款，应当予以返还。原告自愿放弃部分诉讼请求，是在法律范围内对自己民事权利的合法处分，结合原告提供的证据、欠款明细及原告自愿放弃的 8000 元诉求，应认定被告尚欠原告的本金数额为 412722.70 元，即被告应当返还原告王某、杜某财产数额为 412722.70 元。因原、被告双方对出借信用卡及套现转贷后不能及时偿还产生的利息、分期付款费用等损失均有明显过错，综合双方的行为目的、过错程度等因素，法院认定双方对截至 2021 年 8 月的利息损失 80496.65 元各负担 50%。对于 2021 年 9 月以后产生的经济损失，原告因未提供相应证据证实，可另行主张。

编写人：山东省沂源县人民法院　王连合

4

金融借款利息上限不适用有关民间借贷的司法解释确定

——某银行诉陈某金融借款合同案

【案件基本信息】

1. 裁判书字号

福建省泉州市中级人民法院（2021）闽 05 民终 820 号民事判决书

2. 案由：金融借款合同纠纷

3. 当事人

原告（上诉人）：某银行

被告（被上诉人）：陈某

【基本案情】

经审理查明：2019 年 7 月 29 日，陈某（作为甲方）向某银行（作为乙方）申办普惠金融贷记卡（以下简称贷记卡）一张，双方约定：该卡授信额度 3 万元，有效期 3 年；乙方根据甲方透支金额按日计收利息、费用，利率为日万分之三点五；若甲方未能在到期还款日之前偿还最低还款额，除应支付透支利息、费用外，还应按最低还款额未还部分的 5% 支付违约金，每个账期的违约金最低 10 元、最高 500 元；甲方超过到期还款日未偿还透支款项或利息的，乙方有权停止甲方使用该卡并要求其全额偿还所欠款项等内容。同年 9 月 3 日，陈某开始使用贷记卡进行消费。陈某自 2020 年 4 月 23 日起未能依约偿还借款，截至当年 8 月 22 日共计拖欠本金 29985.14 元及利息、违约金 1375.56 元。

【案件焦点】

案涉借款利息的上限如何确定。

【法院裁判要旨】

福建省泉州市洛江区人民法院经审理认为：某银行与陈某之间的金融借款合同关系，合法有效，各方均须依约全面履行自己的义务。陈某未能在借款期限内依约返还借款本金、利息及违约金，已构成违约，某银行有权要求其提前返还全部借款本金，并支付利息、违约金，但利率之和不宜超过合同成立时全国银行间同业拆借中心公布的一年期贷款市场报价利率的四倍，否则将背离实际损失。

福建省泉州市洛江区人民法院判决如下：

陈某应在判决生效之日起十日内偿还某银行借款本金 29985.14 元，并按约定的利率（以总和不超过全国银行间同业拆借中心于 2020 年 9 月 21 日公布的一年期贷款市场报价利率的四倍为限）计付自 2020 年 4 月 23 日起至实际付清款项之日止的利息、违约金。

某银行不服一审判决，提出上诉。福建省泉州市中级人民法院经审理认为：某银行系经金融监管部门批准设立的从事贷款业务的金融机构，本案是因发放贷款等相关金融业务引发的纠纷，不适用《最高人民法院关于审理民间借贷案件适用法律若干问题的规定》（以下简称《民间借贷规定》），一审法院判决利率之和不宜超过合同成立时全国银行间同业拆借中心公布的一年期贷款市场报价利率的四倍，没有法律和事实依据。金融借款合同的借款人以贷款人同时主张的利息、复利、罚息、违约金和其他费用过高，显著背离实际损失为由，请求对总计超过年利率 24%的部分予以调减的，应予支持，对某银行主张的利息、违约金总和以不超过年利率 24%确定。

福建省泉州市中级人民法院依照《中华人民共和国民事诉讼法》第一百七十条第一款第二项规定，作出如下判决：

一、撤销民事判决；

二、陈某应在本判决生效之日起十日内偿还某银行借款本金 29985.14 元，并按合同约定的利息、违约金（以总和不超过年利率24%为限）计付自2020年4月23日起至实际付清款项之日止的利息、违约金；

三、驳回某银行的其他诉讼请求。

【法官后语】

本案争议焦点为涉案借款利息的上限如何确定。

一审法院认为，参照《民间借贷规定》关于“出借人请求借款人按照合同约定利率支付利息的，人民法院应予支持，但是双方约定的利率超过合同成立时一年期贷款市场报价利率四倍的除外”的规定，某银行诉求的利息上限应按合同成立时一年期贷款市场报价利率四倍计算。二审法院认为，案涉借款的利息上限以不超过年利率24%确定。

笔者赞同二审法院的裁判意见。究其原因在于，金融借款合同纠纷有别于民间借贷纠纷，导致适用的法律规定不尽一致。二者的差异主要体现在以下几方面：

一是主体不同。虽然金融借款与民间借贷均属于借款合同的不同表现形式，但从贷款人主体的适用范畴来看，前者对贷款人主体资格具有特定的要求，限定为经银行业监督管理委员会批准经营贷款业务的金融机构，后者的贷款人仅指非金融机构的自然人、法人以及其他组织。

二是合同成立、生效的要件不同。金融借款合同属于诺成合同，当事人意思表示一致达成书面协议，合同即可成立，交付贷款不是合同成立的要件（除借贷双方有特殊约定外），仅是贷款人应履行的义务。而民间借贷性质的借款合同属于实践合同，自贷款人提供贷款时生效。

三是适用的法律、法规和司法解释不同。金融借款合同受《中华人民共和国商业银行法》《贷款通则》等法律规章约束，民间借贷关系则受《民间借贷规定》调整。《民间借贷规定》自2015年9月1日施行以来，最高人民法院于2020年对其做了两次修正。这其中，不论哪一版的《民间借贷规定》，其第一条第二款均开宗明义指出：“经金融监管部门批准设立的从事贷款业务的金融机构及其分支机构，因发放贷款等相关金融业务引发的纠纷，不适用本规定。”依此，法官不能根据《民间借贷规定》对金融借款合同纠纷进行裁判。对此，最高人民法院还于2020年12月29日专门颁布《关于新民间借贷司法解释适用范围问题的批复》（法释〔2020〕27号），强调："由地方金融监管部门监管的小额贷款公司、融资担保公司、区域性股权市场、典当行、融资租赁公司、商业保理公司、地方资产管理公司等七类地方金融组织，属于经金融监管部门批准设立的金融机构，其因从事相关金融业务引发的纠纷，不适用新民间借贷司法解释。"

本案中，虽然一审法院的裁判发生在法释〔2020〕27号文件正式实施之前，但即便没有该司法解释，根据前述分析我们仍可得出：《民间借贷规定》（2020修正）关于"双方约定的利率超过合同成立时一年期贷款市场报价利率四倍的除外"的规定不适用于金融借款合同案件之结论。因此，一审法院按照该法条进行裁判属适用法律错误，二审法院对案涉金融借款的利息上限最终确定为年利率的24%，是正确的。

编写人：福建省泉州市洛江区人民法院　林前枢

5

借条上加盖公司公章的法律效力认定

——林某某诉融资担保公司、黄某某民间借贷案

【案件基本信息】

1. 裁判书字号

浙江省三门县人民法院（2021）浙1022民初158号民事判决书

2. 案由：民间借贷纠纷

3. 当事人

原告：林某某

被告：融资担保公司、黄某某

【基本案情】

被告黄某某曾向原告林某某借款，原告分别于2019年1月14日和1月26日向被告黄某某指定的案外人陈某某的账户转账120000元、100000元，上述款项共计220000元。2019年1月26日，被告黄某某向原告出具了一份借条，借款金额为220000元，未约定借款利率和借款期限，借条上盖有融资担保公司的公章。

【案件焦点】

被告融资担保公司是否要承担本案借款的还款责任。

【法院裁判要旨】

首先，根据有关法律规定，法定代表人作为最基础的公司意志代表机关，是法人意志的当然代表，能够对外代表公司的人一般仅有法定代表人。如本案借条上的公司公章系被告融资担保公司法定代表人占某本人所盖，那么被告融资担保公司毫无疑问要承担本案借款的还款责任。但是，本案中的借条上仅有公司盖章，并未有法定代表人占某的签字，且双方当事人对借条上的公司盖章系何人所盖存在巨大争议，原告和被告黄某某均陈述称借款时被告融资担保公司的法定代表人占某在场且公司公章为占某所盖，但是占某本人予以否认，并陈述称其本人对本案借款过程一无所知，当时并不在场，并向本院补充提交了能够证实其当时并不在三门，而是在千里之外的山东的外卖平台消费记录的证据。本院经综合分析认为，占某在本人无任何特殊情况的前提下所提交的本人实名认证账户的消费记录，所反映出的其本人在消费显示的日期处于山东省的事实是具有高度可能性的，原告陈述的借条上的公章系被告融资担保公司法定代表人占某所盖的事实仍处于真伪不明的状态，原告对此应承担举证不能的后果，故本院认定借条上的公章并非被告融资担保公司法定代表人占某所盖。

其次，如借条上的公章并非被告融资担保公司法定代表人占某所盖，而系法定代表人之外的他人所盖，那么被告融资担保公司是否还要承担还款责任。

尽管公章是公司对外作出意思表示的重要外在表现形式，但法律并未规定法定代表人以外持有公司公章的人仅凭其持有公章的事实就能够直接代表公司意志，持有公章是一种客观状态，某人持有公章只是反映该人可能有权代表公司意志的一种表象，至于其是否依授权真正体现公司意志，仍需进一步审查，不能据此认定具有表见代理的外观。本案中，原告作为被告黄某某招聘的公司员工，在庭审中陈述其不仅知晓被告黄某某与被告融资担保公司法定代表人占某的合作关系，更看过双方的合作协议，知晓被告融资担保公司仅授权被告黄某某在台州市范围内从事“渔捷贷”业务（被告融资担保公司与中国工商银行合作，银行贷款给养殖户，被告融资担保公司提供担保），并未授权被告黄某某或其他人可从事对外借贷业务，从上述情况可以看出原告对于公司的授权范围是十分清楚的，并不包含公司对外借贷的授权，如借条上的公章系法定代表人之外的他人所盖，本案原告显然是知晓其没有取得公司授权的，因此原告也不属于仅凭对方行为人持有公司公章即可相信其公司授予代理权的善意相对人，不应构成表见代理，所以如借条上的公章系被告融资担保公司法定代表人占某之外的他人所盖，被告融资担保公司也不应承担本案的还款责任。

综上，在借条上的公章并非被告融资担保公司法定代表人占某本人所盖且被告融资担保公司不予追认，而本案盖章行为又不构成表见代理的情况下，原告要求被告融资担保公司承担本案共同还款的责任显然不能得到支持，故本院仅对原告合理部分的诉讼请求予以支持。

综上，浙江省三门县人民法院于2021年3月9日作出（2021）浙1022民初158号民事判决：

一、由被告黄某某于本判决生效之日起十五日内归还给原告林某某借款本金220000元并支付利息，利息自2021年1月11日起按全国银行间同业拆借中心公布的贷款市场报价利率计算至款项付清之日止；

二、驳回原告林某某的其他诉讼请求。

判决后，双方当事人均未上诉，本判决现已生效。

【法官后语】

本案的争议焦点是被告融资担保公司是否要承担本案借款的还款责任？笔者认为，在公司作为一方主体的合同纠纷中，审查合同上有无加盖公章或加盖的公章真伪是第一要务，由此来判断公司是否应当承担相应的法律责任。审判实践中主要涉及有权主体使用真实公章、有权主体使用不合规公章、无权或者越权主体使用真实公章、无权或者越权主体使用不合规公章四类公司公章纠纷。本案例中就存在第三种公章纠纷的情形。下文笔者从现有规则对公章的规制、公章对法律行为的影响等方面加以分析。

一、现有规则对公章的规制

现有规则主要从两个角度规制公章。一种是以《中华人民共和国民法典》第四百九十条、第四百九十三条为代表，这两条在确定合同成立的时间、地点时，将盖章和签名、按指印并列，这就是很多条文对待公章的态度。另一种是以最高人民法院《关于当前形势下审理民商事合同纠纷案件若干问题的指导意见》（法发〔2009〕40 号）第十三条、第十四条为代表，将公章作为代理表象和相对人信赖是否合理的判断因素之一。

然而，已有法律条文并没有明确表述公章对公司行为的作用与法律效果，不足以满足司法实务的需求。目前虽对公章的研究不断，但大体上都是从代理特别是表见代理规则的适用出发，强调公章真实与否并不决定合同效力。在笔者看来，表见代理制度并非公章研究的全部内容，对于这个问题是否可以从法律行为成立和效力的诸多要件中分析公章可能需要满足的条件，以此来判断公章与法律行为的关系。

二、公章对法律行为的影响

（一）公章有无对法律行为的影响

在合同纠纷中，公司作为一方当事人时，公章有无对法律行为的影响，主要分为合同没有公章但有代表人签名（“无章有名”）和合同有公章但没有代表人签名（“有章无名”）两种情况。

一种是“无章有名”的情况。在我国的既有观念里，个人签名的效果远不及公司盖章来得靠谱，毕竟公司的实力要远大于个人，其更有能力承担责任。这种情况就存在两种判决思路：一是直接认为此时合同不生效力。二是则认为法定代表人的签名具有代表自己或代表法人两种可能，要确定该签名的具体法律效果，应当结合其他因素综合判断：如果法定代表人的意图是代表法人，那么合同直接约束法人；反之，合同只约束代表人。

另一种是“有章无名”的情况。签订合同的同时加盖公司公章是一种公章使用过程中最为常见的方式，人们普遍认为即使没有法定代表人的签字，只要在合同上加盖了公章就能够代表公司意志。这也是实践中引起纠纷最多的一种情况。目前较为直接的判决思路认为，只要双方对公章的真实性没有异议，合同就可以发生法律效力，签名并不必需。与之不同的判决则认为，“有章无名”情况和既有签名也有公章的场合类似，需要综合判断行为是否发生效力。

上述情况仅讨论公章的有无，不论真伪，综合判断的思路其实均认为公章和签名相比并无特殊性，因此公章、签名任有其一，合同即可成立，效力则需考察生效要件。可总结为两种思路：一为公章并无特殊性，本质上和代表人签名相同；二为公章是公司行为的成立要件。而具体到本案中，借条上已加盖了公司公章，并未有法定代表人的签名，不适用以上公章有无的情形。

（二）公章真伪对法律行为的影响

在审判实务中，一种裁判思路是将公章真实作为公司对外行为的生效要件。一是只要公章真实，合同就对公司生效，权利义务由公章所体现的主体承受。例如，如果公司在借条上盖章，意味着法人对外举债。二是如果公章不合规，法律行为就不发生效力。另一种裁判思路是将公章的真实性与盖章人的身份、权限相联系，整体把握、综合判断。公章真实与盖章人权限两个标准交叉，会产生四种情况：有权主体使用真实公章、有权主体使用不合规公章、无权或者越权主体使用真实公章、无权或者越权主体使用不合规公章。

笔者发现后三种情况在实务中多发，法院主要适用有权代理和表见代理制度。其中，有权主体使用不合规公章的情况，两种制度都有适用。无权或者越权主体使用真实公章、不合规公章两种情况中，法院主要适用表见代理制度。

适用有权代理的案件，主要是有权主体加盖法人自己私刻的公章，或加盖法人申领新公章后仍使用的作废公章，之后法人以公章虚假、不合规为由否认合同对自己发生效力。此时，代表性的裁判思路为，只要有法定代表人的真实签名、法人自己对外混用公章等情况，法人就不能否定行为对自己的效力。在有权代理的思路下，公章真伪并不重要，重要的是行为人是否确有权限。

有权主体使用不真实公章时，法院适用表见代理的标志，是“债权人有理由相信某人的行为是真实有效”等表达。在相对人信赖的判断上，有时法院还会同时适用有权代理和表见代理。在主体没有权限时，如果其加盖的是真实公章，有法院更强调当事人权限，认为在代表人越权时，加盖公章也不等同于法人的真实意思表示；如果加盖的公章不合规，虽然公章需要在公安机关备案，但相对人无需审查加盖公章和备案公章是否一致。不同观点则认为，在主体没有权限时，如果公章真实有效，对公章持有人产生有权限的合理信赖符合一般商业交易注意义务的要求。公章真实可以证成合同信赖，以及相对人负有审查公章真实与否义务。

本案属于上述第三种情况，即无权或者越权主体使用真实公章。本案中，借条上虽加盖了真实的公司公章，但该公章并非由法定代表人所加盖，属于他人无权使用公章。为此，法官加以适用表见代理制度。而原告不属于仅凭对方行为人持有公司公章即可相信其公司授予代理权的善意相对人，且公司不予以追认，不应构成表见代理。故认为本案加盖公章也不等同于法人的真实意思表示，法人不应承担共同还款责任。

编写人：浙江省三门县人民法院　李兴定　陈如伟

6

民间借贷本金数额、利息约定的认定及民间借贷利率司法保护上限的规定

——孟某诉赵某民间借贷案

【案件基本信息】

1. 裁判书字号

湖北省松滋市人民法院（2021）鄂1087民初1594号民事判决书

2. 案由：民间借贷纠纷

3. 当事人

原告：孟某

被告：赵某

【基本案情】

2016年1月28日，赵某向孟某借款100000元，而孟某仅给赵某转款95000元；2018年5月5日，赵某又向孟某借款30000元；2018年7月13日，赵某再次向孟某借款20000元；2019年1月22日，赵某又向孟某借款50000元。前三次借款利息为月息三分，第四次借款利息为月息四分。原被告双方并未立有借据。孟某认为赵某未按约定支付利息，多次催讨无果，请求法院判令赵某偿还孟某借款本金200000元及利息8万元，从起诉之日至借款清偿之日止按年利率24%计算。

【案件焦点】

1. 借款本金的认定；2. 借贷双方利息约定。

【法院裁判要旨】

湖北省松滋市人民法院经审理认为：1. 预先在本金中扣除利息的，将实际出借的金额认定为本金，第一次借款的本金认定为95000元。2. 根据原被告的交易方式、转账记录规律、原被告之间的通话记录及微信聊天记录，认定借贷双方之间借款利息的约定，前三次借款利息为月息三分，第四次借款利息为月息四分。3. 虽然赵某主张给孟某转账为向孟某偿还借款本金，根据查明的事实，认定赵某还款均为偿还利息，但对超出借款本金的利息部分可冲抵所欠本金。依照借款时的法律规定，从借款之日至2020年8月19日止，对于被告已支付的利息超过月息3%的部分应予返还，将利息超过部分冲抵本金，尚未支付的利息依法调整至按月息2%的标准计算，另从2020年8月20日起按一年期贷款市场报价利率四倍标准计算利息。4. 关于赵某辩称孟某单方面主张的利息利率，结合本案客观主体为不特定对象，符合最高人民法院关于无效借贷合同解释的情形。法院依据《关于办理非法放贷刑事案件若干问题的意见》规定"经常性地向社会不特定对象发放贷款"是指2年内向不特定多人（包括单位和个人）以借款或者其他名义出借资金10次以上，且孟某与赵某借贷关系发生时，孟某为某机关司机，虽也曾经给证人裴某新、雷某荣借款，认定并不构成民间借贷合同无效的情形。

湖北省松滋市人民法院依照《最高人民法院关于适用〈中华人民共和国民法典〉时间效力的若干规定》第一条，《中华人民共和国合同法》第一百九十六条、第二百零五条、第二百零六条，《最高人民法院关于审理民间借贷案件适用法律若干问题的规定》第九条、第二十四条、第二十六条、第三十一条之规定，作出如下判决：

一、由被告赵某于判决生效后五日内偿还原告孟某借款本金178664.32元及利息28263.82元（利息计算至2020年8月19日）；并以借款本金178664.32元为基数，从2020年8月20日起按一年期贷款市场报价利率四倍标准计算支付利息至清偿之日止；

二、驳回原告孟某的其他诉讼请求。

判决后，双方当事人均未上诉，本判决现已生效。

【法官后语】

随着社会经济的不断发展，市场经济对资金的需求不断扩大，民间借贷活动也随之活跃起来，数量不断增多，规模不断扩大。

1. 对于借款本金数额的争议一直是审判实践的难点。《中华人民共和国民法典》第六百七十条规定“借款的利息不得预先在本金中扣除。利息预先在本金中扣除的，应当按照实际借款数额返还借款并计算利息”。出借人在向借款人交付款项时，预先扣除部分利息，其实是出借人提高利率、规避法律规定上限的一种做法。若出借人事先在借款本金中扣除利息的，民间借贷合同并不因此导致整体无效，而是应按照实际使用的资金金额来确定借款本金，并以此计算利息。本案中，2016 年 1 月，赵某向孟某借款 100000 元，而孟某实际给赵某转款 95000 元，法院认定该笔借款的本金为 95000 元。

2. 在审判实践中，应注意如何区分“没有约定利息”和“对利息约定不明”，还应注意如何处理当事人对于有无利息及利率高低的争议。本案中，借贷双方在书面证据中并没有利息、利率的明确约定，当事人发生争议诉至法院后，出借人主张有口头约定利息，但另一方不予认可。法官根据当事人举证，分析当事人的交易方式、交易习惯，结合原被告之间的通话记录、微信聊天记录，由此来认定借贷双方之间借款利息的约定。

3. 《中华人民共和国民法典》第六百八十条第一款规定“禁止高利放贷，借款的利率不得违反国家有关规定”。对诉至人民法院的案件，最高人民法院《关于审理民间借贷案件适用法律若干问题的规定》（法释〔2020〕17 号）划定民间借贷利率的保护上限，对于规制民间借贷法律关系具有重要意义。本案中，法院认定从借款之日起至 2020 年 8 月 19 日止，对于被告已支付的利息超过月息 3%的部分应予返还，将利息超过部分冲抵本金，尚未支付的利息依法调整至按月息 2%的标准计算，另从 2020 年 8 月 20 日起按一年期贷款市场报价利率四倍标准计算利息，从而计算清楚被告还应偿还原告的借款本金及利息，充分适用该司法解释第三十一条。

4. 根据最高人民法院《关于审理民间借贷案件适用法律若干问题的规定》

（法释〔2020〕17号）第十三条，导致民间借贷合同无效的原因有5点，（1）借贷资金非自有资金；（2）职业放贷行为；（3）以合法形式掩盖非法目的；（4）其他违反法律、行政法规强制性规定的情形；（5）违背公序良俗。近年来，非法放贷、职业放贷现象愈演愈烈，在审判实践中应当注意，一是审查出借人的资金来源，是否存在高利转贷行为，二是审查其出借行为是否具有经常性、经营性，三是审查出借对象是否具有不特定性。本案中，法官依据2019年7月最高人民法院、最高人民检察院、公安部、司法部联合出台的《关于办理非法放贷刑事案件若干问题的意见》中"经常性地向社会不特定对象发放贷款"是指"2年内向不特定多人（包括单位和个人）以借款或者其他名义出借资金10次以上"的概念结合原告孟某的职业，判定本案不构成民间借贷合同无效的情形。

在处理民间借贷相关纠纷案件时，法官应认真贯彻落实《中华人民共和国民法典》、最高人民法院《关于审理民间借贷案件适用法律若干问题的规定》（法释〔2020〕17号）等相关法律法规，促进民间借贷规范平稳健康发展。

编写人：湖北省松滋市人民法院　文婕

7

套取金融机构贷款转贷行为认定的条件和后果

——王某益诉汪某群民间借贷案

【案件基本信息】

1. 裁判书字号

福建省厦门市集美区人民法院（2021）闽0211民初1025号民事判决书

2. 案由：民间借贷纠纷

3. 当事人

原告：王某益

被告：汪某群

【基本案情】

原告王某益通过信用卡套现，于2018年6月13日通过支付宝转账方式向被告汪某群出借10000元，双方并未约定利息和还款期限，但约定了上述信用卡套现的手续费79元为被告汪某群承担，汪某群已向王某益支付了上述手续费。截至庭审之日，被告汪某群尚未还款。

【案件焦点】

套贷转贷行为的认定情形及该行为认定无效后的法律后果。

【法院裁判要旨】

福建省厦门市集美区人民法院经审理认为：

王某益提供的《支付宝转账电子回单》、微信聊天记录及王某益的当庭陈述可证明王某益套取金融机构贷款向汪某群出借10000元的事实，故其与汪某群的民间借贷合同无效。根据《中华人民共和国合同法》第五十八条，汪某群应向王某益返还借款本金10000元。关于王某益的利息主张，在合同无效的情况下，当事人所应承担的缔约过失责任不应超过合同的履行利益，而王某益未提供证据证明双方有约定利息，故对王某益要求汪某群自起诉时即2020年10月14日起按当时一年期贷款市场报价利率标准承担资金占用费的诉讼请求，予以支持；超出部分，不予支持。综上所述，法院判决如下：

一、汪某群应于本判决生效之日起十日内向王某益返还借款本金10000元并支付资金占用费（以10000元为基数，按年利率3.85%，自2020年10月14日起计至实际还款之日）；

二、驳回王某益的其他诉讼请求。

判决后，双方当事人均未上诉，本判决现已生效。

【法官后语】

本案系典型涉套取金融机构贷款转贷行为的民间借贷纠纷案件。此类民间借贷纠纷在近几年有较明显的增加趋势，成为民间借贷纠纷的主要类型之一，这种将贷款资金转借他人的借贷行为，既不符合其贷款用途，也增加贷款资金无法收回的风险，扰乱正常的金融秩序，放大系统性风险，故最高人民法院，对民间借贷合同无效规则进行修订，《最高人民法院关于审理民间借贷案件适用法律若干问题的规定》（2020 年第二次修正）第十三条第一款的规定删除了“高利转贷”和“借款人事先知道或应当知道的”的条件要求，降低了该行为认定的门槛，扩大了无效合同的范围。笔者认为，在相关案件中对“套贷转贷”行为认定时，既要在准确理解立法目的的前提下，精确打击不合理的转贷行为，又要避免出现“一刀切”的现象，将普通出借人正常的民间借贷关系归于无效，才能充分发挥法律定分止争的作用。对此，司法实践在认定套贷转贷行为情形及该行为认定无效后的法律责任分担上存在不同看法，笔者期望可以借本案展开探讨，以期形成统一的裁判方向。

一、应明确“套贷转贷”行为的认定标准

笔者认为，套取金融机构贷款转贷行为指的是借款人主观上以出借他人为目的，未按照其贷款合同约定的用途使用资金，将从金融机构取得的贷款资金转借他人的行为。故对该行为的认定应从以下两点进行判断：一是明确金融机构的范畴。银行类金融机构已被相关金融法律法规纳入规范和管理范畴，其金融机构身份不容置疑。但随着经济的活跃，借贷市场需求的扩大，大量的非银行贷款机构，如小额贷款公司、融资租赁公司、网上贷款平台等应运而生，且已成为民间借贷纠纷中资金来源的重要部分。笔者认为在尊重市场秩序、交易双方意思自治、契约自由的前提下，不应类推此类型机构为金融机构，来源于此类机构的借款，也不宜定性为金融贷款。二是明确出借的资金来源是否为金融机构贷款。根据《全国法院民商事审判工作会议纪要》第五十二条的规定，认定出借人是否存在套取金融机构贷款行为的，只要出借他人借款时出借人尚欠银行贷款未还，就可推定为出借人存在套取金融机构贷款的行为，出借人能举证证明出借资金另有来源等相反的证据除外。但笔者认为，在当下的社会生活中金融消费无处不在，无论是自然人还是法人均有可能背负长期的消费类金融贷款，比如房贷、车贷等，而且此类贷款通常是将贷款资金直接支付给第三人而非贷款人，贷款人并未有直接对该贷款变更使用用途的途径。在此情况下，不宜以出借人有尚未归还的长期消费贷款而直接认定其存在套取金融机构贷款的行为，还应进一步审查出借人是否主观上有套取贷款资金转贷的目的，且实施了转贷行为。

二、“套贷转贷”借款合同认定无效的法律后果

根据《中华人民共和国民法典》第一百五十七条的规定，“民事法律行为无效、被撤销或者确定不发生效力后，行为人因该行为取得的财产，应当予以返还；不能返还或者没有必要返还的，应当折价补偿。有过错的一方应当赔偿对方由此所受到的损失；各方都有过错的，应当各自承担相应的责任。法律另有规定的，依照其规定”。因此，借款关系因套贷转贷被认定无效后，出借人有权向借款人主张返还借款本金。但该行为被认定无效后所产生的实际损失的范畴和双方过错承担比例的认定在司法实践中有着较大争议，主要如下：

“套贷转贷”行为因违反法律法规的强制性规定被认定无效后实际产生损失的平台利息、手续费、资金占用费等费用是否能认定为损失范畴。司法实践中主要有两种处理方式。一种是认为，套贷转贷行为本身是无效行为，出借人对自己的出借资金来源是明确知情的，其自甘风险采用此方式转贷，也应自甘该行为带来的法律后果和风险，其只能主张对方按过错责任的比例来分担按照人民银行同期同类贷款利率或一年期 LPR 为标准计算的资金占用费；另一种是认为，应从双方的过错情况比例情况来区别处理。若借款人并不知资金来源，双方也未曾约定由其承担相应具体费用，应当由出借人自行承担损失，若借款人知情，则应承担出借款项的资金占用费损失，但是双方若有明确约定由借款人承担出借款项的利息、手续费等实际费用的除外。笔者认同后者，本案中，原告工某益举证证明了被告汪某群对其出借资金来源于金融机构贷款是知情的，但未能举证证明双方对该贷款产生的费用的承担方式和比例作出约定，故本院仅支持了其资金占用损失。

编写人：福建省厦门市集美区人民法院　黄月兰

8

民间借贷违约金起止期间计算的法律适用及裁判认定

——置业公司诉张某、赵某冉民间借贷案

【案件基本信息】

1. 裁判书字号

山东省桓台县人民法院（2022）鲁0321民初2498号民事判决书

2. 案由：民间借贷纠纷

3. 当事人

原告：置业公司

被告：张某、赵某冉

【基本案情】

张某与赵某冉系夫妻关系。张某于2019年6月14日认购某小区房产一套，因其资金暂时周转困难向置业公司申请借支部分款项。2019年10月11日，张某向置业公司出具借款单一份，约定今向置业公司借到人民币194585元，于2020年5月30日还款。如有违约，每天按借款金额的24%支付违约金。2019年10月14日，置业公司按约定向某房地产开发分公司转账194585元，履行其资金出借义务。张某和赵某冉与开发商签订了商品房买卖合同（预售）及相关手续。借款到期后，张某与赵某冉怠于还款，置业公司诉求张某、赵某冉偿还上述借款本金；支付以上述本金为基数，按照年利率17%（借款合同成立时的银行间同业拆借中心公布的一年期贷款市场报价利率4.25%的四倍）计算逾期欠付违约金。张某、赵某冉未到庭参加诉讼，置业公司提交了首付款分期付款申请表、借款单、付款回单、商品房买卖合同（预售）、结婚证复印件等证据佐证其诉讼请求。

【案件焦点】

民间借贷违约金起止期间计算所适用法律依据及裁判认定。

【法院裁判要旨】

山东省桓台县人民法院经公开审理认为：关于涉案借款违约金的认定。借款单中载明还款日期为 2020 年 5 月 30 日，如有违约，每天按借款金额的 24%支付违约金，应予调整，理由如下：2015 年 9 月 1 日施行的《最高人民法院关于审理民间借贷案件适用法律若干问题的规定》（以下简称《民间借贷司法解释》）（法释〔2015〕18 号）第三十条规定："出借人与借款人既约定了逾期利率，又约定了违约金或者其他费用，出借人可以选择主张逾期利息、违约金或者其他费用，也可以一并主张，但总计超过年利率 24%的部分，人民法院不予支持。"2020 年 8 月 20 日施行的《民间借贷司法解释》（法释〔2020〕6 号）第三十条规定："出借人与借款人既约定了逾期利率，又约定了违约金或者其他费用，出借人可以选择主张逾期利息、违约金或者其他费用，也可以一并主张，但是总计超过合同成立时一年期贷款市场报价利率四倍的部分，人民法院不予支持。"而自 2021 年 1 月 1 日施行的《民间借贷司法解释》（法释〔2020〕17 号）第二十九条规定："出借人与借款人既约定了逾期利率，又约定了违约金或者其他费用，出借人可以选择主张逾期利息、违约金或者其他费用，也可以一并主张，但是总计超过合同成立时一年期贷款市场报价利率四倍的部分，人民法院不予支持。"

通过以上司法解释载明的违约金计算期间的沿革及利率上限标准变化可知，违约金计算不得超出上述规定的上限，自 2020 年 8 月 20 日起应不得超过合同成立时全国银行间同业拆借中心公布的一年期贷款市场报价利率的四倍界限。故支持支付违约金的计算期间为自 2020 年 5 月 31 日至 2020 年 8 月 19 日按年利率 17%计算及自 2020 年 8 月 20 日至实际清偿之日，按年利率 16.8%（合同成立时一年期贷款市场报价利率 4.2%的四倍）计算。据此，判决：

一、被告张某、赵某冉偿还原告置业公司借款本金 194585 元，支付原告置业公司违约金 63586.11 元（自 2020 年 5 月 31 日至 2022 年 5 月 9 日），共计 258171.11 元；

二、被告张某、赵某冉支付原告置业公司违约金，以借款本金194585元为基数，自2022年5月10日至实际清偿之日，按年利率16.8%计算。

判决后，双方当事人均未上诉，本判决现已生效。

【法官后语】

本案主要涉及跨越新、旧法的民间借贷违约金起止期间计算所适用法律依据及裁判认定问题。即民间借贷违约金的起止期间计算能否直接适用《民间借贷司法解释》（2020年第二次修正）第三十一条第二款之规定："2020年8月20日之后新受理的一审民间借贷案件，借贷合同成立于2020年8月20日之前，当事人请求适用当时的司法解释计算自合同成立到2020年8月19日的利息部分的，人民法院应予支持；对于自2020年8月20日到借款返还之日的利息部分，适用起诉时本规定的利率保护标准计算。"当事人单独主张违约金不超过合同成立时一年期贷款市场报价利率四倍的部分，能否被理解为上述第三十一条第二款规定的利息部分和利率保护标准，从而适用第三十一条有关时间效力的规定。

违约金是指当事人在合同中约定的或法律所规定的，一方在不履行或不完全履行合同时，支付给对方的一定数量的金钱或一定价值的财物。在民间借贷中，原则上需尊重当事人对于违约金的约定，双方可以约定违约金的类型、比例和额度，不超出规定的限度；出借人也可按照现行司法解释确定的利率标准上限主张。对于前述违约金问题，存在两种不同的观点：

观点一：可直接适用《民间借贷司法解释》第三十一条第二款规定。借贷双方针对逾期还款行为约定逾期利息，目的在于担保借款合同的履行，具有违约金的性质，同时司法解释也对逾期利息、违约金法定利率上限设定了相同标准，二者内涵此时有"担保"之意，出借人主张不发生冲突。而第三十一条第二款设立是为出借人依据何时期的利率保护标准提供遵循，系关于时间效力的规定，同样涵盖了违约金的相关标准，直接适用不存在法律适用争议。

观点二：不适用《民间借贷司法解释》第三十一条第二款规定，裁判说理应结合法律沿革、利率保护标准变化阐明违约金起算期间。根据法律沿革及利率保护标准变化看：2015年司法解释施行于2015年9月1日，适用年利率24%

标准；2020年司法解释（第一次修正）公布于2020年8月19日，施行于2020年8月20日，施行后适用一年期贷款市场报价利率四倍标准，以上可直观体现违约金计算不得超出上述规定的上限。而“违约金”与第三十一条第二款“利息”“利率保护标准”从文义上看没有明确的联系，不适合对一般大众作出抽象说理，不宜直接适用。

《民间借贷司法解释》第三十一条第二款规定是否包含违约金，存在法律解释的空间，相关的理解与适用也未明确，两观点均从法律解释论的文义解释展开。理解文义时，解释发生在且仅发生在语言习惯不能提供明确意义的情况下，亦即：(1) 如果语言习惯不能提供明确的意义，那么需要解释；(2) 如果语言习惯能够提供明确的意义，那么不需要解释。[①] 两观点的不同即在于《民间借贷司法解释》第二十九条规定的“违约金”与第三十一条规定的“利息部分”“利率保护标准”的文义解释是否准确、清晰。

本案持第二种观点。观点一认为上述条款设置的目的在于禁止民间借贷通过违约金、其他费用等约定规避利率保护的乱象，规范市场秩序，违约金的适用也限于《民间借贷司法解释》利率保护标准。同时，第三十一条适用法不溯及既往的原则，也保护了债权人在过往资金出借时的意思自由，利率保护标准的客观变化并不损害债权人的利益。上述条款无法通过文义理解直接得出准确结论时，适用立法者目的解释、体系解释能得出可直接适用的结论。对此，观点二以法律解释论结合裁判说理效果分析，认为：1.“利息部分”“利率保护标准”在条文文义中的内涵和外延明确、清晰，无法使普通市民对“利率保护标准”与“违约金”产生内涵上的关联；2. 文义解释是其他解释的前提，对比条文看，在第二十九条的理解与适用中涵盖了单独主张违约金的情形，可第三十一条的理解与适用从法律的时间效力出发，没有对单独主张违约金、其他费用的计算期间予以明确，条文之间不存在明显的上下文的关联和包含关系；3. 即使通过目的等解释可以分析出违约金期间计算能适用第三十一条，其需要的论理过程抽象，而直接适用法律沿革变化来阐明有关违约金因何自2020年8

① 陈坤：《“法律解释”的概念厘定》，载《法学家》2022年第2期。

月20日起适用一年期贷款市场报价利率的四倍为限的理由，一般民事主体理解起来相对通俗易懂，具有说服力。

关于违约金能否适用于第三十一条的法律解释路径，观点一的问题在于直观通过文义看违约金与“利息”“利率保护”的内涵是明确且不关联的，直接适用第三十一条需要填补其内涵的漏洞，需要抽象的说理过程。在第三十一条有关文义暂无内涵延伸的情况下，观点二通过法律沿革及利率标准变化的释明，对于不具备专业知识的民事主体的释法说理相对直观、明确。

法谚有云：“清晰的文义无需解释。”对于民间借贷违约金起止期间计算等问题需要法律解释，其裁判说理的分析过程，要注重以文义解释为前提的法律解释正确应用，当文义明确但存在释法难度时，可适用阐明法律沿革和保护标准的裁判说理，避免因法律适用方面出现难以服判息诉的结果，保障人民群众的合法权益。

编写人：山东省桓台县人民法院　马天宇　胡倚悦

9

公司法定代表人以公司名义对外担保的效力认定

——胡某诉投资公司等民间借贷案

【案件基本信息】

1. 裁判书字号

重庆市第五中级人民法院（2021）渝05民初3109号民事判决书

2. 案由：民间借贷纠纷

3. 当事人

原告：胡某

被告：投资公司、实业公司、凌某彬、房地产公司

【基本案情】

2018 年 3 月 15 日，胡某与房地产公司、投资公司、实业公司签订《借款协议》。四方约定房地产公司向胡某借款 1180 万元，借款利息为月利率税后百分之五，按月付息，采取预付方式。投资公司、实业公司提供无限连带担保。胡某向房地产公司转账支付 1180 万元。

2018 年 11 月 19 日，胡某与房地产公司、凌某彬签订《借款协议》。三方约定借款金额 1980 万元，房地产公司已于 2018 年 3 月 19 日收到借款 1180 万元，其余 800 万元胡某承诺于 2018 年 11 月 20 日到位，借款利息另行约定，按月付息，采取预付方式。凌某彬以其拥有房产提供抵押担保，并办理了抵押权登记。胡某向房地产公司转账支付 800 万元。

2018 年 12 月 5 日，胡某通知房地产公司，将“月利率为税后百分之五，按月付息，采取预付方式”变更为“资金利息自始按月利率百分之三计息，按月付息。超过利息的部分作为归还本金，欠付的利息必须在每年 12 月 31 日结清”。同日，房地产公司向胡某书面回复同意。

2019 年 1 月 19 日，胡某与房地产公司签订《补充协议》，确认已收到借款本金 1980 万元。除原协议约定的担保条件外，房地产公司以其拥有的房产为全部借款提供抵押担保，并办理了抵押登记。

2020 年 7 月 30 日，重庆市第五中级人民法院受理房地产公司的破产清算申请。

庭审中，原、被告书面确认：胡某对房地产公司享有的破产债权本息合计 23667954 元；投资公司、实业公司承担保证担保责任范围为 1180 万元借款产生的欠付本息合计 14201051.25 元；凌某彬承担担保责任范围为 1180 万元本金及 800 万元借款产生的欠付本息，合计 21266903 元。

另查明：房地产公司股东兼法定代表人叶某全。投资公司股东叶某强（出资比例 96%）、郑某（出资比例 2%）、聂某（出资比例 2%）。投资公司章程规定，公司为他人提供担保为股东会职权。实业公司股东兼法定代表人叶某明（出资比例 10%），股东叶某荣（出资比例 90%）。实业公司章程规定，公司为他人提供担保为股东会职权。

【案件焦点】

1. 胡某对房地产公司享有的债权金额；2. 案涉担保合同的效力及担保人承担责任的范围。

【法院裁判要旨】

一、关于胡某对房地产公司享有的债权金额问题

本案借款合同约定胡某可在支付出借款项时预先收取利息条款，并实际预先收取利息，违背法律和司法解释规定的民间借贷不得预先扣息强制性规定，应当以实际出借金额认定本金。合同履行中，胡某调整合同利息约定，将利息百分之五调整为百分之三，未实际履行，胡某向房地产公司管理人申报的债权利息部分不得超过年利率 24%。

二、关于案涉担保合同的效力及担保责任范围问题

投资公司、实业公司两公司法定代表人超越代表权限进行对外担保是否有效的问题。投资公司的法定代表人即股东叶某强持股比例 96%，为该公司持有三分之二以上对表决事项有表决权的股东，叶某强在本案借款合同中代表公司以担保人身份签章。胡某没有审查担保人的公司股东会同意决议，并不影响该担保合同的效力。

实业公司章程规定公司为他人提供担保属于股东会职权，胡某在审查担保的效力上，没有审查实业公司章程，也没有要求叶某明提交股东会决议，胡某存在一定过错，应当认定实业公司对该笔借款提供担保无效。

本案既有投资公司、实业公司提供保证担保，又有房地产公司和凌某彬提供抵押物担保，合同未约定实现担保物权顺序，胡某应当先就房地产公司自己提供的抵押物实现债权。

实业公司虽不承担担保责任，但是实业公司法定代表人叶某明与房地产公司法定代表人为父子关系，两公司存在关联关系，在实业公司未依照法定程序形成股东会决议的情况下，由叶某明代表公司加盖公章对外提供担保存在过错，应当承担缔约过失责任。实业公司承担的担保缔约过失赔偿责任为房地产公司不能清偿部分的二分之一。

凌某彬向胡某为案涉借款提供抵押担保合法有效。胡某有权就该抵押物折价或拍卖、变卖后的价款优先受偿。凌某彬在胡某就房地产公司提供的抵押物行使抵押权后仍不能实现债权的不足部分，在21266903元范围内承担抵押担保责任。重庆市第五中级人民法院根据《中华人民共和国物权法》第一百七十六条、《中华人民共和国公司法》第十六条、《中华人民共和国企业破产法》第四十六条、《最高人民法院关于适用〈中华人民共和国民法典〉时间效力的若干规定》第二条的规定，判决如下：

一、确认胡某对房地产公司享有债权为借款金额23667954元；

二、胡某对房地产公司名下房屋享有抵押权，有权就该抵押物折价或者以拍卖、变卖所得价款对第一项判决所确定的债权优先受偿；

三、投资公司在胡某通过行使本判决第二项抵押权后仍不能实现本案债权不足部分，在14201051.25元范围内承担连带保证清偿责任；

四、实业公司在胡某通过行使本判决第二项抵押权后仍不能实现本案债权不足部分，在14201051.25元二分之一范围内承担赔偿责任；

五、胡某通过行使本判决第二项抵押权后仍不能实现债权的不足部分，对凌某彬名下房屋折价或者以该抵押物拍卖、变卖所得价款在21266903元范围内优先受偿；

六、驳回原告胡某的其他诉讼请求。

判决后，双方当事人均未上诉，本判决现已生效。

【法官后语】

本案争议的核心要点之一是胡某与实业公司、投资公司签订的担保合同是否有效。《中华人民共和国公司法》第十六条规定：公司向其他企业投资或者为他人提供担保，依照公司章程的规定，由董事会或股东会、股东大会决议。对于该条的理解与适用，审判实践中一直存在争议。《全国法院民商事审判工作会议纪要》第十七条对该问题予以规范明确，担保行为不是法定代表人能单独决定的事项，而必须以公司股东（大）会、董事会等公司机关的决议作为授权的基础和来源。法定代表人未经授权擅自为他人提供担保的，构成越权代表，结合《中华人民共和国合同法》第五十条①的规定，区分订立合同时债权人是否善意分别认定合同的效力。虽然担保行为不能由法定代表人单独决定，但是《全国法院民商事审判工作会议纪要》也规定了无须机关决议的例外情况，当担保合同系由单独或者共同持有公司三分之二以上的有表决权的股东签字同意，即便债权人知道没有公司决议，也应当认定担保合同符合公司的真实意思表示，合同有效。

本案中，实业公司、投资公司的公司章程均规定为他人提供担保为股东会职权，两公司在为房地产公司的借款提供担保时，均只是由公司法定代表人加盖公章，而未提供两公司股东会决议。要判断担保合同是否有效，需要审查胡某是否为善意。胡某与实业公司签订担保合同，胡某未主动审查实业公司的公司章程，也未审查公司内部就担保事项作出的股东会决议，而且不存在适用例外规定的情形，胡某不属于善意相对人，因此，胡某与实业公司的担保合同无效，实业公司不再承担担保责任。但是并非实业公司不承担任何责任，而是应当按照担保法及有关司法解释关于担保无效的规定处理。《最高人民法院关于适用〈中华人民共和国担保法〉若干问题的解释》第七条②规定：主合同有效而担保合同无效，债权人无过错的，担保人与债务人对主合同债权人的经济损失，承担连带赔偿责任；债权人、担保人有过错的，担保人承担民事责任的部分，不应超过债务人不能清偿部分的二分之一。胡某未审查实业公司的决议，对担保合同无效具有过错，实业公司的法定代表人以公司名义对外提供担保，该公司未能及时发现，对公司公章管理不规范存在过失。实业公司无证据证明胡某明知法定代表人超越权限，对担保合同无效也具有过错，应当承担缔约过失责任。法院综合考虑双方当事人过错，认定实业公司承担的担保缔约过失赔偿责任为主债务人房地产公司不能清偿部分的二分之一。关于胡某与投资公司签订的担保合同效力，投资公司的法定代表人叶某强是该公司的控股股东，持股比例为96%。虽然投资

① 对应《中华人民共和国民法典》第一百七十条。

② 对应《最高人民法院关于适用〈中华人民共和国民法典〉有关担保制度的解释》第十七条。

公司在为房地产公司提供担保时未通过股东会决议，但是法定代表人兼控股股东对此事项具有完全的决定权，符合前述无须机关决议的例外情况，因此，胡某与投资公司签订的担保合同有效，投资公司应当向胡某承担担保责任。

编写人：重庆市第五中级人民法院　王慧杰

10

公司未经股东会决议对外担保无效，但应承担缔约过失责任

——钱某军诉刘某福、矿业公司民间借贷案

【案件基本信息】

1. 裁判书字号

浙江省绍兴市中级人民法院（2021）浙06民终3953号民事判决书

2. 案由：民间借贷纠纷

3. 当事人

原告（上诉人）：钱某军

被告（被上诉人）：刘某福

被告（上诉人）：矿业公司

【基本案情】

2011年起，被告刘某福多次向原告借款，经双方对账确认，截至2019年5月13日，被告刘某福尚欠原告借款共计300万元整，该300万元借款包含了刘某福向第三人何某明的借款本金40万元，第三人钱某波向原告的借款65万元，被告以借条的形式对借款金额及归还期限等事宜进行了确认，被告矿业公司对该借款作了连带责任保证。

【案件焦点】

1. 公司对外担保合同效力的认定；2. 担保合同无效后，担保人是否应承担民事责任。

【法院裁判要旨】

浙江省嵊州市人民法院经审理认为：矿业公司在“担保人”处盖章的效力问题，本院认为，根据公司法的相应法律规定，公司对外提供担保应经股东会、董事会等公司机关的决议，而审查债权人是否是善意相对人，应先查看债权人在公司提供担保时是否对对外担保经过公司决议进行审查，至少应进行形式审查，本案中，矿业公司的章程中也明确规定了公司对外担保需经过股东大会决议，而本案中原告明显未进行审查，因此本院认为原告钱某军要求被告矿业公司提供担保的表示不能认定为善意表示，故本院依法认定矿业公司与钱某军之间的担保合同无效。但担保合同无效，并不意味着矿业公司不存在过错，本院认为矿业公司在公章管理上存在不当，且未经过公司决议直接在债权人的债务凭证中盖公章的行为也存在不当，故应承担相应的过错责任，本院结合原告钱某军和被告矿业公司签订合同时的情况，依法认定矿业公司承担刘某福不能清偿部分的二分之一的责任，故对矿业公司认为担保行为无效公司无需承担任何责任的意见，本院依法不予采信。

浙江省嵊州市人民法院依照《最高人民法院关于适用〈中华人民共和国民法典〉时间效力的若干规定》第一条，《中华人民共和国合同法》第一百零七条、第二百零六条，《中华人民共和国公司法》第十六条、第五十条，《最高人民法院关于适用〈中华人民共和国担保法〉若干问题的解释》第七条，《最高人民法院关于适用〈中华人民共和国民事诉讼法〉的解释》第九十条之规定，判决如下：

一、刘某福归还钱某军借款 2959000 元；款项自本判决发生法律效力之日起十日内付清。

二、矿业公司对上述第一项债务就刘某福不能清偿部分承担二分之一的赔偿责任；矿业公司承担赔偿责任后，有权向刘某福追偿。

三、驳回钱某军的其余诉讼请求。

刘某福、矿业公司均不服一审判决，提起上诉。浙江省绍兴市中级人民法院经审理认为：本案争议的焦点问题是案涉担保合同无效的情况下，矿业公司是否需要承担相应的民事责任，如果需要承担，一审判决裁判矿业公司承担责任是否超越当事人诉请，所确认的承担比例是否符合法律规定。矿业公司上诉主张 2019 年 5 月 13 日借条中公司的公章系虚假，一审期间其未申请鉴定，亦未能举证证明，但矿业公司对外提供担保行为不符合公司法相关规定，保证合同应属无效。保证合同无效时，保证人无须承担保证责任，但仍会产生无效合同的民事赔偿责任，该责任大小与债权人与保证人在缔约过程中的过错相关联，一审法院结合钱某军和矿业公司签订合同的具体情况，确定矿业公司应对刘某福不能清偿部分的二分之一承担赔偿责任，于法有据。《最高人民法院关于民事诉讼证据的若干规定》第五十三条第一款规定，诉讼过程中，当事人主张的法律关系性质或者民事行为效力与人民法院根据案件事实作出的认定不一致的，人民法院应当将法律关系性质或者民事行为效力作为焦点问题进行审理。但法律关系性质对裁判理由及结果没有影响，或者有关问题已经当事人充分辩论的除外。本案中，钱某军诉请矿业公司承担保证责任，后因保证合同无效，矿业公司所承担的是赔偿责任，但该认定对于裁判理由及结果并无影响，钱某军诉请的实质是要求矿业公司共同承担还款责任，一审裁判结果仍在当事人诉讼请求覆盖范围之内，无须要求当事人重新变更诉讼请求或提出新的诉讼请求。综上所述，刘某福、矿业公司的上诉请求均不能成立，应予驳回；一审判决认定事实清楚，适用法律正确，应予维持。

浙江省绍兴市中级人民法院依照《中华人民共和国民事诉讼法》第一百七十条第一款第一项规定，判决如下：

驳回上诉，维持原判。

【法官后语】

《中华人民共和国公司法》针对公司对外提供担保的程序作了规定，但实践中，不乏公司法定代表人未经相应程序即擅自对外签署合同提供担保的现象，而该等情形下担保效力如何认定一直是公司纠纷案件中存在很大争议的问题。在审理该类案件时，法院应着重审查以下三方面：一是法定代表人是否构成越权代表；二是债权相对人是否系善意；三是担保人是否存在过错。

一、法定代表人未经授权以公司名义对外提供担保的行为属于越权代表

为防止法定代表人随意代表公司为他人提供担保给公司造成损失，损害中小股东利益，《中华人民共和国公司法》第十六条对法定代表人的代表权进行了限制，该条款规定担保行为不是法定代表人所能单独决定的事项，而必须以公司股东（大）会、董事会等公司机关的决议作为授权的基础和来源。本案原告陈述矿业公司的印章系矿业公司的法定代表人商某祺与借款人刘某福均在场的情况下出具，但原告未能提供证据证明矿业公司法定代表人对外担保的授权已经公司股东大会决议，而矿业公司为刘某福提供担保的行为必须以矿业公司形成股东会议决议为前提，因此，矿业公司的法定代表人未经授权擅自为他人提供担保属于越权代表。

二、债权人未尽审慎注意义务，并非善意第三人

法定代表人构成越权代表的，根据法律关于法定代表人越权代表的规定①，区分订立合同时债权人是否善意分别认定合同效力：债权人善意的，合同有效；反之，合同无效。主张担保合同有效的债权人不能仅以担保合同中盖有公司的公章即认定债权人构成对担保人权利外观的合理信赖，债权人仍应承担其具有“善意”的举证责任。本案中，矿业公司的章程中明确规定了公司对外担保需经过股东大会决议，但原告钱某军并未履行相应的审查义务，债权人钱某军存在重大过失，并非善意第三人。因此，法院认定矿业公司与钱某军之间的担保合同无效。

① 《中华人民共和国合同法》第五十条（已失效）。对应《中华人民共和国民法典》第五百零四条：法人的法定代表人或者非法人组织的负责人超越权限订立的合同，除相对人知道或者应当知道其超越权限外，该代表行为有效，订立的合同对法人或者非法人组织发生效力。

三、担保人有过错的，应承担相应的民事责任

保证合同无效时，保证人无须承担保证责任，但仍会产生无效合同的民事赔偿责任①，该责任大小与债权人与保证人在缔约过程中的过错相关联②。一般情况下，若不存在债权人与债务人串通骗取担保的情形，应推定担保人承担过错责任。在债权人与担保人磋商缔结合同的过程中，作为法人的担保人，应负担先合同义务，包括提供交易相关的重要信息。若法定代表人因故意或过失向相对人提供关于其代表权之有无的不实信息，意味着法人未履行先合同义务且有过错，须向相对人承担缔约过失责任，承担相应的赔偿责任。在本案中，法院认为矿业公司在公章管理上存在不当，未经过公司决议直接在债权人的债务凭证中加盖公章的行为存在过错，因此判定矿业公司承担刘某福不能清偿部分的二分之一的责任。

编写人：浙江省嵊州市人民法院　汪丽娜　杜杭莉

---

① 《中华人民共和国担保法》第五条第二款（已失效）。对应《中华人民共和国民法典》第三百八十八条第二款：担保合同被确认无效后，债务人、担保人、债权人有过错的，应当根据其过错各自承担相应的民事责任。

② 《最高人民法院关于适用〈中华人民共和国担保法〉若干问题的解释》第七条（已失效）。对应《最高人民法院关于适用〈中华人民共和国民法典〉有关担保制度的解释》第十七条：主合同有效而第三人提供的担保合同无效，人民法院应当区分不同情形确定担保人的赔偿责任：

（一）债权人与担保人均有过错的，担保人承担的赔偿责任不应超过债务人不能清偿部分的二分之一；

（二）担保人有过错而债权人无过错的，担保人对债务人不能清偿的部分承担赔偿责任；

（三）债权人有过错而担保人无过错的，担保人不承担赔偿责任。

主合同无效导致第三人提供的担保合同无效，担保人无过错的，不承担赔偿责任；担保人有过错的，其承担的赔偿责任不应超过债务人不能清偿部分的三分之一。

11

项目经理对外借款系个人行为、职务代理还是表见代理的性质认定

——袁某东诉工程公司等民间借贷案

【案件基本信息】

1. 裁判书字号

山东省济南市中级人民法院（2020）鲁 01 民终 9696 号民事判决书

2. 案由：民间借贷纠纷

3. 当事人

原告（被上诉人）：袁某东

被告（上诉人）：工程公司

被告：李某泽、章某亨

【基本案情】

2013 年 9 月至 2019 年 10 月期间，工程公司承接了案涉项目工程，李某泽系工程公司任命的该工程的项目经理，章某亨系李某泽雇用的该项目的财务人员。该工程自 2013 年 9 月开工至 2019 年 10 月竣工，在此期间李某泽、章某亨共计分四次向袁某东借款 290 万元并出具借据四张，李某泽、章某亨均在借据中以借款人身份签字，并加盖了“工程公司案涉项目部”的公章。借据出具后，李某泽、章某亨未向袁某东还款。

另查明，袁某东系个体工商户建材商店的经营者，主要从事瓷砖、建材批发零售活动。除上述借款往来以外，2013 年 10 月 8 日工程公司曾与袁某东签订《水泥销售合同》一份，由袁某东向工程公司案涉项目部供应水泥，工程公

司及其项目经理李某泽分别在该合同上加盖公章及签字。双方在供货过程中签署的水泥结算书中，均系李某泽作为工程公司的代表签字；同时，工程公司亦通过汇票向袁某东支付过水泥款。

2019年5月31日、7月5日李某泽、章某亨分别向工程公司签署《项目部公章管理与使用承诺书》，主要内容为：李某泽、章某亨承诺至2019年5月31日前，由李某泽、章某亨使用涉案“工程公司案涉项目部”印章出具的借款合同、借条等经济类合同与工程公司无关，由其本人承担法律责任。

【案件焦点】

李某泽、章某亨向袁某东借款的行为系其个人行为、职务代理，还是构成表见代理。

【法院裁判要旨】

山东省济南市长清区人民法院经审理认为：本案双方争议的焦点为李某泽、章某亨向袁某东借款的行为是否构成职务代理。所谓职务代理，是指代理人根据其在法人或者非法人组织中所担任职务，依据其职权对外实施民事法律行为的代理。职务代理的构成要件一般为：（1）代理人是法人或者非法人组织的工作人员；（2）代理人实施的应当是其职权范围内的事项；（3）必须以该法人或者非法人组织的名义实施民事法律行为。本案中，首先，李某泽作为工程公司任命的案涉项目部项目经理，在该工程施工的较长时间内，其曾代表工程公司与袁某东签订过水泥买卖合同并多次进行过水泥款的结算，工程公司对此并未提出异议且曾以汇票方式支付袁某东水泥款，在此情况下，李某泽以工程公司案涉项目部项目经理的名义向袁某东借款，同时在借据上注明“济南恒大绿洲工程专用款”等字样，并加盖“工程公司案涉项目部”的公章，充分表明李某泽系作为项目经理以工程公司的名义实施民事法律行为，袁某东也有充分的理由相信李某泽的上述借款行为系代表工程公司，因此李某泽的上述借款行为应认定构成职务代理，同理，章某亨作为李某泽聘请的项目部财务人员，从章某亨提交的其个人建设银行交易明细可以看出，该账户确系作为工程公司案涉项目部资金往来结算账户，本案借款均交付至该账户，亦能印证本案借款系李某泽、章某亨的职务代理行为。综上，根据《中华人民共和国民法总则》第一百七十条之规定，李某泽、章某亨的上述职务代理行为对工程公司发生效力，且项目部系工程公司设立的不具有法人资格的分支机构，以项目部名义实施的法律行为应由其设立者工程公司承担相应的责任，故工程公司应当对本案借款本息承担偿还责任。李某泽、章某亨虽向工程公司出具过个人承担还款责任的承诺，但该两份承诺书均发生在本案借款之后，且该承诺书系李某泽、章某亨与工程公司的内部约定，不能对抗善意相对人，对工程公司的该抗辩意见，不予采纳。

山东省济南市长清区人民法院依照《中华人民共和国民法总则》第一百七十条，《中华人民共和国合同法》第一百九十六条、第二百零六条、第二百零七条，《最高人民法院关于审理民间借贷案件适用法律若干问题的规定》第二十六条、第二十九条之规定，判决如下：

一、由工程公司于本判决生效之日起十日内偿还袁某东借款本金2900000元；

二、由工程公司自2017年9月26日起至实际给付之日止，以400000元为基数，按照年利率6%向袁某东支付借款利息；

三、由工程公司分别自2017年8月12日、2017年8月26日起至实际给付之日止，以500000元为基数，按照年利率24%向袁某东支付借款利息；

四、由工程公司自2017年8月20日起至实际给付之日止，以1500000元为基数，按照年利率24%向袁某东支付借款利息。

工程公司不服一审判决，提起上诉。山东省济南市中级人民法院经审理同意一审法院裁判意见，依照《中华人民共和国民事诉讼法》第一百七十条第一款第一项规定，判决如下：

驳回上诉，维持原判。

【法官后语】

项目经理作为建筑公司某一工程的项目负责人，在施工过程中对外借款的性质认定，是颇为困扰司法实践的一个问题。对该问题的把握可以从两个角度考察：一是从法律关系的角度，正确区分个人行为、职务代理行为及表见代理行为三个不同法律概念的核心特征，是正确认定项目经理对外借款性质的基础。二是从行为特征的角度，从纷繁复杂的案件事实中，抽象出不同案件中所呈现出的项目经理对外借款的不同行为特征，以与上述个人行为、职务代理、表见代理的法律特征相匹配，以确定案件中的法律适用。

一、项目经理在施工过程中以个人名义对外借款较为普遍且在法律实务中有不同的观点

实践中，由于我国目前建筑施工行业中普遍采用项目经理负责制，在项目施工过程中，存在大量项目经理对外借款的情形，对此，有的观点认为，从职业角度而言，项目经理是对项目实行质量、安全、进度、成本管理的责任保证体系和全面提高项目管理水平设立的重要管理岗位，对外借款并非项目经理的职权范围，因此项目经理对外借款的行为系其个人行为，不应由项目公司承担还款责任。也有的观点认为项目经理身份本身就代表一定授权，其虽以个人名义对外借款，项目实际用于工程建设，出借人有理由相信其借款行为系代表项目公司的情况下，应认定构成表见代理等。由于实践中项目经理对外借款的具体情形千姿百态，如何认定项目经理对外借款的法律性质，则成为司法审判实务中的难点。

二、项目经理对外借款的性质认定参考要素

笔者认为，对于项目经理对外借款的性质认定问题，不应当“一刀切”，而是结合具体的案件和相关的标准，综合予以认定。

首先，从法律关系上看，通常来讲，项目经理对外借款的性质可以认定为个人行为、职务代理行为、表见代理行为三种。个人行为简单来说就是项目经理以个人名义对外借款，用于个人事务或者说虽然借款用于项目工程，但并未有向债权人披露项目公司的意思表示，债权人也没有向项目公司出借款项的意思表示。对个人行为的认定实践中较为容易辨别，容易引起混淆的是职务代理与表见代理。职务代理是指代理人根据其在法人或者非法人组织中所担任职务，

依据其职权对外实施民事法律行为的代理。① 其构成要件包括：职务代理人是法人或非法人组织的工作人员；职务代理人实施的行为为其职权范围内事项；以法人或者非法人组织的名义实施代理行为；该行为系为了法人或非法人组织的利益而实施。表见代理是指虽然行为人事实上并无代理权，但善意相对人有理由相信行为人有代理权，且基于此与其进行法律行为，该代理行为的法律后果由被代理人承受的代理制度。② 因此，职务代理与表见代理的核心区别在于职务代理为有权代理，表见代理为无权代理。

其次，从法律后果上看，三种行为的法律后果各不相同。个人行为的法律后果则是借款由项目经理个人承担还款责任，后两种则是由项目公司承担还款责任，只不过构成表见代理的情况下，项目公司可以根据项目经理的过错程度向其追偿。

结合以上论述，在此类案件中，可以对项目经理的行为特征予以抽象，以综合认定项目经理对外借款的性质：1. 项目经理系项目公司的工作人员还是与项目公司互相独立的实际施工人、分包人；2. 项目经理是否有项目公司明示或默示的授权以及授权范围，比如代表项目公司对外签订合同或者招投标、办理工程结算、采购等；3. 项目经理是否以项目公司或者项目部的名义进行借款，比如是否加盖公司印章或用于材料采购、工程款结算等用途的项目部印章；4. 所借款项，系用于项目经理个人支出还是用于项目支出，比如借据上是否载明借款用途、款项是否汇入用于项目往来的银行账户等；5. 债权人是否系善意，有无存在与项目经理恶意串通损害项目公司的情形；6. 项目公司是否存在过错，比如内部管理混乱、财务制度不规范、存在违法转包或分包等情形。

本案即是参考上述标准，结合具体案件事实，认定项目经理的对外借款行为系职务代理行为。本案的积极意义，一方面在于有效保护了善意债权人的合

① 参见最高人民法院民法典贯彻实施工作领导小组主编：《中华人民共和国民法典总则编理解与适用》，人民法院出版社2020年版，第848页。

② 参见史浩明：《论表见代理》，载《法律科学（西北政法学院学报）》1995年第1期。

法权益，另一方面则引导项目公司建立完善的内部风控制度和财务管理制度，进一步规范项目建设过程中的各项流程，从而保证项目的安全运作。

编写人：山东省济南市长清区人民法院　吴开龙

12

以境内上市公司控股子公司主体适用性为视角聚焦差额补足承诺文件的认定

——肖某诉贷款公司、科技公司民间借贷案

【案件基本信息】

1. 裁判书字号

广东省深圳市中级人民法院（2020）粤03民终29503号民事判决书

2. 案由：民间借贷纠纷

3. 当事人

原告（被上诉人）：肖某

被告（上诉人）：贷款公司

被告：科技公司

【基本案情】

2017年9月26日，肖某作为出借人，被告科技公司作为借款人，双方签订《短期借款合同》，约定借款本金为500万元；借款期限为12个月；借款年利率为12%。

2017年9月27日，被告科技公司向肖某出具《借款借据》，载明借款借据的主合同为被告科技公司与肖某签订的编号为HMZK-004的《短期借款合同》。同日，肖某分五次向被告科技公司转账共计500万元。

2017年9月27日，被告贷款公司作为承诺人，向肖某出具《差额补足承诺函》，承诺自愿为被告科技公司在上述《短期借款合同》项下的还款义务提供差额补足责任，承诺人对此次所承担的差额补足债务人可能带来的法律后果和经济责任完全知晓，本差额补足承诺函系承诺人真实意思表示；承诺人承诺差额补足的范围包括但不限于借款本金、利息与逾期违约金；当被告科技公司未按时足额偿还借款本息时，肖某有权向承诺人发出差额补足要求，承诺人有义务在3个工作日内承担差额补足责任。被告科技公司曾向肖某发出《询证函》，对本案的贷款进行账目复核。

贷款公司的控股股东深圳某某集团股份有限公司是深圳证券交易所挂牌上市公司。贷款公司在一审中称，贷款公司与科技公司之间“业务上有合作联系，贷款公司有部分放款是科技公司推荐的借款客户，有共同的控股股东”。另外，依据被告贷款公司章程，被告贷款公司对外提供担保需要经股东大会决议同意。

肖某在一审庭审中表示，《差额补足承诺函》“是一个担保，里面有承诺补足的范围，包括但不限于本金、利息、逾期违约金，如果没有按期足额偿还本息的时候有权向承诺人发出差额补足的要求，还有义务在3个工作日内承担差额补足责任。肖某是基于贷款公司的购买产品的关系才与原审被告签订合同，如果不是基于差额补足承诺函肖某应该不会轻易与原审被告签订合同”。肖某认为被告科技公司应向原告归还欠款本金及利息约人民币562万元，被告科技公司支付罚息人民币约62万元，被告贷款公司对被告科技公司的上述债务承担连带清偿责任。

【案件焦点】

1. 如何认定案涉《差额补足承诺函》的性质；2. 如何认定案涉《差额补足承诺函》的效力；3. 关于担保无效的民事责任问题。

【法院裁判要旨】

广东省深圳市福田区人民法院经审理认为：原告与被告科技公司签订的

《短期借款合同》未违反法律禁止性规定，原告与被告科技公司之间成立民间借贷法律关系。被告科技公司未按《短期借款合同》的约定履行还款义务，应承担相应的法律责任。被告科技公司未提交具体还款证据，应承担举证不能责任。被告贷款公司出具的《差额补足承诺函》系其真实意思表示，亦未违反法律禁止性规定。被告贷款公司主张其应承担的是担保责任，但该承诺函未有“担保”或“保证”字样，故不宜认定被告贷款公司有承担连带担保责任的意思表示。此外，根据该承诺函内容，被告贷款公司明确当被告科技公司未按时、足额偿还贷款本息时，原告即可向其发出差额补足要求，并未约定被告科技公司不能履行债务时，才可向其发出差额补足要求，故与担保法上的一般保证有所不同。根据《差额补足承诺函》约定，当被告科技公司未按时足额偿还借款本息的条件成就时，被告贷款公司应按其承诺向原告承担还款责任。

广东省深圳市福田区人民法院依照《中华人民共和国民法总则》第一百四十三条、第一百五十八条、第一百七十六条，《中华人民共和国合同法》第八条、第四十四条、第六十条，《中华人民共和国民事诉讼法》第六十四条第一款、第一百四十四条之规定，作出如下判决：

一、被告科技公司、贷款公司应于本判决发生法律效力之日起十日内共同向原告肖某偿还借款本金500万元、借款期限内利息51666.67元、罚息565000元（截至2020年4月30日，之后的以500万元为基数，按照年利率12%的标准计算至实际清偿之日止）；

二、驳回原告肖某其他的诉讼请求。

贷款公司不服一审判决，提出上诉。广东省深圳市中级人民法院经审理认为：一、关于《差额补足承诺函》的性质认定问题。肖某主张《差额补足承诺函》的性质为担保，贷款公司一、二审抗辩《差额补足承诺函》旨在于其和肖某之间创设保证法律关系，双方对此并无分歧。二审认为，由于双方约定的“差额补足承诺函”名称并非我国法律规定的有名合同，故判断《差额补足承诺函》的性质，应根据合同主要内容予以实质性审查，尤其对差额补足责任的界定予以综合分析认定，而非形式判断。《差额补足承诺函》约定的差额补足责任是指“承诺人自愿为科技公司在上述《短期借款合同》项下的还款义务提供差额补足责任”“承诺人承诺差额补足的范围包括但不限于借款本金、利息与逾期违约金”“当科技公司未按时、足额偿还借款本息时，您有权向承诺人发出差额补足要求，承诺人有义务在3个工作日内承担差额补足责任”，从双方对差额补足的含义界定来看，显然与债务加入含义即“第三人与债务人约定加入债务并通知债权人，或者第三人向债权人表示愿意加入债务，债权人未在合理期限内明确拒绝的，债权人可以请求第三人在其愿意承担的债务范围内和债务人承担连带责任”不符，而是符合《中华人民共和国担保法》第六条对保证的定义，即“保证人和债权人约定，当债务人不履行债务时，保证人按照约定履行债务或者承担责任的行为”。此外，《差额补足承诺函》约定承诺人的差额补足责任与本案《短期借款合同》项下还款义务相关联，主债务人为科技公司，差额补足责任范围为《短期借款合同》项下的全部债务等约定，均符合保证合同从属性的法律特征，并非排他的独立合同，《差额补足承诺函》约定的本质和目的就是要保障肖某对科技公司享有的本案债权的资金安全，故亦不属于独立的合同义务。由此可见，无论是从《差额补足承诺函》的核心条款进行文义解释来看，还是从合同体系解释来看，该合同的性质均符合保证的法律特征，二审依法认定合同双方成立保证合同关系。一审法院认定《差额补足承诺函》的性质有误，二审予以纠正。

二、关于《差额补足承诺函》的效力认定问题。根据已查明的事实，贷款公司为科技公司提供担保，并未经股东大会决议，仅在《差额补足承诺函》上加盖公章。《中华人民共和国公司法》第十六条第一款规定，“公司向其他企业投资或者为他人提供担保，依照公司章程的规定，由董事会或者股东会、股东大会决议”，该规定是对法定代表人代表权进行限制的强制性规范，意味着担保行为并非法定代表人所能单独决定的事项，必须以董事会、公司股东会或者股东大会决议作为授权的基础和来源。本案中，《差额补足承诺函》上虽然加盖了贷款公司公章，但由于未经股东大会决议，故该为他人对外签订的保证合同，属于未经授权擅自为他人提供的担保，构成越权代表。根据《中华人民共和国合同法》第五十条关于法定代表人、负责人越权代表的规定，区分订立合同时债权人是否善意分别认定合同效力。如果债权人善意，则合同有效，反之，合同无效。法律一旦经过颁布实施，则推定明知，肖某应当知悉上述规定。一方面，根据“举重以明轻”的解释规则，《差额补足承诺函》未有时任法定代表人或者相关负责人签字，由何人代表贷款公司磋商、签订保证合同不明，可以说明肖某未尽到形式审查的必要注意义务。另一方面，对于本案非关联担保的情形，无论章程是否对决议机关作出规定，也无论章程规定决议机关为董事会还是股东大会，根据《中华人民共和国民法总则》第六十一条第三款关于“法人章程或者法人权力机构对法定代表人代表权的限制，不得对抗善意相对人”的规定，肖某不能证明其在订立保证合同时对董事会决议或者股东大会决议进行了审查，更未注意是否符合公司章程的规定，难谓其构成善意。再者，本案不存在无须公司机关决议的例外情况，不能甄别保证合同符合公司的真实意思表示。因此，贷款公司签订《差额补足承诺函》时，未经股东大会决议，肖某对此未尽审慎注意义务，主观上存在过错，并非善意相对人，在贷款公司拒绝对肖某承担保证责任的情况下，《差额补足承诺函》无效。

三、关于担保无效的民事责任问题。在债权人签订保证合同时是非善意的，保证合同无效，债权人请求公司承担担保责任的，应不予支持，但可以按照担保法及有关司法解释关于担保无效的规定处理。根据《最高人民法院关于适用〈中华人民共和国担保法〉若干问题的解释》第七条规定，主合同有效而担保合同无效，债权人、担保人有过错的，担保人承担民事责任的部分，不应超过债务人不能清偿部分的二分之一。本案中，贷款公司一审辩称《差额补足承诺函》并未经过公司内部的行政类印章申请流程，质疑公章真实性，但其后提交撤回印章鉴定申请，随后在二审期间又进一步认可保证合同性质，由以上事实来看，贷款公司作为专业的金融组织，具备不同于个人的专业能力和审查条件，不论是由于内部管理失序，还是出于主观逃避担保责任的目的，对于《差额补足承诺函》无效具有明显过错。综合考量本案实际情况和各方过错，贷款公司应承担科技公司不能清偿部分的二分之一。各方当事人对原审认定的科技公司应承担的借款本金、借期利息、逾期利息等还款责任未提出上诉意见，二审不再审查。

广东省深圳市中级人民法院依照《中华人民共和国民法总则》第六十一条第三款、《中华人民共和国合同法》第五十条、《中华人民共和国公司法》第十六条第一款、《中华人民共和国担保法》第六条、《最高人民法院关于适用〈中华人民共和国民法典〉时间效力的若干规定》第一条和第三条、《最高人民法院关于适用〈中华人民共和国担保法〉若干问题的解释》第七条、《中华人民共和国民事诉讼法》第一百七十条第一款第二项规定，作出如下判决：

一、撤销广东省深圳市福田区人民法院民事判决第二项；

二、变更广东省深圳市福田区人民法院民事判决第一项为：原审被告科技公司应在本判决生效之日起十日内向被上诉人肖某偿还借款本金500万元、利息51666.67元以及逾期利息（截至2020年4月30日为565000元，之后的以500万元为基数，按照年利率12%的标准计算至实际清偿之日止）；

三、上诉人贷款公司对上述原审被告科技公司不能清偿部分的二分之一承担赔偿责任；

四、驳回被上诉人肖某的其他诉讼请求。

【法官后语】

上市公司控股子公司能够独立对外提供担保是一个既涉及公司权利能力边界又涉及公司营业自由的公司法命题。《中华人民共和国公司法》第十六条①、

① 《中华人民共和国公司法》第十六条，公司向其他企业投资或者为他人提供担保，依照公司章程的规定，由董事会或者股东会、股东大会决议；公司章程对投资或者担保的总额及单项投资或者担保的数额有限额规定的，不得超过规定的限额。

公司为公司股东或者实际控制人提供担保的，必须经股东会或者股东大会决议。

前款规定的股东或者受前款规定的实际控制人支配的股东，不得参加前款规定事项的表决。该项表决由出席会议的其他股东所持表决权的过半数通过。

第一百四十八条①究竟系为防范董事高管与公司的利益冲突问题，还是在兼顾保障相对人利益的同时对公司权利能力作出必要的限制，实际上并不明确。在实务操作中，相对人往往要求实际用资人在出现约定条件时，能够提供资信等级较高的第三方承诺代为履行的回购义务、补足差额或提供流动性支持，以提高其信用等级，减轻相对人作为投资人或者出资人的交易风险，这些商业安排在本质上属于一种增信措施，其中差额补足义务的约定显得尤为多元化。《最高人民法院关于适用〈中华人民共和国民法典〉有关担保制度的解释》对上市公司及其控股子公司对外提供担保进行特别规定，价值目标在于全面落实法律关于上市公司信息披露的规定，规范上市公司对外担保行为。这一价值目标在一定程度上也体现了司法保护价值从过去侧重保护债权人向平衡债权人和担保人及投资人利益转变的趋势。

本案例涉及案件法律适用规则的识别，差额补足承诺文件性质、效力探究，以及上市公司控股子公司出具增信文件的决策层面解读，兼具主体适用性和增信措施的非典型性，在如今担保功能主义的法律解释语境下，立足实务，以问题为导向，有益于思考条文之外的司法价值取向和意图。在本案审理过程中，我们根据《中华人民共和国合同法》第五十条（现《中华人民共和国民法典》第五百零四条②）一般规定，沿用关于订立合同时债权人对公司法定代表人的越权行为是否善意的判断方法，对前述交织在一起的诸多复杂问题抽丝剥茧、分缕析，总结出以下裁判要点：(1)《民法典》施行前上市公司控股子公司对外担保引发的纠纷，适用当时的法律、司法解释规定，不适用《最高人民法院关于适用〈中华人民共和国民法典〉有关担保制度的解释》。(2) 上市公司控

---

① 《中华人民共和国公司法》第一百四十八条，董事、高级管理人员不得有下列行为……（三）违反公司章程的规定，未经股东会、股东大会或者董事会同意，将公司资金借贷给他人或者以公司财产为他人提供担保……董事、高级管理人员违反前款规定所得的收入应当归公司所有。

② 《中华人民共和国民法典》第五百零四条，法人的法定代表人或者非法人组织的负责人超越权限订立的合同，除相对人知道或者应当知道其超越权限外，该代表行为有效，订立的合同对法人或者非法人组织发生效力。

股子公司向相对人提供差额补足承诺文件，具有提供担保意思表示的，应当认定成立保证合同关系。（3）相对人与上市公司已公开披露的控股子公司订立的差额补足等担保性质合同，根据上市公司公开披露的关于担保事项已经董事会或者股东大会决议通过的信息，应当认定有效。（4）上市公司控股子公司为他人提供差额补足等担保性质合同的，相对人可以要求上市公司履行决议程序后及时披露。

借由一起借贷案件涉及的法律争议焦点为锚点，深入探讨了多元增信措施中差额补足承诺文件在实务场景下的应用，聚焦于上市公司控股子公司作为出具主体时呈现复杂性、前沿性与发展性，秉持在相对人、投资人保护和金融市场发展之间的利益平衡原则，以求作出符合“实质合理性”的臻于至当的判决。

编写人：广东省深圳市中级人民法院　易静

13

在“配偶”“抵押物共有人”处签名捺印不能构成夫妻共同债务的意思表示

——资产管理公司诉赵某、王某追偿权案

【案件基本信息】

1. 裁判书字号

江苏省无锡市锡山区人民法院（2020）苏0205民初6266号民事判决书

2. 案由：追偿权纠纷

3. 当事人

原告：资产管理公司

被告：赵某、王某

【基本案情】

2017年9月7日，赵某因购买车辆向浙江某山农村商业银行（以下简称某山农商行）申请贷款，填写了由资产管理公司制作的《汽车贷款担保申请表》，表中填写有贷款车辆情况、购车人及配偶基本情况，赵某在表下方声明内容真实有效，王某在赵某声明内容下“配偶签字”处签名捺印。

同日，赵某与某山农商行签订《抵押贷款合同》，对以赵某所购车辆设定抵押并发放贷款46600元的事项进行了约定。合同尾部“抵押物共有人”处有王某签字并按捺手印。资产管理公司出具《担保承诺函》，承诺为赵某上述合同项下的贷款金额46600元、手续费等全部债务向该行提供连带责任保证担保。2017年10月9日，某山农商行发放款项46600元。赵某于2017年11月至2018年10月期间进行还款，存在滞后、漏还情形，之后未还款。资产管理公司遂承担保证责任，代赵某向某山农商行还款26932.45元，某山农商行为资产管理公司出具相应《垫付证明》。

后资产管理公司向赵某追偿未果，诉至法院，认为赵某与王某为夫妻关系，案涉债务为夫妻共同债务，请求判令赵某、王某偿还垫付款项26932.45元及资金占用期间的利息。

王某抗辩，赵某买车其并不知情，也不清楚贷款金额。其不识字，签字非其所签，手印系贷款人员强行要求其按捺。王某未申请进行笔迹鉴定。

王某与赵某原为夫妻，婚后因赵某赌博经常发生争吵，长期分居，王某曾于2014年起诉要求离婚。2019年11月6日，江苏省兴化市人民法院作出（2019）苏1281民初5078号民事判决，准予王某与赵某离婚。

【案件焦点】

1. 在贷款担保申请、合同等材料上作为“配偶”“抵押物共有人”捺印，是否构成认可共同举债、还款的意思表示；2. 案涉债务是否为夫妻共同债务。

【法院裁判要旨】

江苏省无锡市锡山区人民法院经审理认为：第一，关于资产管理公司的追偿权。经查实，车辆过户时发票金额为67000元，且赵某陈述明知需还款两年、每月约2100元，总额与《抵押贷款合同》约定的贷款金额46600元一致。资产管理公司实际为赵某垫付26932.45元，有权进行追偿。结算资产管理公司应向赵某返还的手续费用后，法院酌定赵某应返还资产管理公司20332.45元及资金占用期间利息。

第二，关于案涉债务是否为夫妻共同债务。案涉债务虽发生于王某与赵某婚姻关系存续期间，但是王某在《贷款申请表》上声明下方作为“配偶”捺印认同表中信息，在《抵押贷款合同》上作为“抵押物共有人”捺印，均未表明其同意为借款方或还款方。并且，根据江苏省兴化市人民法院在（2019）苏1281民初5078号民事判决中已认定的事实，王某与赵某长期分居，在2014年已经有过离婚诉讼，故案涉债务发生时王某与赵某应系分居状态。资产管理公司未提供案涉债务系用于赵某、王某夫妻共同生活、共同生产经营的证据，不具备赵某和王某共同意思表示，亦未得到王某事后追认，故依法认定案涉债务非王某、赵某夫妻共同债务。

江苏省无锡市锡山区人民法院作出判决：

一、赵某于判决生效后十日内向资产管理公司返还20332.45元并支付资金占用期间的利息（以20332.45元为基数，自2019年9月18日起至实际给付之日止，按照同期全国银行间同业拆借中心公布的一年期贷款市场报价利率计算）；

二、驳回资产管理公司的其他诉讼请求。

判决后，双方当事人均未上诉，本判决现已生效。

【法官后语】

夫妻在婚姻关系存续期间，因日常生活、生产经营需要，不可避免地会与第三人产生债权债务关系。随着我国经济飞速发展，对外负债呈现出由生活性债务向经营性债务转化的趋势，夫妻之间的财产、债务也日趋相对独立。为平等保护债权人利益和夫妻各方利益，兼顾交易安全与婚姻家庭稳定，《中华人民共和国民法典》第一千零六十四条分三个层次对夫妻共同债务认定问题作出明确规定，是民法典婚姻家庭编的一大亮点。依据该规定，结合本案，对于夫妻一方举债的债务是否为夫妻共同债务可从以下方面进行判断。

首先，夫妻双方共同签名或者夫妻一方事后追认等共同意思表示所负的债务为夫妻共同债务。王某认可其在《贷款申请表》上作为“配偶”、在《抵押贷款合同》上作为“抵押物共有人”捺印，而捺印与签名一般都是当事人作出“认同”意思表示的行为。但在贷款实践中，由金融机构提供的合同、表格均为单方制作的格式范本，为避免抵押权产生纠纷，金融机构有要求借款人配偶在贷款材料上签名的习惯。本案中，王某在申请表“配偶”处捺印，系在赵某声明所填配偶、车辆等信息真实有效的内容下捺印，一方面系确认配偶身份，另一方面系为赵某填写的内容背书真实性，不能推断出王某具有愿意共同贷款或承担案涉债务的意思表示。王某在贷款合同上“抵押物共有人”处捺印，即便出于自愿，亦仅能理解为认同赵某将所购车辆抵押给银行，其并未作为共同借款人签名捺印，不应扩大解释为同意抵押即为同意共同借款或还款。故王某两处捺印的行为并不能构成认同夫妻共同举债或还款的意思表示。

其次，夫妻一方在婚姻关系存续期间以个人名义为家庭日常生活需要所负的债务，属于夫妻共同债务。本案中，赵某所购车辆为营运车辆，赵某认可系其个人使用，王某称对赵某购车并不知情，再结合另案生效判决认定的事实，赵某与王某分居已久，未共同生活，故不应认定赵某系为家庭日常生活需要而借款。

最后，债权人能够证明债务用于夫妻共同生活、共同生产经营或者基于夫妻双方共同意思表示的，为夫妻共同债务。本案中，资产管理公司除王某捺印的申请书和合同外，未提供其他证据，无法认定案涉债务系用于夫妻共同生活、共同生产经营或基于共同意思表示。

综上，案涉债务不应认定为夫妻共同债务。认定夫妻共同债务是社会关切的热点问题，也是司法实践中的疑难复杂问题，在个案中应当立足事实、把握细节，既要维护交易安全，也要防止错误认定，避免让不该承担责任的一方承担共同还款责任。

编写人：江苏省无锡市锡山区人民法院　骆文文

二、保　　证

14

保证人追偿权诉讼时效期间的认定规则

——钟某丽诉融资担保公司抵押权案

【案件基本信息】

1. 裁判书字号

上海市第一中级人民法院（2020）沪 01 民终 7084 号民事判决书

2. 案由：抵押权纠纷

3. 当事人

原告（被上诉人）：钟某丽

被告（上诉人）：融资担保公司

【基本案情】

2011 年 9 月 15 日，钟某丽与案外人某银行签订《中国银行个人投资经营贷款借款合同》，约定钟某丽向某银行借款 295 万元，借款期限 12 个月，借款利率为月息 5.46666‰。本合同项下的贷款由融资担保公司提供全程连带责任保证担保。同日，某银行与融资担保公司签订《中国银行个人投资经营贷款保证合同》，约定主合同项下的债务构成合同之主债务，包括本金、利息（包括法定利息、约定利息、复利、罚息）、违约金、赔偿金、实现债权的费用（包括但不限于诉讼费用、公证费用、执行费用等)、因借款人违约而给债权人造成的损失和其他所有应付费用，保证方式均为全程连带责任保证。

2011 年 10 月 25 日，某银行向钟某丽发放贷款 295 万元。2012 年 10 月 25 日贷款到期后，钟某丽未依约付息、还款。

2012 年 10 月 25 日，钟某丽与融资担保公司签订《抵押反担保合同》。后钟某丽向融资担保公司出具《抵押反担保函》载明，2011 年 9 月，本人向某银行贷款 295 万元，贵方向某银行提供连带担保责任，本人自愿以本人名下系争房屋就上述借款合同向贵方提供抵押反担保。同时，钟某丽还出具说明，双方至交易中心办理抵押手续时签订的有关协议仅供交易中心备案使用，对双方不具有约束力，就该抵押反担保的权利义务以抵押反担保函的内容为准。

2012 年 10 月 30 日，钟某丽、融资担保公司办理了系争房屋的抵押权登记手续，登记载明的债权金额为 295 万元，债务履行期限为 2012 年 10 月 25 日至 2014 年 10 月 25 日。

2013 年 9 月 29 日，融资担保公司代钟某丽归还某银行借款本息 169467.7 元。2013 年 10 月 29 日，融资担保公司为钟某丽代偿借款本息 2886125.93 元。

2014 年 9 月 15 日，福建省宁德市蕉城区人民法院依法受理某银行起诉钟某丽、融资担保公司等民间借贷合同纠纷一案。该案于 2015 年 1 月 26 日判决钟某丽偿还某银行借款罚息 17199.71 元；融资担保公司等在前述确认的债务范围内向某银行承担连带保证责任，并在承担保证责任后，有权向钟某丽追偿。该判决已经生效。

2019 年 11 月 15 日，融资担保公司代钟某丽向某银行支付了 520 元、230 元、1000 元，上述款项分别系代钟某丽偿还公告费、代钟某丽偿还诉讼费、代钟某丽偿还贷款。

2020 年 3 月 13 日，某银行向融资担保公司发函称，你司担保的钟某丽名下一笔经营性贷款金额为 295 万元，于 2011 年 10 月已实现放款，截至 2020 年 3 月 12 日该笔贷款欠款金额人民币 16199.71 元。福建省宁德市蕉城区人民法院于 2020 年 5 月 8 日出具结案证明，证明民间借贷纠纷案民事判决所确定的义务已经全部履行，该执行案件已结案。

另，系争房屋上曾存在融资担保公司以外的多项房屋抵押和司法查封措施。现该房屋已经被依法裁定拍卖，并已过户至案外人名下。系争房屋经司法拍卖所得的价款用于清偿另案债务后，尚有剩余款项由法院代管。现钟某丽诉至法院，要求确认融资担保公司在系争房屋上设置的抵押权失效。

【案件焦点】

1. 反担保抵押权的主债权性质如何认定；2. 反担保主债权的诉讼时效期间是否已届满。

【法院裁判要旨】

上海市松江区人民法院一审认为，该抵押担保合同的主合同应当为融资担保公司的保证合同。债权人在保证期间届满前要求连带保证人承担保证责任的，从债权人要求保证人承担保证责任之日，开始计算保证合同的诉讼时效。融资担保公司未在保证合同的诉讼时效期间行使抵押权，故其在系争房屋上的抵押权已经不再发生法律效力。

上海市松江区人民法院判决如下：确认融资担保公司在上海市松江区泗泾镇古楼公路348弄123号房屋上设立的抵押权失效。

一审判决后，融资担保公司不服一审判决，提起上诉。

上海市第一中级人民法院二审认为：该反担保的主债权系融资担保公司对钟某丽的未来债权，而该债权是融资担保公司实际承担保证责任后所产生的向钟某丽追偿的权利。追偿权在反担保合意达成时并未确定发生，且具体金额需根据担保人的实际清偿范围最终确定，系争抵押权并非用于担保融资担保公司履行对某银行的保证义务。本案中，融资担保公司向某银行实际承担保证责任共分三期：2013年9月29日支付借款本息169467.7元；2013年10月29日支付借款本息2886125.93元；2019年11月15日支付公告费、诉讼费、罚息共计1750元。融资担保公司对钟某丽的追偿权系在三期清偿时分别产生，在最后一期追偿权产生前，债务人不存在对偿还义务履行期已经完全届满的善意信赖，而担保人却存在就追偿权未来整体主张的正常预期，故从最后一期追偿权产生之日整体起算诉讼时效期间。本案中，某银行系分期向融资担保公司主张权利，融资担保公司的最后一期追偿权系在 2019 年 11 月 15 日产生，且属于钟某丽的反担保范围。因此，融资担保公司对钟某丽的追偿权均应自 2019 年 11 月 15 日起算诉讼时效期间。融资担保公司即使在本案诉讼前没有向钟某丽主张追偿，系争抵押权的主债权至今也并未超出诉讼时效期间，没有丧失司法救济效力，系争抵押权在法定顺位基础上依然就剩余款项存在优先受偿效力。

上海市第一中级人民法院判决如下：

一、撤销上海市松江区人民法院（2020）沪 0117 民初 2466 号民事判决；

二、驳回钟某丽的诉讼请求。

【法官后语】

反担保又可称为求偿担保，是为保障债务人之外的担保人将来承担担保责任后对债务人的追偿权的实现而设定的担保。从本质上而言，反担保亦是一种担保，与担保同样具有促进资金融通、保障债权实现及维护交易安全的重要作用。然而，涉及反担保的法律规定较为抽象，具体案件的规则适用需要结合民法的一般原理，参照类似价值取向的规则予以厘清。

根据《最高人民法院关于适用〈中华人民共和国担保法〉若干问题的解释》（以下简称原《担保法司法解释》）第四十二条第二款之规定，“保证人对债务人行使追偿权的诉讼时效，自保证人向债权人承担责任之日起开始计算”。该规定抽象认定了追偿权自实际承担担保责任时产生，并开始计算诉讼时效期间，但没有明确分期产生的追偿权如何起算时效期间。在《中华人民共和国民法典》及新《最高人民法院关于适用〈中华人民共和国民法典〉有关担保制度的解释》颁布后，上述条文已失效，现行法律法规并没有对追偿权诉讼时效的规定，而即使参照原《担保法司法解释》规定，实践中对于分期产生追偿权的时效期间认定仍存在不同观点。

要厘清这一问题，需要基于追偿权的法律属性进行分析。追偿权是法定权利，其分期产生并非基于保证人与债务人的合同预设约定。但是首先，追偿权对应着债务人的偿还义务，该义务无论何时产生，均属于同一性质，构成了不可分割的整体，并不是持续性合同中的定期给付债务。其次，债务人明知保证人的责任范围与自身的偿还义务。如果剩余债务属于保证范围，没有超出诉讼时效期间，而债务人又没有主动清偿的行为，其就可以预见到保证人将继续承担责任，其对保证人的后续偿还义务也将产生。在最后一期追偿权产生前，债务人不存在对偿还义务履行期已经完全届满的善意信赖，而保证人却存在就追偿权未来整体主张的正常预期，这与约定分期履行中的信赖利益标准具有内在一致性，因此，分期保证追偿权的诉讼时效问题应当类推适用《最高人民法院关于审理民事案件适用诉讼时效制度若干问题的规定》第五条之规定，从最后一期追偿权产生之日整体起算诉讼时效期间。

故而，反担保权利的实现，应当以其主债权即追偿权确定为前提，分期履行担保义务的追偿权应类推适用分期履行债务之规定，从最后一期追偿权产生之日整体起算诉讼时效期间。此种类推有利于防止担保人与债权人的执行竞争，加之对诉讼时效立法目的及诉讼效率之考量，亦有利于减少讼累，实现诉讼时效制度的价值平衡。

编写人：上海市第一中级人民法院　李兴　丁杏文

15

债务人进入破产清算程序后保证人承担责任的条件、范围

——投资管理公司诉房地产公司1等借款合同案

【案件基本信息】

1. 裁判书字号

北京市西城区人民法院（2020）京0102民初18724号民事判决书

2. 案由：借款合同纠纷

3. 当事人

原告：投资管理公司

被告：房地产公司1、房地产公司2、房地产公司3、混凝土公司、房地产公司4、房地产公司5、房地产公司6、房地产公司7

【基本案情】

投资管理公司于2019年7月24日，出借给房地产公司1 2000万元，年利率为24%，房地产公司1应于2019年9月23日偿还借款本息。当日，原告与除房地产公司1外的其他被告签署《保证担保合同》，约定各担保人对债权的偿还提供无限连带责任保证。由于资金紧张，原告与房地产公司1约定将2000万元借款本金全部予以展期，展期后借款到期日为2019年12月23日，年利率仍为24%。此后，原告再次与各担保人签署《保证担保合同补充协议》及《抵押担保合同》。现房地产公司1仅支付部分利息，并未于到期日支付借款本金，故诉至法院。房地产公司1破产管理人已经确认了投资管理公司的债务。被告不同意投资管理公司的全部诉讼请求。

【案件焦点】

1. 在债务人进入破产程序后，债权人起诉保证人的，保证人是否应承担保证责任；2. 如应承担保证责任，承担保证责任的时间、范围。

【法院裁判要旨】

北京市西城区人民法院经审理认为：依法成立的合同，对当事人具有法律约束力。当事人应当按照约定履行自己的义务，不得擅自变更或者解除合同。借款合同是借款人向贷款人借款，到期返还借款并支付利息的合同。本案中，投资管理公司与房地产公司1签订《借款合同》，该借款合同系双方的真实意思表示，并未违反法律、行政法规的效力性强制性规定，应属合法有效，双方均应当按照约定全面履行自己的义务。投资管理公司已经按照《借款合同》约定履行了支付出借资金的义务，房地产公司1亦应按照约定在借款到期日履行还款义务。此后双方在借款到期后签署《借款合同补充协议》，对原借款展期。现该展期亦已届满，房地产公司1未履行还款义务，投资管理公司有权要求房地产公司1偿还借款本金并支付利息。经庭审查明，房地产公司1已经进入破产重整，且房地产公司1管理人已经对投资管理公司的债权进行了审查，确认投资管理公司的债权数额。该债权数额的计算，于法有据，本院对此不持异议。

对于被告房地产公司2、房地产公司3、混凝土公司、房地产公司4、房地产公司5、房地产公司6、房地产公司7主张原告与房地产公司1的借款中存在砍头息100万元，应在借款本金中予以扣除的答辩意见，未提供充分证据证明其主张，本院不予采信。对投资管理公司要求对混凝土公司提供的抵押商铺折价、变卖或拍卖所得价款在债权范围内优先受偿的请求，混凝土公司自愿以其名下财产作为投资管理公司债权的抵押物，并办理了抵押登记，该抵押权合法有效，故投资管理公司主张对依法处分抵押物所得价款优先受偿之诉讼请求，具有事实和法律依据，本院予以支持。对于房地产公司2对上述债务是否应承担连带责任，庭审中房地产公司2认可其与投资管理公司签订的《保证担保合同》及《保证担保合同补充协议》约定的保证人为连带责任保证，房地产公司2主张房地产公司2的股东为郝某玲及康某二人，但房地产公司2两份决议股东处仅有郝某玲一人签字，故房地产公司2出具的股东会决议无效，导致房地产公司2签订的《保证担保合同》及《保证担保合同补充协议》无效。对此本院认为，首先郝某玲系房地产公司2持股98%的股东，其次房地产公司2出具的股东会决议均有郝某玲签字并加盖房地产公司2公章，最后房地产公司2未向本院提交证据证明出具该股东会决议的股东会召集程序、表决方式存在违反法律法规或公司章程的情形，综合上述情况，本院认为投资管理公司作为债权人一方，在保证人出具具有持股98%股份的股东签字的股东会决议后，投资管理公司的审查义务已经完成，其有理由相信房地产公司2出具的股东会决议有效，在现无证据表明涉案股东会决议具有无效事由的情况下，应认定该股东会决议具有法律效力。综上，房地产公司2应对房地产公司1的上述债务承担连带清偿责任。对于房地产公司3对上述债务是否应承担连带责任，庭审中房地产公司3认可其与投资管理公司签订的《保证担保合同》约定的保证人为连带责任保证，房地产公司3主张房地产公司3出具的股东会决议股东处为郝某玲签字，但郝某玲并非房地产公司3的股东，房地产公司3的股东为房地产公司2，故该股东会决议无效、保证担保合同无效。投资管理公司主张，投资管理公司认为郝某玲持有房地产公司2 98%的股份，系房地产公司2的绝对控股股东，同时房地产公司2是房地产公司3的唯一股东，郝某玲以其间接控制的房地产公司3提供担保属于无需机关决定的例外情形，故认为该股东会决议有效。对此本院认为，郝某玲并非房地产公司3的股东，其无权代表房地产公司3股东出具股东会决议，投资管理公司作为债权人一方，未尽到合理审查的义务，投资管理公司虽主张郝某玲与其间接控制的房地产公司3为其间接控制的房地产公司1提供担保属于无需公司机关决议的情形，但投资管理公司未向本院提交证据证明房地产公司3直接或间接控制房地产公司1，故对投资管理公司的意见本院不予采信。综合上述情况，本院确认房地产公司3出具的《保证担保合同》因未能提供房地产公司3有效的股东会决议导致担保合同无效，故对投资管理公司要求房地产公司3承担连带责任的请求，不予支持。对于投资管理公司要求房地产公司4、房地产公司5、房地产公司6、房地产公司7承担连带责任的请求，因房地产公司4、房地产公司5、房地产公司6、房地产公司7均同意承担连带责任，本院对此不持异议。需要说明的是，本案中主债务人房地产公司1已经进入破产重整程序，且投资管理公司已经向房地产公司1管理人申报了债权，并经房地产公司1管理人确认了债权数额，但同时又起诉保证人。根据法律规定，对于债权人向主债务人管理人申报了债权，同时又起诉保证人的保证纠纷案件，法院应当受理。法院判决保证人承担保证责任的，应当在判决中明确扣除债权人在债务人破产程序中可以分得的部分。故房地产公司2、房地产公司4、房地产公司5、房地产公司6、房地产公司7应对投资管理公司对房地产公司1享有的债权24037478元中，扣除投资管理公司在房地产公司1破产程序中可以分得的部分，承担连带清偿责任。投资管理公司对混凝土公司以其提供的抵押财产折价、变卖或拍卖所得价款在对投资管理公司对房地产公司1享有的债权24037478元中，扣除投资管理公司在房地产公司1破产重整程序中可以分得的部分范围内优先受偿。对于投资管理公司要求被告承担律师费的请求，因未向本院提交证据，本院对此不予支持。

北京市西城区人民法院判决如下：

一、确认原告投资管理公司对被告房地产公司1享有24037478元债权；

二、就本判决书第一项债权在扣除原告投资管理公司在被告房地产公司1破产程序中可以分得部分的范围内，原告投资管理公司有权就被告混凝土公司名下的案涉20套房产折价或者以拍卖、变卖价款优先受偿；

三、被告房地产公司2、被告房地产公司3、被告房地产公司5、被告房地产公司4、被告房地产公司6于房地产公司1破产程序终结后十五日内，向原告投资管理公司对被告房地产公司1就本判决书第一项债权在扣除原告投资管理公司在被告房地产公司1破产程序中可以分得部分的范围内，承担连带清偿责任；

四、驳回原告投资管理公司的其他诉讼请求。

判决后，双方当事人均未上诉，本判决现已生效。

【法官后语】

在主债务人进入破产程序后，债权人要求债务人承担还款责任的案件，应由给付之诉变更为确认之诉，在破产管理人出具债务确认书或经人民法院审理确认债务合法及数额的情况下，人民法院应直接判决确认债权人的债权数额。

笔者认为，在债务人进入破产程序后，债权人起诉保证人的，保证人应按照相关当事人签订的保证合同约定及相关法律规定，承担保证责任；承担保证责任的时间应在债务人破产程序终结后；承担保证责任的范围应为扣除债权人在债务人破产清算程序中可能清偿的部分，在不能清偿部分范围内承担责任。具体分析如下：

首先，保证人应按照保证合同约定及相关法律规定承担相应责任，并不因债务人进入破产程序而免除保证人的保证责任。对于债权人申报了债权，同时又起诉保证人的保证纠纷案件，人民法院应当受理。对此，债权人同时起诉债务人及保证人的，人民法院亦应受理，并按照各方当事人在保证合同中的约定，由保证人承担相应的保证责任。

其次，承担保证责任的范围及时间，上述最高人民法院的答复明确，在人民法院具体审理并认定保证人应当承担保证责任的金额时，如需等待破产程序结束的，可依照《中华人民共和国民事诉讼法》规定，裁定中止诉讼。人民法院如径行判决保证人承担责任，应当在判决中明确应扣除债权人在债务人破产程序中可以分得的部分。对此笔者认为，在债务人进入破产程序后，债权人虽可以向保证人主张权利，但保证人在承担保证责任前无法作为债务人的次债务人向债务人申报债权，如担保人先于债务人向债权人承担了责任，则可能出现债权人在破产程序中重复受偿的问题。虽然《全国法院破产审判工作会议纪要》第三十一条规定，破产程序终结前，已向债权人承担了保证责任的保证人，可以要求债务人向其转付已申报债权的债权人在破产程序中应得清偿部分。破产程序终结后，债权人就破产程序中未受清偿部分要求保证人承担保证责任的，应在破产程序终结后六个月内提出。保证人承担保证责任后，不得再向和解或重整后的债务人行使求偿权。但审判实践中，因案件的审理及执行系需要一定时间完成，难免存在担保人向债权人承担责任后，债务人破产程序已经终结，而导致担保人无法向债务人申报债权的情形，所以笔者认为判令保证人在债务人破产程序终结后，并扣除债权人在破产程序中可以获得清偿的部分，对债务人不能清偿的部分承担相应责任较为公允，既保护了债权人的权益亦可以保障担保人的权益。

编写人：北京市西城区人民法院　苑丹妮

16

债权人享有抵押权不当然免除保证人的保证责任

——某银行诉黄某甜、置业公司金融借款合同案

【案件基本信息】

1. 裁判书字号

广西壮族自治区防城港市港口区人民法院（2021）桂 0602 民初 1583 号民事判决书

2. 案由：金融借款合同纠纷

3. 当事人

原告：某银行

被告：黄某甜、置业公司

【基本案情】

2016 年 5 月 24 日，被告黄某甜、置业公司与原告签订《个人购房/购车借款及担保合同》，合同约定由原告借给被告黄某甜人民币 184000 元整，贷款期限为 120 个月，贷款实际放款日与到期日以借据为准（从 2016 年 5 月 30 日至 2026 年 5 月 30 日），按等额本息还款法归还贷款本息，并约定被告若违反本合同任一条款的，原告有权停止本合同尚未发放的贷款或提前收回尚未到期的贷款，并要求被告承担相应的责任等。合同同时还约定被告置业公司对被告黄某甜的上述借款承担阶段性连带责任保证。同时，被告提供其名下位于防城港市港口区北部湾大道 602 号房作抵押担保。合同订立后，原告即依约向被告黄某甜发放了贷款人民币 184000 元整，被告应按合同约定每月偿还贷款。但 2020 年 12 月 1 日后，被告没有再依约履行正常还款义务，经原告多次追索，被告拒不还款。至

今尚欠原告贷款本金113430.72元及利息（含罚息）2084.52元，合计115515.24元（利息暂计算至2021年3月15日止，往后利息、罚息按合同约定顺延计至付清为止），已严重损害了原告的合法权益。因此，为了维护原告的合法权益及维护国家贷款资金的顺利回收，原告特具诉状，请求法院支持原告的诉求。

【案件焦点】

在某银行已取得对案涉房屋抵押权的情形下，置业公司的阶段性保证责任是否应予免除的问题。

【法院裁判要旨】

广西壮族自治区防城港市港口区人民法院经审理认为：关于某银行是否对案涉房屋享有优先受偿权以及是否免除置业公司的保证责任的问题。依据《最高人民法院关于适用〈中华人民共和国民法典〉有关担保制度的解释》第五十二条“当事人办理抵押预告登记后，预告登记权利人请求就抵押财产优先受偿，经审查存在尚未办理建筑物所有权首次登记、预告登记的财产与办理建筑物所有权首次登记时的财产不一致、抵押预告登记已经失效等情形，导致不具备办理抵押登记条件的，人民法院不予支持；经审查已经办理建筑物所有权首次登记，且不存在预告登记失效等情形的，人民法院应予支持，并应当认定抵押权自预告登记之日起设立”的规定，案涉房屋所有权于2018年1月6日首次登记于置业公司名下，完成了房屋所有权首次登记，且经查明不存在预告登记失效的情形，应认定某银行对黄某甜抵押房产享有优先受偿权。根据《个人购房/购车借款及担保合同》的约定，黄某甜未按约偿还贷款本息，某银行有权要求保证人承担保证责任，依据《中华人民共和国民法典》第三百九十二条“被担保的债权既有物的担保又有人的担保的，债务人不履行到期债务或者发生当事人约定的实现担保物权的情形，债权人应当按照约定实现债权；没有约定或者约定不明确，债务人自己提供物的担保的，债权人应当先就该物的担保实现债权；第三人提供物的担保的，债权人可以就物的担保实现债权，也可以请求保证人承担保证责任。提供担保的第三人承担担保责任后，有权向债务人追偿”的规定，本案中，黄某甜提供案涉房屋作为抵押物进行担保，置业公司为黄某甜的上述债务承担阶段性连带责任保证担保，在既有物的担保，又有人的担保，且当事人并未就担保权利的实现顺序进行明确约定的情况下，在某银行就黄某甜提供的抵押房产折价或者拍卖、变卖所得价款优先受偿后仍不足清偿的债务，在剩余未受偿的债务范围内，置业公司应对此承担连带清偿责任。故对某银行请求置业公司对黄某甜的上述剩余债务范围内承担连带清偿责任的诉讼请求，本院予以支持。

依照《中华人民共和国民法典》第二百二十一条、第三百九十二条、第五百零九条第一款、第五百六十二条、第五百七十七条、第六百七十四条、第六百七十五条、第六百七十六条，《中华人民共和国民事诉讼法》第一百四十四条，《最高人民法院关于适用〈中华人民共和国民法典〉有关担保制度的解释》第五十二条，《最高人民法院关于适用〈中华人民共和国民法典〉时间效力的若干规定》第一条第三款之规定，判决如下：

一、解除原告某银行与被告黄某甜于 2016 年 5 月 24 日签订的《个人购房/购车借款及担保合同》；

二、被告黄某甜在本判决生效之日起十日内向原告某银行偿还借款本金 113430.72 元及支付暂计至 2021 年 3 月 15 日的利息（含罚息）2084.52 元（2021 年 3 月 15 日之后的利息、罚息按照合同约定的利息计算方法和利率标准计算至债务清偿之日止）；

三、如被告黄某甜不履行上述债务，原告某银行对折价、拍卖、变卖被告黄某甜用于抵押的防城港市港口区北部湾大道 602 号房所得价款在上述所欠债务范围内享有优先受偿权；

四、如对折价、拍卖、变卖被告黄某甜用于抵押的上述房屋所得价款仍不能清偿的部分债务，被告置业公司对被告黄某甜在上述剩余债务范围内承担连带清偿责任，被告置业公司承担保证责任后有权向被告黄某甜追偿；

五、驳回原告某银行的其他诉讼请求。

判决后，双方当事人均未上诉，本判决现已生效。

【法官后语】

本案中，在某银行作为抵押权人享有优先受偿权的情况下，是否应当免除置业公司的阶段性连带保证责任。关于这一问题，目前相关的法律和司法解释尚无明确规定。从债权人和保证人之间的利益平衡角度出发即是案涉房屋在实现优先受偿时能够全部清偿债务人的债务，保证人无需再承担保证责任，但案涉房屋在实现优先受偿时能否全部清偿债务人的债务尚不得而知。因此，依据《最高人民法院关于适用〈中华人民共和国民法典〉有关担保制度的解释》第五十二条规定，当事人办理抵押预告登记后，预告登记权利人请求就抵押财产优先受偿，经审查存在尚未办理建筑物所有权首次登记、预告登记的财产与办理建筑物所有权首次登记时的财产不一致、抵押预告登记已经失效等情形，导致不具备办理抵押登记条件的，人民法院不予支持；经审查已经办理建筑物所有权首次登记，且不存在预告登记失效等情形的，人民法院应予支持，并应当认定抵押权自预告登记之日起设立。案涉房屋所有权于2018年1月6日首次登记于置业公司名下，完成了房屋所有权首次登记，且经查明不存在预告登记失效的情形，某银行对黄某甜抵押房产享有抵押权，并可优先受偿。根据《个人购房/购车借款及担保合同》的约定，置业公司作为保证人的阶段性保证责任期间为自本合同约定的正式抵押登记手续办理完毕之日止，虽某银行已享有案涉房屋的抵押权，但并不意味着必然免除置业公司的阶段性连带保证责任。

笔者认为，首先，我国相关的法律和司法解释并未明确规定在享有抵押权实现优先受偿的情况下可以免除保证人的阶段性连带保证责任；其次，《个人购房/购车借款及担保合同》约定置业公司的阶段性保证责任一直到正式抵押登记手续已办理完毕之日止，若某银行未办理正式的抵押登记手续，并不能当然直接免除置业公司的保证责任；最后，虽某银行对案涉房屋享有优先受偿权，但该案涉房屋折价或者拍卖、变卖所得价款优先受偿后是否能够足额清偿债务尚不得而知，若支持免除置业公司的保证责任，将可能损害债权人某银行的利益。故应当依据《中华人民共和国民法典》第三百九十二条“被担保的债权既有物的担保又有人的担保的，债务人不履行到期债务或者发生当事人约定的实现担保物权的情形，债权人应当按照约定实现债权；没有约定或者约定不明确，债务人自己提供物的担保的，债权人应当先就该物的担保实现债权；第三人提供物的担保的，债权人可以就物的担保实现债权，也可以请求保证人承担保证责任。提供担保的第三人承担担保责任后，有权向债务人追偿”的规定，本案中，在既有物的担保，又有人的担保，且当事人并未就担保权利的实现顺序进行明确约定的情况下，在某银行就被告提供的抵押房产折价或者拍卖、变卖所得价款优先受偿后仍不足清偿的债务，在剩余未受偿的债务范围内，置业公司应对此承担连带清偿责任。

编写人：广西壮族自治区防城港市港口区人民法院　罗绍丽

17

保证人明知借款人改变贷款用途仍进行担保的应承担保证责任

——某银行诉科技公司等金融借款合同案

【案件基本信息】

1. 裁判书字号

山东省德州市乐陵市人民法院（2020）鲁1481民初3776号民事判决书

2. 案由：金融借款合同纠纷

3. 当事人

原告：某银行

被告：科技公司、投资公司、置业公司、扒鸡公司、赵某芳、闫某连、宋某强、张某红

【基本案情】

2014年12月16日，科技公司与某银行签订《小企业借款合同》。合同约定借款金额900万元，借款期限为12个月，借款用途为购买原材料。2014年12月16日，被告扒鸡公司、宋某强、张某红、赵某芳、闫某连、置业公司分别与原告签订保证合同，保证方式为连带责任保证。2014年12月17日将此款900万元汇入工贸公司的账号。工贸公司根据宋某强的指示于当日将900万元分两次汇入王某海的账户，汇款备注为：替置业公司还款。

2016年2月26日，科技公司与某银行签订借款展期协议。原借款合同项下借款金额900万元，已偿还1万元，展期金额899万元，展期到期日为2016年11月19日。担保人扒鸡公司、赵某芳、闫某连同意借款展期继续提供担保。2017年2月28日，科技公司与某银行再次签订借款展期协议，展期到期日为2017年11月18日。担保人投资公司、置业公司、赵某芳、闫某连、宋某强同意就借款人借款展期继续按照其与贷款人签订的保证合同提供担保。保证期间变更为协议约定的借款展期到期之次日起两年。截止到2018年2月28日，科技公司尚欠原告借款本金899万元，欠罚息130243元。

2021年6月29日，乐陵市公安局经侦大队接潘某雷报警称：2014年12月，宋某强欺骗扒鸡公司为科技公司作担保，从某银行贷款900万元。经乐陵市公安局侦查，认为没有犯罪事实，于2021年7月27日作出不予立案通知书。

宋某强系置业公司的实际控制人也是借款人科技公司的实际控制人。在2013年宋某强所控制的公司就与扒鸡公司存在相互担保的关联关系。2013年7月22日，科技公司曾向某银行借款1500万元，借款合同约定用途为：购买原材料，该笔借款的担保人有扒鸡公司等，该笔贷款于2014年7月14日到期后，尚欠900万元未能还清。2014年7月25日，宋某强以置业公司名义从小额贷款公司法定代表人王某海处借款2000万元，于当日偿还了某银行贷款900万元。

【案件焦点】

科技公司改变合同注明的借款用途使用借款，扒鸡公司是否承担保证责任。

【法院裁判要旨】

山东省德州市乐陵市人民法院经审理认为：德州扒鸡集团基于相互担保关系就案涉贷款与某银行签订保证合同，并就案涉贷款系倒贷款（“续贷”）是明知的。扒鸡公司主张科技公司隐瞒了贷款的实际用途，原告某银行明知科技公司及宋某强实施的欺诈行为但未提交充分的证据证明。扒鸡公司在明知科技公司贷款的目的系倒贷款的情况下，某银行、科技公司不构成欺诈的情形。

原告已向被告科技公司发放借款900万元，也对借款进行了合理的监管。原告要求被告偿还截止到2018年2月底的借款本金899万元，截至2018年2月28日所欠罚息130243元及直至本息付清日按照合同约定结欠的罚息，予以支持。其余部分，不予支持。被告扒鸡公司、置业公司、宋某强、赵某芳、闫某连、投资公司的保证责任尚在保证期间内，承担连带保证责任。被告张某红的保证期间已届满，不承担连带保证责任。

山东省德州市乐陵市人民法院依照《中华人民共和国合同法》第五十二条、第六十条、第二百零五条、第二百零六条、第二百零七条，《中华人民共和国担保法》第二十六条，《最高人民法院关于适用〈中华人民共和国担保法〉若干问题的解释》第四十条，《中华人民共和国民事诉讼法》第一百四十四条，判决如下：

一、被告科技公司于本判决生效后十日内偿还原告某银行借款本金899万元及截止到2018年2月28日的罚息130243元（该罚息暂计至2018年2月28日，之后的罚息以借款本金为基数按照借款合同的罚息利率计算至实际清偿之日止）；

二、被告投资公司、置业公司、扒鸡公司、赵某芳、闫某连、宋某强对上述第一项还款义务承担连带保证责任，投资公司、置业公司、扒鸡公司、赵某芳、闫某连、宋某强承担保证责任后，有权在承担担保责任的范围内向被告科技公司追偿；

三、驳回原告的其他诉讼请求。

本案经一审判决后，扒鸡公司不服向德州市中级人民法院提起上诉，后申请撤回上诉，德州市中级人民法院准许上诉人扒鸡公司撤回上诉。

【法官后语】

本案主要涉及金融借款合同纠纷中，保证人明知借款人改变借款合同约定的贷款用途使用贷款，是否承担保证责任的问题。

金融借款关系中，担保人基于对借款人利益的考虑及对借款人履约能力的信任而向贷款人作出担保还款的承诺。当借款人不能按约定履行还本付息的义务，保证人应当按照约定承担相应的保证责任。但如果借款人隐瞒或者改变贷款用途，此时担保人是否应当承担保证责任？在审理该类案件时，承办法官应当根据案件审理认定的事实，准确分析借款人、贷款人、保证人之间存在的权利义务关系，正确区分不同情形，对保证人是否承担保证责任作出准确判定。

1. 保证人对借款人贷款的实际用途知情并提供担保的，应当承担保证责任。当保证人对借款人未按约定借款用途使用借款知情并提供担保的应当认定保证人的担保行为系其真实意思表示，不存在担保合同发生效力的阻却事由，保证人应当按照担保合同约定承担保证责任。本案中德州扒鸡集团基于相互担保关系就案涉贷款与某银行签订保证合同，并就案涉贷款实际用途系倒贷款是明知的。扒鸡公司在明知科技公司贷款的真实目的系倒贷款的情况下，某银行、科技公司不构成欺诈的情形，其应当承担保证责任。

2. 贷款人对借款人贷款实际用途不知情的情况下，保证人应承担保证责任。借款人未按照金融借款合同约定使用贷款构成违约，但根据合同相对性，该违约行为是对借款人与贷款人所签订的金融借款合同的违约，违约方为借款人，权利直接受损一方为贷款人。借款人未按照约定的用途使用贷款的，贷款人可以停止发放贷款、提前收回贷款或者解除合同。如果借款人出现改变贷款用途的行为，借款合同处于“效力待确认”的状态，借款合同是继续履行还是解除，取决于贷款人。虽然，借款人的行为无疑会加大贷款不能收回的风险，但是并未超出保证人承担保证责任的预期，所以无论贷款人选择继续履行还是解除借款合同，保证人仍然应当在保证合同约定担保范围内承担保证责任。

3. 贷款人对借款人隐瞒了贷款实际用途或改变贷款用途知情并仍然发放贷款，保证人不知情的，可以不承担保证责任。根据诚信原则，贷款人、借款人负有对保证人基本的诚信义务。贷款人对借款人隐瞒或改变贷款用途情况知情的情况下仍然发放贷款，且保证人如果不知情，贷款人、借款人对保证人存在欺诈行为，该行为导致保证人陷入错误判断，作出违背真实意思的民事法律行为，保证人有权主张撤销该保证合同，可不承担保证责任。

当前经济生活中，金融借款在很大程度上满足了企业发展、个人经营的资金需求，但因借款人、保证人甚至贷款人不规范借款、用款，导致纠纷多发。如果借款人私自改变贷款用途不仅损害了贷款人的权益，而且危害区域金融安全。在审理该类案件时，由于借款合同各方不规范行为表现多样，其引发的法律后果，需要承办法官基于基础事实和基础法律关系对案件进行进一步的判定。而本案所体现出的典型性，对借款人私自改变贷款用途，保证人是否承担保证责任的认定具有实务性参考意义。

编写人：山东省德州市乐陵市人民法院　张来

18

公司未经股东会决议为他人提供担保无效

——小额贷款公司诉甲实业公司等金融借款合同案

【案件基本信息】

1. 裁判书字号

江苏省江阴市人民法院（2020）苏0281民初8892号民事判决书

2. 案由：金融借款合同纠纷

3. 当事人

原告：小额贷款公司

被告：甲实业公司、H集团公司、乙实业公司、J集团公司、铸造公司、机械制造公司、沥青公司、孙某华

【基本案情】

2018年6月13日，小额贷款公司作为贷款人与甲实业公司作为借款人签订《借款合同》一份，约定甲实业公司向小额贷款公司借款750万元，借款期限为2018年6月13日至2018年11月30日；借款月利率为14.5‰；按期还息，到期结清本息，结息日为每月的第10日；借款人不按期归还贷款本金又未获准展期，从逾期之日起按合同约定利率加付20%的利息；贷款人对借款人未按期支付的利息按罚息利率计算复利。

2018年6月13日，小额贷款公司向甲实业公司发放贷款750万元。

2018年6月13日，债权人小额贷款公司与保证人H集团公司、乙实业公司、J集团公司签订《保证合同》一份，约定保证人H集团公司、乙实业公司、J集团公司为甲实业公司的上述借款提供连带责任保证。保证人H集团公司的落款处加盖H集团公司公章，并加盖法定代表人孙某华的印章；保证人乙实业公司的落款处加盖乙实业公司的公章，并加盖法定代表人孙某华的印章；保证人J集团公司的落款处加盖J集团公司的公章，并加盖法定代表人唐某亮的印章。

2018年6月13日，债权人小额贷款公司与保证人铸造公司、机械制造公司、沥青公司签订《保证合同》一份，约定保证人铸造公司、机械制造公司、沥青公司为甲实业公司的上述借款提供连带责任保证。保证人铸造公司的落款处加盖铸造公司的公章，并加盖法定代表人杨某忠的印章；保证人机械制造公司的落款处加盖机械制造公司的公章，并加盖法定代表人黄某强的印章；保证人沥青公司的落款处加盖沥青公司的公章，并加盖法定代表人马某的印章。

2018年6月14日，孙某华向小额贷款公司出具承诺书一份，承诺对甲实业公司的上述债务承担无限连带清偿责任。

截至目前，甲实业公司仅归还了2018年6月14日至2018年7月10日期间的利息101500元。

审理中，小额贷款公司自认未要求担保人H集团公司、乙实业公司、J集团公司、铸造公司、机械制造公司、沥青公司出具为甲实业公司借款提供担保的股东会或董事会决议。

H集团公司签订保证合同时，法定代表人为孙某华，股东为孙某华、王某斌，持股比例分别为90%、10%。乙实业公司签订保证合同时，法定代表人为孙某华，股东为H集团公司，占股100%。J集团公司签订保证合同时，法定代表人为唐某亮，股东为唐某亮，占股100%。铸造公司签订保证合同时，法定代表人为杨某忠，股东为D国际公司、投资公司（现更名为企业管理公司）、贸易公司，持股比例分别为34.62%、23.08%、42.3%。机械制造公司签订保证合同时，法定代表人为黄某强，股东为智能科技公司、锅炉公司（现更名为环保能源公司）、D国际公司，持股比例分别为66.8%、8.2%、25%。沥青公司签订保证合同时，法定代表人为马某，股东为D国际公司，持股100%。

【案件焦点】

1. 甲实业公司应承担的责任如何确定；2. 各保证人的保证责任如何确定。

【法院裁判要旨】

一、关于甲实业公司的责任承担问题。

法院认为：小额贷款公司诉称甲实业公司未按期归还借款本息，有借款合同、银行回单、借款借据、贷款清单明细等在卷证实，依据充分。甲实业公司未进行答辩，也未提供相反的证据证明，应由其承担不利的法律后果，故法院对小额贷款公司诉称的上述事实予以确认，甲实业公司应当向小额贷款公司归还借款本金750万元并支付利息（自2018年7月11日起至实际给付之日止按照年利率15.4%向小额贷款公司支付利息）。

二、关于保证人的责任承担问题。

法院认为：《中华人民共和国公司法》第十六条规定，公司向其他企业投资或者为他人提供担保，依照公司章程的规定，由董事会或者股东会、股东大会决议。因此，担保行为不是法定代表人所能单独决定的事项，而必须以公司股东（大）会、董事会等公司机关的决议作为授权的基础和来源。法定代表人未经授权擅自为他人提供担保的，构成越权代表。

本案中，保证人H集团公司、乙实业公司、J集团公司、铸造公司、机械制造公司、沥青公司的法定代表人在以保证人名义对外提供担保时，应当得到保证人股东会或董事会授权，因庭审中双方当事人均未提交证据证明保证人股东会或董事会已经授权，故应视为保证人股东会或董事会未授权，此情形下保证人H集团公司、乙实业公司、J集团公司、铸造公司、机械制造公司、沥青公司的法定代表人以保证人名义对外提供担保的行为构成越权代表。本案审查的关键在于债权人是否具有善意，能否基于善意要求保证人承担保证责任，而债权人获得善意的前提则为是否对保证人的股东会或董事会决议履行了必要的形式审查义务。如进行了审查，则可以认定债权人善意，担保合同有效，反之，担保合同无效。但存在以下情形的，即便债权人知道或者应当知道没有公司机关决议，也应当认定担保合同符合公司的真实意思表示，合同有效：（1）公司是以为他人提供担保为主营业务的担保公司，或者是开展保函业务的银行或者非银行金融机构；（2）公司为其直接或者间接控制的公司开展经营活动向债权人提供担保；（3）公司与主债务人之间存在相互担保等商业合作关系；（4）担保合同系由单独或者共同持有公司三分之二以上有表决权的股东签字同意。本案中，债权人小额贷款公司作为出借人，在H集团公司、乙实业公司、J集团公司、铸造公司、机械制造公司、沥青公司的法定代表人以保证人名义提供担保时，应对保证人股东会或董事会是否授权进行审查，债权人在庭审过程中，自认其并未进行审查，故不能推定其主观上具有善意。

对于H集团公司、J集团公司对甲实业公司提供担保的效力问题。本院认为，H集团公司签订保证合同时，法定代表人为孙某华，且孙某华占股90%，超过了公司股份的三分之二，孙某华在保证合同上也加盖了印章，应当认定孙某华作为H集团公司的股东同意H集团公司对甲实业公司的债务提供担保。故H集团公司对甲实业公司提供的担保合法有效，H集团公司应当对甲实业公司的债务承担连带保证责任。J集团公司签订保证合同时，法定代表人为唐某亮，且唐某亮占股100%，保证合同上也加盖了唐某亮的印章，J集团公司认为唐某亮的印章由该公司办公室主任加盖，其对加盖印章并不知情，但未提供相应的证据证明，故本院对于J集团公司的抗辩意见不予采纳，应当认定唐某亮作为J集团公司的全资股东同意J集团公司对甲实业公司的债务提供担保。故J集团公司对甲实业公司提供的担保合法有效，J集团公司应当对甲实业公司的债务承担连带保证责任。

对于乙实业公司、铸造公司、机械制造公司、沥青公司对甲实业公司提供担保的效力问题。本院认为，因小额贷款公司未提供证据证明存在上述（1）、（2）、（3）、（4）项符合公司真实意思表示，担保合同有效的情形，故乙实业公司、铸造公司、机械制造公司、沥青公司对甲实业公司提供的担保无效，小额贷款公司无权要求保证人乙实业公司、铸造公司、机械制造公司、沥青公司承担保证责任。主合同有效而担保合同无效，债权人、担保人有过错的，担保人承担民事责任的部分，不应超过债务人不能清偿部分的二分之一。本案中，小额贷款公司与甲实业公司签订的借款合同有效，乙实业公司、铸造公司、机械制造公司、沥青公司提供的担保无效，小额贷款公司和乙实业公司、铸造公司、机械制造公司、沥青公司均存在过错，因此，本院根据双方的过错程度，认定保证人乙实业公司、铸造公司、机械制造公司、沥青公司应当对债务人甲实业公司不能清偿部分的债务承担二分之一的民事责任。

小额贷款公司主张孙某华为甲实业公司的上述债务承担连带清偿责任，有孙某华出具的个人、家庭财产承担连带清偿责任承诺书为凭，依据充分，本院予以支持。

甲实业公司、H集团公司、乙实业公司、铸造公司、机械制造公司、沥青公司、孙某华经本院合法传唤，无正当理由拒不到庭参加诉讼，怠于行使自己的诉讼权利，不利后果由其自行承担。

依照《中华人民共和国合同法》第六十条、第二百零五条、第二百零六条、第二百零七条，《中华人民共和国公司法》第十六条，《中华人民共和国担保法》第十二条、第十八条，《最高人民法院关于适用〈中华人民共和国担保法〉若干问题的解释》第七条，《最高人民法院关于审理民间借贷案件适用法律若干问题的规定》第二十六条、第二十九条第一款、第三十二条第一款和第二款，《中华人民共和国民事诉讼法》第六十四条第一款、第一百四十四条之规定，判决如下：

一、甲实业公司归还小额贷款公司借款本金750万元，并支付该款自2018年7月11日起至实际给付之日止按照年利率15.4%计算的利息；

二、H集团公司、J集团公司、孙某华分别对上述第一项债务承担连带保证责任；

三、乙实业公司、铸造公司、机械制造公司、沥青公司分别对上述第一项债务不能清偿部分承担二分之一的责任；

四、驳回小额贷款公司的其他诉讼请求。

判决后，双方当事人均未上诉，本判决现已生效。

【法官后语】

《中华人民共和国公司法》第十六条对公司对外提供担保作出了规定，但长期以来，公司为他人提供担保的效力及责任承担等问题，在理论界和实务界均存在较大争议。2019年《全国法院民商事审判工作会议纪要》出台前，各地法院的审理思路和裁判观点也不尽相同，有观点认为该条是公司内部管理性规范，即使违反也不影响公司对外提供担保的效力，担保合同有效；有观点认为该条是禁止性规范，违反该条将导致担保无效；还有观点认为法定代表人构成越权担保，债权人负有对公司内部决议的形式审查义务，如果没有经过内部决议程序，则担保合同无效。

根据《中华人民共和国合同法》第五十二条①规定，违反法律、行政法规的强制性规定的合同无效，可见效力性强制性规定直接针对合同这一法律行为本身，其规制对象是合同当事人。而《中华人民共和国公司法》第十六条规制的对象并不是担保合同双方，而是提供担保的公司管理层，是为了避免公司管理层随意对外提供担保损害股东的利益，或公司管理层与部分股东、实际控制人串通损害其他股东的利益，因此，需要在对外或者对公司股东、实际控制人

① 对应《中华人民共和国民法典》第一百五十三条。

提供担保问题上，对法定代表人代表权限进行限制，该条完全是公司内部授权程序的规定，并不直接针对担保合同这一法律行为本身，可见《中华人民共和国公司法》第十六条并非效力性强制性规定。此外，如果该条为效力性强制性规定，则只要法定代表人以公司名义对外提供担保的行为实质上违反该条款，则无论担保权人善意与否，担保合同都将被认定无效。此种情形下，需要担保权人对担保行为进行实质性审查，一方面将增加交易成本，另一方面也会严重威胁交易安全。

根据《中华人民共和国公司法》第十六条规定，公司为股东提供担保不是法定代表人所能单独决定的事项，必须以股东会或者股东大会决议作为授权的基础和来源，故法定代表人未经合法程序以公司名义为股东提供担保，已经超出了法定代表人的代表权限，应属越权担保。鉴于公司法已对公司担保的程序予以明文规定，担保权人理应知晓并遵守该规定，故公司担保是否经股东会决议，理应成为担保权人应当知道的内容。

在公司法定代表人违反第十六条越权以公司名义对外提供担保时，若债权人有合理的理由相信法定代表人有代表权，则法定代表人的行为构成表见代表，其以公司名义对外订立的担保合同对公司具有法律效力。关于什么情况下属于有理由相信，应根据第十六条规定的程序进行审查，比如查阅公司章程，并依章程指引，进一步对公司担保是否经股东会决议进行形式审查，并以此证明自己的善意第三人身份。至于相关行为主体如股东、董事签名的真伪，担保决议的形成程序是否违法，均不是担保权人的审查能力所及，不应将其作为考量因素。换言之，只要担保权人对公司的章程、决议文件和证明资料进行了必要、合理的形式审查，未发现决议文件虚假或者其他违反法律规定的情形，就应当认定担保合同的效果归属于公司。

《中华人民共和国民法典》第八十五条规定，“营利法人的权力机构、执行机构作出决议的会议召集程序、表决方式违反法律、行政法规、法人章程，或者决议内容违反法人章程的，营利法人的出资人可以请求人民法院撤销该决议，但是营利法人依据该决议与善意相对人形成的民事法律关系不受影响”。根据该规定，相对人尽了上述形式审查义务，即便股东会或者股东大会、董事会决议嗣后因程序瑕疵或内容违法被人民法院依法撤销或确认无效，也不影响公司依法应承担的担保责任。公司承担责任后，可以向相关行为人进行追偿。反之，如果担保权人没有审查章程、没有要求提供股东会决议，未尽到审查义务，则属于未尽审慎注意义务，不构成对法定代表人越权代表行为的善意，不属于受法律所保护的善意相对人。

本案中，因担保权人未审查部分担保人的股东会决议，未尽到审慎的注意义务，故不能认定其为善意，担保合同应认定为无效。根据《最高人民法院关于适用〈中华人民共和国担保法〉若干问题的解释》第七条①，主合同有效而担保合同无效，债权人、担保人有过错的，担保人承担民事责任的部分，不应超过债务人不能清偿部分的二分之一。法院最终认定债权人与担保人对于担保合同的无效均存在过错，遂作出上述判决。

编写人：江苏省江阴市人民法院　浦峥　廖宏娟

19

共同保证人部分保证责任的免除不当然及于其他保证人

——某银行诉聚氨酯公司等金融借款合同案

【案件基本信息】

1. 裁判书字号

江苏省无锡市中级人民法院（2020）苏02民再158号民事判决书

2. 案由：金融借款合同纠纷

---

① 对应《最高人民法院关于适用〈中华人民共和国民法典〉有关担保制度的解释》第十七条。

3. 当事人

原告（上诉人）：某银行

被告（被上诉人）：聚氨酯公司、聚氨酯新材料公司、化工公司、塑胶制品公司、刘某

被告：陈某

【基本案情】

2014年3月11日，聚氨酯公司与某银行签订保证金质押总协议，约定聚氨酯公司为某银行与聚氨酯公司之间自2014年3月11日起签署的借款等授信协议所发生的债权提供保证金质押。

2014年3月26日，聚氨酯公司与某银行签订授信额度协议及附件，约定：授信额度为6000万元；授信额度使用期限为协议生效之日起至2015年3月10日。2015年3月25日，聚氨酯公司与某银行签订授信额度协议及附件，约定：授信额度为4500万元；授信额度使用期限为协议生效之日起至2016年3月4日。上述2份授信额度协议均约定，若聚氨酯公司违约，中行有权要求赔偿其违约而造成的损失，包括应实现债权而导致的律师费等相关费用损失等。聚氨酯新材料公司、化工公司分别出具共同还款承诺函，承诺对上述2份授信合同项下的全部债务的偿还承担共同还款责任；塑胶制品公司与某银行签订最高额保证合同，约定塑胶制品公司对上述2份授信合同项下的债务分别在3000万元、2500万元的最高额本金余额范围内承担连带责任保证；刘某与某银行签订最高额保证合同，约定刘某对上述2份授信合同项下的债务分别在6000万元、4500万元的最高额本金余额范围内承担连带责任保证。塑胶制品公司以其名下5800万元的定期存单为聚氨酯公司签订的上述2份授信额度协议项下发生的债权提供质押担保。

其后，聚氨酯公司向某银行申请开立国内信用证，并签署开立国内信用证申请书，开立国内信用证申请书第三条约定："从垫款之日起，以日息万分之五计收利息并按约计收复利。"某银行分别开立3张信用证，为聚氨酯公司合计垫款23052970元。

2016 年 5 月 12 日，某银行收到还款 259462.5 元。

2017 年 5 月 3 日，中行无锡分行、某银行相关负责人员与某银行行长李某、副行长孙某，塑胶制品公司总经理赵某就聚氨酯公司债务处置事宜在塑胶制品公司会议室进行了会议讨论，时任某银行行长李某在塑胶制品公司提供的会议纪要的参会人员签字处签名。会议纪要的内容为："经双方协商达成一致，聚氨酯公司在中国银行股份有限公司 2279.35 万元不良债务本金由塑胶制品公司进行代偿，不良债务所产生的罚息由中国银行股份有限公司进行挂账，后续视情况自行处理，不再向企业进行追偿。"

2017 年 5 月 5 日，某银行向塑胶制品公司返还了塑胶制品公司质押的共计 800 万元的存单，相关中国银行业务回单上盖有某银行业务专用章。同日，塑胶制品公司向某银行支付了案涉垫付款本金 22793507.5 元。

原审原告某银行向江阴市人民法院起诉，请求法院判令：1. 聚氨酯公司、聚氨酯新材料公司、化工公司应立即归还某银行垫付款 23052970 元并支付自 2015 年 5 月 27 日起至实际给付之日止以 9795030 元为基数、自 2015 年 6 月 30 日起至实际给付之日止以 3369950 元为基数、自 2015 年 7 月 22 日起至实际给付之日止以 9887990 元为基数按日利率万分之五计算的利息，并赔偿律师费损失 752151 元；2. 塑胶制品公司、刘某、陈某对聚氨酯公司的上述债务承担连带清偿责任；3. 对聚氨酯公司的上述债务及诉讼费，某银行有权以塑胶制品公司名下质押的存单优先受偿。

江苏省江阴市人民法院于 2017 年 5 月 19 日作出（2017）苏 0281 民初 1273 号民事判决：一、聚氨酯公司、聚氨酯新材料公司、化工公司应归还某银行垫付款利息 7791688.26 元，并赔偿某银行律师费损失 752151 元。二、对聚氨酯公司的上述债务及诉讼费，某银行有权就塑胶制品公司名下质押的 500 万元单位定期存单、100 万元单位定期存单、200 万元单位定期存单以折价，或以拍卖、变卖的价款优先受偿。三、塑胶制品公司对聚氨酯公司的上述债务在最高 5500 万元限额内承担连带清偿责任；刘某、陈某对聚氨酯公司的上述债务在最高 10500 万元限额内承担连带清偿责任。四、驳回某银行的其他诉讼请求。

江苏省江阴市人民法院于2019年10月17日作出（2019）苏0281民监5号民事裁定，再审本案。

某银行称：1. 案涉会议纪要不产生免除塑胶制品公司支付利息的法律效力。(1) 会议纪要并没有达成一致意见，与会人员仅有李某一人签字，其他参会人员均未签署，显然各与会人员并未就会议纪要载明的内容达成一致意见，李某没有相关权限代表银行作出意思表示。(2) 某银行交付800万元质押存单并非无需塑胶制品公司继续还款的意思表示，是在已查封塑胶制品公司房产、认为其具有还款能力的情况下归还质押存单用以归还案涉借款本金，但还款前已经产生的利息仍需要塑胶制品公司承担。2. 塑胶制品公司仍应当依法负担本案的律师费用和诉讼费用。3. 主债务人和其他保证人仍需按照合同约定承担相应的还款责任。

塑胶制品公司称：1. 对于李某在案涉会议纪要上的签字，虽然某银行认为因其不具有权限、没有授权而无效，但足以使他公司产生该签名行为是代表中国银行作出承诺的信赖，构成表见代理。2. 他公司不应承担本案诉讼费和律师费，某银行已免除垫付款利息的保证责任。

刘某称：塑胶制品公司与中国银行达成会议纪要，塑胶制品公司也代表他们，他和聚氨酯公司、聚氨酯新材料公司、化工公司不需要再承担还款责任。

陈某称：她未签署过相关合同，不应由她承担相关还款责任。

再审审理中，时任某银行行长李某陈述，会议纪要上的签名确实是他所签。时任某银行副行长孙某陈述会议纪要是中行方面与塑胶制品公司达成的意向的体现，李某签名时某银行、无锡分行的相关领导也在场。中行无锡分行、江阴支行相关参会人员均陈述其没有相关权限，双方并未就会议纪要达成合意。

【案件焦点】

1. 塑胶制品公司是否还应对聚氨酯公司结欠某银行的垫付款利息承担连带清偿责任；2. 聚氨酯公司、聚氨酯新材料公司、化工公司、刘某是否还需对案涉垫付款利息承担责任。

【法院裁判要旨】

江苏省江阴市人民法院经审理认为：

（一）塑胶制品公司是否还应对聚氨酯公司结欠某银行的垫付款利息承担连带清偿责任

时任某银行行长李某在会议纪要上签名的行为，应系职务代理行为，某银行与塑胶制品公司就聚氨酯公司在中国银行的不良债务的保证责任的承担达成了会议纪要记载内容的合意。会议纪要应对某银行发生效力，某银行不应再向塑胶制品公司请求支付垫付款利息，塑胶制品公司不应对案涉垫付款利息承担连带清偿责任。

具体理由：1. 有李某签名的会议纪要真实存在，李某在案涉会议纪要上签名应系执行中国银行工作任务的行为。时任某银行副行长孙某陈述会议纪要是中行方面与塑胶制品公司达成的意向的体现，李某签名时相关领导也在场，且从常理的角度看，李某当时作为某银行行长，在明知会议纪要内容的情况下签名，其应当知道其签名的意义和法律后果，其应当知道如其在其没有相关权限的情况下在会议纪要上擅自签名所要面临的后果，李某作为中国银行的代表在相关领导同意的情况下签名具有高度可能性。2. 法人或者非法人组织对执行其工作任务的人员职权范围的限制系其内部管理规定，不得对抗善意相对人。塑胶制品公司基于对有李某签名的会议纪要的信赖代偿了22793507.5元的金融借款本金，且某银行对案涉金融借款本金结清予以认可，并无证据证明塑胶制品公司知道或应当知道银行内部权限，塑胶制品公司有理由相信李某在会议纪要上签名的行为是执行银行工作任务的职务代理行为，可以认定塑胶制品公司为善意相对人。3. 在案涉会议纪要形成后2日，即2017年5月5日，塑胶制品公司即按照会议纪要记载的本金数额全额代偿了本金，且其中有800万元系某银行将塑胶制品公司质押在他行处的存单退还给塑胶制品公司后再由塑胶制品公司向某银行支付的代偿本金，某银行认可塑胶制品公司代偿22793507.5元后案涉金融借款本金已经结清，某银行和塑胶制品公司系以实际行为履行了会议纪要的内容，应当认定某银行与塑胶制品公司就聚氨酯公司案涉的不良债务的代偿问题达成了会议纪要内容的合意。

（二）聚氨酯公司、聚氨酯新材料公司、化工公司、刘某是否还需对案涉垫付款利息承担责任

尽管中行与塑胶制品公司形成的会议纪要中仅载明“不良债务所产生的罚息由中国银行股份有限公司进行挂账，后续视情况自行处理，不再向企业进行追偿”，未明确不再追偿罚息的“企业”的范围，但是会议纪要系中行与塑胶制品公司达成的合意，聚氨酯公司、聚氨酯新材料公司、化工公司、刘某并未参加会议磋商亦不知晓会议纪要内容，从会议纪要约定的权利义务来看，中行不再向企业追偿罚息的义务与塑胶制品公司代偿2279.35万元的债务本金的义务相对应，会议纪要中所载明的“企业”应当指塑胶制品公司，会议纪要仅约束某银行和塑胶制品公司。

塑胶制品公司与刘某均在最高额保证范围内承担连带保证责任，且两者最高额保证合同约定的保证金额范围均大于本案金融借款本金及利息金额，最高额保证合同并未约定保证份额，债权人可以要求任何一个保证人承担全部保证责任。刘某在签订最高额保证合同时应当能够预见到债权人要求其承担全部保证责任的可能性。某银行未明确承诺免除刘某的最高额保证责任，其有权要求刘某承担案涉金融借款利息的保证责任。故刘某仍应当按照最高额保证合同的约定对案涉垫付款利息承担最高额保证责任。

保证是对债权人债权的担保，债权人免除部分保证人部分保证债务，并不能免除主债务人的主债务。某银行未明确承诺免除聚氨酯公司、聚氨酯新材料公司、化工公司的主债务责任。故聚氨酯公司仍应按照案涉授信额度协议、国内信用证开立申请书的约定承担垫付款利息的还款责任，聚氨酯新材料公司、化工公司仍应当按照共同还款承诺函的承诺对案涉垫付款利息承担共同还款责任。

此外，对于律师费损失金额，再审一审认为应以某银行为实现其债权所应当支出的合理费用为限，某银行主张的律师费损失752151元明显高于其实际损失，故酌定律师费损失为250000元。案涉最高额保证合同上的“陈某”字样

的签名和捺印并非陈某本人所签、所捺印，陈某并未作出对聚氨酯公司结欠某银行的案涉债务承担最高额保证的意思表示，故陈某对案涉债务不应承担连带清偿责任。

江苏省江阴市人民法院依照《中华人民共和国民法总则》第一百七十条，《中华人民共和国合同法》第一百一十三条、第二百零五条，《中华人民共和国担保法》第十八条、第二十一条，《中华人民共和国民事诉讼法》第二百零七条，作出再审一审判决：

一、撤销（2017）苏0281民初1273号民事判决；

二、聚氨酯公司、聚氨酯新材料公司、化工公司应支付某银行垫付款利息7791688.26元，并赔偿某银行律师费损失250000元；

三、刘某对上述第二项聚氨酯公司的债务在最高10500万元限额内承担连带清偿责任；

四、塑胶制品公司对聚氨酯公司赔偿某银行的律师费损失250000元的债务在最高5500万元限额内承担连带清偿责任；

五、驳回某银行的其他诉讼请求。

某银行不服再审一审判决，提出上诉，请求撤销再审一审判决第二项，改判聚氨酯公司、聚氨酯新材料公司、化工公司支付上诉人垫付款利息7791688.26元，并赔偿上诉人律师费损失752151元；撤销再审一审判决第四项，改判塑胶制品公司对聚氨酯公司因某银行垫付款利息7791688.26元及赔偿律师费损失752151元的债务在最高5500万元限额内承担连带清偿责任。

江苏省无锡市中级人民法院经再审二审审理认为：再审一审认定事实清楚，适用法律正确，某银行的上诉理由不成立，对其上诉请求，不予支持。依照《中华人民共和国民事诉讼法》第一百七十条第一款第一项，作出如下判决：

驳回上诉，维持原判决。

【法官后语】

在共同保证中，债权人免除其中部分保证人的保证责任是否对其他保证人产生免除相应部分债务的保证责任的问题，实践中颇具争议。在法律和司法解释未明确规定的情况下，共同保证债务并不能直接适用连带债务的规定，保证债务部分免除的涉他效力应当区分具体情形进行认定。

一、共同保证中各保证人之间的关系

共同保证有多个保证人为主债权提供担保，能够为债权的实现提供更有力的保障，在金融借款合同等交易活动中较为常见。共同保证中，多个保证人之间的关系有按份、连带、不真正连带三种情形。在债权人与保证人之间约定按照份额承担保证责任时，各保证人之间是按份债务关系。在多个保证人约定承担连带共同保证责任或者相互追偿时，各保证人之间是连带债务关系，各保证人可以约定内部分担份额，难以确定份额的，视为份额相同，承担保证责任的保证人可以在超出自己应承担分担份额的范围内向其他保证人进行追偿。此外，在多个保证人签署同一份保证合同时，各保证人在有意思联络的前提下共同为同一债务提供保证，应视为约定承担连带共同保证。在债权人和保证人之间未约定保证份额，各保证人之间也未约定承担连带共同保证责任或相互追偿时，各保证人之间不宜直接认定为连带债务关系，而应是不真正连带债务关系，相互之间不能追偿。《中华人民共和国民法典》施行后，《最高人民法院关于适用〈中华人民共和国民法典〉有关担保制度的解释》第十三条也改变了原《最高人民法院关于适用〈中华人民共和国担保法〉若干问题的解释》第十九条未约定保证份额则认定为连带共同保证的规则，明确规定除担保人之间明确约定追偿及分担份额，各担保人在同一份合同书上签字、盖章、按印等特定情形外，各担保人之间不存在追偿权。在未有特别约定情况下共同保证人之间应认定为不真正连带关系，理由有二：一是从体系解释的角度，保证与担保物权具有为债权提供担保的共同属性，法律对混合共同担保规定了在无特别约定情况下各担保人之间相互没有追偿权，在共同保证的场合下，也应当适用；二是从意思自治原则的角度，连带债务作为一种债务承担方式，适用特殊的法律规则，应基于法律的明确规定或当事人的明确约定而产生，在多个保证人之间并没有特别意思联络的情况下，各保证人仅是偶然共同为同一债权提供担保，若直接适用连带债务关于相互追偿等规则，则违反了意思自治的原则，也可能导致保证人之间反复多次追偿。

二、共同保证人的部分保证责任免除的效力不当然及于其他保证人

无论是在《中华人民共和国民法典》施行前还是施行后，法律和司法解释对共同保证债务部分免除的涉他效力均未有明确的规定。尽管原《中华人民共和国担保法》和原《最高人民法院关于适用〈中华人民共和国担保法〉若干问题的解释》规定了未约定保证份额的共同保证认定为连带共同保证以及保证人之间追偿的权利，但并未明确债权人免除部分保证人保证债务的涉他效力。《中华人民共和国民法典》第五百二十条第二款规定："部分连带债务人的债务被债权人免除的，在该连带债务人应当承担的份额范围内，其他债务人对债权人的债务消灭。"但《中华人民共和国民法典》第六百九十九条关于共同保证的规定，除保证合同明确约定保证份额外，未规定保证人之间存在份额，删除了原《中华人民共和国担保法》第十二条关于连带责任和保证人之间追偿的规定，《最高人民法院关于适用〈中华人民共和国民法典〉有关担保制度的解释》第十三条也区分不同情形对共同担保人之间的分担份额和相互追偿权进行了规定。因此，共同保证债务部分免除的涉他效力应根据保证人之间不同的关系区分讨论。在按份共同保证中，各保证人均有明确的保证份额，债权人免除部分保证人的保证责任，并不影响其他保证人按照约定履行各自份额的保证责任，故不存在涉他效力问题。在连带共同保证中，各保证人是连带债务人，部分共同保证人的保证债务被债权人免除的，由于各保证人之间存在内部分担份额，部分保证人保证债务的免除将使其他保证人丧失对被免除债务的保证人的分担份额的追偿权，所以在该保证人应当承担的份额范围内，其他保证人对债权人的保证债务相应消灭。在不真正连带共同保证中，各保证人的保证债务相互独立，相互之间不存在分担份额，也没有追偿权，故部分保证人的保证债务免除不产生免除其他保证人相应份额保证责任的效力。就本案情况而言，塑胶制品公司、刘某作为案涉金融借款债务的保证人，并未约定承担连带共同保证或相互追偿，也未签署同一份保证合同，故某银行免除塑胶制品公司垫

付款利息的保证责任不能产生免除塑胶制品公司、刘某相应垫付款利息还款责任的效力。

编写人：江苏省江阴市人民法院　高雅静

江苏省江阴市人民检察院　陈忠宇

20

民法典实施前后有关担保责任的承担

——某银行诉信用担保公司等金融借款合同案

【案件基本信息】

1. 裁判书字号

河南省南阳市卧龙区人民法院（2021）豫1303民初752号民事判决书

2. 案由：金融借款合同纠纷

3. 当事人

原告：某银行

被告：信用担保公司、程某琴、袁某久、袁某耀、张某丽

【基本案情】

2020年1月7日，原告某银行（贷款人、乙方）与实业公司（借款人、甲方）签订编号为中原银（南阳）流贷字2020第610003号《人民币流动资金贷款合同》。合同项下贷款的担保有贷款人与信用担保公司签订的中原银（南阳）保字2020第610003-1号《保证合同》，与袁某久签订的中原银（南阳）最保字2020第610002-1号、与程某琴签订的中原银（南阳）最保字2020第610002-2号、与袁某耀签订的中原银（南阳）最保字2020第610002-3号、与食品公司签订的中原银（南阳）最保字2020第610002-4号《最高额保证合

同》。签订合同当日，原告某银行将 3000000 元转入合同约定的贷款发放专户即实业公司×××账户中，实业公司在发放贷款的借据上盖章、法定代表人袁某耀在借据上签名。实业公司向原告出具支付委托书，委托原告将该数额贷款本金从本公司账户向交易对手西峡县食品公司的账户划转用于购买干香菇。2020 年 10 月 15 日，南阳市中级人民法院作出民事裁定，受理燕某对食品公司、九某达公司的破产清算申请。2021 年 1 月 14 日，南阳市中级人民法院作出（2020）豫 13 民破 9 号之一民事裁定，对九某达公司、食品公司进行破产清算。2020 年 12 月 1 日，信用担保公司以实业公司债权人的身份申报债权数额 3009021.06 元。某银行未向受理实业公司破产清算的人民法院申报债权，仅向保证人主张权利。贷款到期后未偿还本金，保证人未承担保证责任。原告某银行于 2021 年 1 月 15 日提出诉讼，请求依法判令被告信用担保公司、袁某久、袁某耀、程某琴、张某丽对中原银（南阳）流贷字 2020 第 610003 号项下债务承担连带保证担保责任。

【案件焦点】

1. 担保人是以为他人提供担保为主营业务的担保公司的，接受担保方是否需要审查担保公司对外提供担保的决议前置情况；2. 人民法院裁定受理主债务人破产申请后，主债务停止计息，担保债务是否应当停止计息，停止计息时间如何确定。

【法院裁判要旨】

河南省南阳市卧龙区人民法院经审理认为：本案系金融借款合同、保证合同纠纷。某银行与实业公司、信用担保公司、袁某久、昊某食品、程某琴、袁某耀、张某丽签订的人民币流动资金借款合同、保证合同、最高额保证合同均系各方当事人真实意思表示，内容不违反法律、行政法规效力性禁止性规定，均属有效，各方应当按照合同约定全面履行自己的义务。本案中，因信用担保公司是以为他人提供担保为主营业务的担保公司，属于无须机关决议的例外，即便某银行知道信用担保公司在提供担保时没有股东会决议，也应当认定案涉保证合同符合信用担保公司的真实意思表示，该保证合同有效。案涉保证人主张所担保的债务自法院受理实业公司破产申请之日起停止计息具有事实依据和法律依据，该辩解意见成立，予以支持。张某丽与袁某耀系夫妻关系，其在《最高额保证合同》中清晰无误表明了承担连带保证责任的意思，其对担保合同存在重大误解的辩解意见无事实依据和法律依据，不予支持。

河南省南阳市卧龙区人民法院依照《中华人民共和国担保法》第十八条、第二十一条、第三十一条，《中华人民共和国企业破产法》第四十六条，《最高人民法院关于适用〈中华人民共和国担保法〉若干问题的解释》第四十四条，《最高人民法院关于适用〈中华人民共和国民法典〉有关担保制度的解释》第二十二条之规定，判决如下：

一、本判决生效后十日内，信用担保公司、程某琴、袁某久、袁某耀、张某丽对九某达公司欠某银行的借款本金 3000000 元及以 3000000 元本金为基数按合同约定利率自 2020 年 1 月 7 日起计算至 2020 年 10 月 15 日的利息承担连带清偿责任；

二、驳回某银行的其他诉讼请求。

判决后，双方当事人均未上诉，本判决现已生效。

【法官后语】

一、接受担保方无需审查担保公司对外提供担保的决议前置情况

《中华人民共和国公司法》第十六条第一款及第二款规定："公司向其他企业投资或者为他人提供担保，依照公司章程的规定，由董事会或者股东会、股东大会决议；公司章程对投资或者担保的总额及单项投资或者担保的数额有限额规定的，不得超过规定的限额。公司为公司股东或者实际控制人提供担保的，必须经股东会或者股东大会决议。"对于公司未经决议对外担保的效力问题，长期以来困扰着司法实践。《全国法院民商事审判工作会议纪要》对此问题作出了全面规范，总体认为"担保行为不是法定代表人所能单独决定的事项，而必须以公司股东（大）会、董事会等公司机关的决议作为授权的基础和来源"。那么，对担保接收方而言，需要一定的形式审查义务。该纪要同时规定了四种情形下，无须机关决议，也应当认定担保合同符合公司真实意思表示。其中，

包括本案所涉及的“公司是以为他人提供担保为主营业务的担保公司，或者是开展保函业务的银行或者非银行金融机构”。《最高法院关于适用〈中华人民共和国民法典〉有关担保制度的解释》第八条，将其更准确地表述为“公司以其未依照公司法关于公司对外担保的规定作出决议为由主张不承担担保责任的，人民法院不予支持：（一）金融机构开立保函或者担保公司提供担保；……”之所以如此规定，是因为金融机构开立保函，担保公司提供担保是这些机构和公司的业务范围，一般人基于常识便能够辨别，并不需要相对人去注意该业务是否符合公司真实意思表示，对公司决议进行签约前审查。司法解释作出这样的规定确有必要，客观上能够促进商业交易、节约签约成本、维护合同诚信，同时也便于司法机关统一裁判标准，准确适用法律。

二、关于担保责任的从属性

《中华人民共和国担保法》第五条第一款规定：“担保合同是主合同的从合同……”但是，担保法中对担保合同从属性的规定在合同法中体现得并不具体，在司法实践中，常面对担保合同的地位从属性和合同独立性在法律适用上的冲突问题。《中华人民共和国民法典》（以下简称《民法典》）在合同编中新增保证合同一章，其中第六百八十一条中“保证合同是为保障债权的实现”，第六百八十二条中“保证合同是主债权债务合同的从合同。主债权债务合同无效的，保证合同无效，但是法律另有规定的除外”，第六百九十六条第一款中“债权人转让全部或者部分债权，未通知保证人的，该转让对保证人不发生效力”等条文的规定，不难看出，强调并归正担保债权的从属性是《民法典》在担保部分最重要的特点，该从属性体现在合同关系变更、转让以及消灭各个层面，本案涉及的是担保范围的从属性。担保责任本质上系担保人替债务人承担责任，担保人承担担保责任后可以向债务人追偿。如果担保人承担的责任范围大于债务人所应承担责任的范围，或者针对担保责任约定专门的违约责任，那么担保人承担责任后，超出部分将无法向债务人追偿，从而违反担保的从属性，对担保人较为不公。有鉴于此，担保责任超出主债务范围的，担保人对超出部分不承担责任。本案主债权人已经进入破产程序，根据《中华人民共和国企业破产法》第四十六条第二款规定，人民法院裁定受理主债务人破产申请后，主债务停止计息。依照担保债权责任的从属性原则，担保人的担保责任范围应以主债务为限，故担保债务亦应停止计息。对此，《最高法院关于适用〈中华人民共和国民法典〉有关担保制度的解释》第二十二条规定，人民法院受理债务人破产案件后，债权人请求担保人承担担保责任，担保人主张担保债务自人民法院受理破产申请之日起停止计息的，人民法院对担保人的主张应予支持。

三、适用《民法典》及相关司法解释的时间效力问题

本案的受理发生在民法典生效之后，但本案涉及的主债权人进入破产程序法律事实等发生在民法典生效之前。担保债务的范围能否按照上述解释规定停止计息以及担保债务的停止计息的时间是以民法典生效之日为结点还是以法院受理破产申请之日为结点，对于上述两个问题，之前并没有法律及司法解释予以规定。"法不溯及既往"是一项重要法治原则，一般情况下，新的法律只对其施行后的法律事实产生约束力。但是，在民事审判领域，旧法对某一事项没有具体规定，而新法在总结以往理论研究成果和审判实践经验的基础上对此作出明确规定的，基于维护公平正义、统一法律适用的需要，人民法院可以适用新法的规定。《最高法院关于适用〈中华人民共和国民法典〉时间效力的若干规定》第三条规定了"民法典施行前的法律事实引起的民事纠纷案件，当时的法律、司法解释没有规定而民法典有规定的，可以适用民法典的规定"。本案中，《最高法院关于适用〈中华人民共和国民法典〉有关担保制度的解释》第二十二条是最高人民法院围绕民法典中担保制度所涉及具体事项作出的司法解释，涉及的具体情形以往没有明确规定，故本案中可以适用该条文。符合担保债权从属性原则，而且避免将来如担保债务履行后，担保人追偿时可能会产生的法律适用问题。关于停止计息的时间，应当按照"从人民法院受理破产申请之日"。如果按照从民法典施行之日对利息部分前后分段计算，并不符合司法解释的字义理解，也不符合整体性适用原则。

编写人：河南省南阳市卧龙区人民法院　马宇航

21

“借新还旧”情形下保证人保证责任认定

——某银行诉甲公司等金融借款合同案

【案件基本信息】

1. 裁判书字号

山东省淄博市博山区人民法院（2021）鲁0304民初3174号民事判决书

2. 案由：金融借款合同纠纷

3. 当事人

原告：某银行

被告：甲公司、乙公司、范某某、冯某某

【基本案情】

2019年6月14日，甲公司与某银行签订借款合同（以下简称一号合同），向某银行借款100万元，借款用途为购买木颗粒板，双方在合同中对借款利率、借款期限、违约责任、担保方式等作了约定。2021年3月31日，甲公司与某银行签订借款合同（以下简称二号合同），向某银行借款100万元，借款用途为偿还一号合同项下贷款。借款期限自2021年3月31日起至2022年3月10日止，双方在合同中对借款利率、借款期限、违约责任、担保方式等重新作了约定。上述两笔借款均由乙公司、范某某、冯某某提供连带责任保证担保，被担保的主债权种类均为短期流动资金贷款，本金数额均为100万元。

2019年6月14日，某银行向甲公司发放一号合同项下贷款本金100万元，借款到期后，甲公司未按合同约定偿还贷款本息。2021年3月31日，某银行向甲公司发放二号合同项下贷款本金100万元，甲公司全额用于偿还一号合同项下本金，但未支付一号合同项下利息 154110.30 元。甲公司自收到贷款本金后至某银行起诉之日一直未按合同约定支付利息，各担保人未履行担保责任。因此，某银行向法院起诉，请求提前收回二号合同贷款，要求甲公司承担还款责任，并偿还一号合同项下贷款利息；同时请求乙公司、范某某、冯某某对一号合同、二号合同项下借款本息承担连带清偿责任。

【案件焦点】

“借新还旧”贷款下，新担保人与旧担保人如何承担责任。

【法院裁判要旨】

山东省淄博市博山区人民法院经审理认为，某银行与甲公司之间的借款合同，与乙公司、范某某、冯某某之间的保证合同均合法有效，双方均应按照约定履行各自的权利义务。《最高人民法院关于适用〈中华人民共和国民法典〉时间效力的若干规定》第一条第一款及第二款规定，民法典施行后的法律事实引起的民事纠纷案件，适用民法典的规定。民法典施行前的法律事实引起的民事纠纷案件，适用当时的法律、司法解释的规定，但是法律、司法解释另有规定的除外。本案中，双方签订一号合同的法律事实发生在民法典实施前，应当适用当时的法律、司法解释规定。某银行按照约定向甲公司提供借款之后，甲公司未按约定还本付息构成违约，应当承担违约责任。双方签订二号合同的法律事实发生在民法典实施后，应当适用民法典的规定。某银行按照约定向甲公司提供借款之后，甲公司未按约定支付利息构成违约。某银行有权按照合同约定提前收回贷款并要求甲公司按约承担相应的违约责任。某银行诉请的借款利息数额清楚，证据充分，对某银行要求甲公司支付利息的诉讼请求，依法予以支持。乙公司、范某某、冯某某作为连带责任保证人对上述借款承担连带清偿责任，在其承担保证责任后，有权向被告甲公司追偿。据此，法院判决如下：

一、甲公司于本判决生效之日起十日内支付某银行一号合同项下利息 154110.30 元；

二、甲公司于本判决生效之日起十日内支付某银行二号合同项下借款本金

100 万元及应付未付利息，并按借款合同约定的方式、方法支付至本息还清之日的利息；

三、乙公司、范某某、冯某某对本判决第一项、第二项确定的债务承担连带清偿责任；乙公司、范某某、冯某某承担清偿责任后，有权向甲公司追偿。

判决后，双方当事人均未上诉，本判决现已生效。

【法官后语】

“借新还旧”是以新贷偿还旧贷的简称，是金融机构作为债权人，在债务人不能按原借款合同约定履行还款义务时采取的常见的风险管理措施。

“借新还旧”的定义以及保证人的责任，明确了新贷保证人承担合同义务的条件，是其对原合同系以贷还贷需明确知悉，新借款合同没有取得原担保人认可的，原担保人只在原借款合同规定的期限内承担担保责任。在此基础上，最高人民法院先后出台《最高人民法院关于适用〈中华人民共和国担保法〉若干问题的解释》《全国法院民商审判工作会议纪要》等，规定“新旧贷系同一保证人”的例外情形无需证明新贷保证人对新贷偿还旧贷知情，对借新还旧的担保规则逐步进行细化和完善。最终，2021 年 1 月 1 日，《最高人民法院关于适用〈中华人民共和国民法典〉有关担保制度的解释》（以下简称《解释》）施行，完善了“借新还旧”的担保责任。

《解释》第十六条第一款规定：主合同当事人协议以新贷偿还旧贷，债权人请求旧贷的担保人承担担保责任的，人民法院不予支持；债权人请求新贷的担保人承担担保责任的，按照下列情形处理：（一）新贷与旧贷的担保人相同的，人民法院应予支持；（二）新贷与旧贷的担保人不同，或者旧贷无担保新贷有担保的，人民法院不予支持，但是债权人有证据证明新贷的担保人提供担保时对以新贷偿还旧贷的事实知道或者应当知道的除外。该条文对“借新还旧”情形下新贷担保人和旧贷担保人的担保责任予以了规制。一是担保合同是主合同的从合同，在“借新还旧”的情况下，旧贷因新贷的清偿而消灭，基于担保的从属性，旧贷上的担保也随之消灭，因此债权人请求旧贷的担保人承担责任的，人民法院不予支持。此时，在“借新还旧”情况下，主要考察新贷的担保人是否应承担责任。二是新贷的借款用途实际是偿还旧贷，因此，在旧贷没有担保或旧贷与新贷的担保人不同的情况下，新贷的担保人必须基于对新贷的借款用途明知的情形下仍同意提供担保的，才能要求其承担担保责任。当旧贷和新贷的担保人一致时，推定担保人对借新还旧是明知的，如果新贷的保证人对借款用途不知晓，那么债权人与债务人有串通损害新贷保证人利益的可能。

就本案而言，新贷二号合同中的借款用途明确是偿还旧贷一号合同项下贷款，实质上属于“借新还旧”，乙公司、范某某、冯某某同时是新贷和旧贷的保证人，因此应当适用第十六条第一款中新贷与旧贷的担保人相同的情形，在此情况下，因为新贷款在用于偿还旧贷款后，免除了保证人对于旧贷款的保证责任，并且在实质上没有增加保证责任，因此，各保证人为新旧两笔贷款都提供担保，无论对于借新还旧是否知情，均应对新贷款承担保证责任，故乙公司、范某某、冯某某应当承担担保责任。

在金融借款合同纠纷审判实务中，常有担保人以对借款用途为“借新还旧”不知情，债权人未履行告知义务为由，提出免责抗辩。新贷与旧贷担保人不同的情形下，贷款银行应举证证明担保人明知或应当知道“借新还旧”的用途，否则担保人对新贷不承担保证责任。对此，为规范金融机构借贷行为，进一步防范法律风险，特对金融机构在办理“借新还旧”业务时提出如下建议：

1. 强化向借款人和担保人的说明义务，无论新旧贷款的担保人是否一致，均应与其另行签订新借款合同及相应的保证合同，并注意在新贷款合同借款用途条款项下标明“借新还旧”字样或作类似描述，确保担保人知道“借新还旧”贷款的真实用途。

2. 在新贷款担保合同（包括保证合同、抵押合同、质押合同、最高额保证合同、最高额抵押合同等）中明确约定“担保人已知悉主合同项下贷款的借款用途”或者“担保人已知悉主合同项下贷款系用于偿还合同编号×××合同项下的贷款”等条款。

3. 对于法人提供担保的，应要求其出具同意提供担保的有效内部决议（如股东会决议)，并在决议文件中注明其已知悉所担保的借款系“借新还旧”的情况。

4. 要求担保人签署《告知函》《知悉函》等，且对借新还旧、转办、盘活、债务重组等借款用途作明确标注，不得含糊，使担保人声明对借新还旧事实的了解。

编写人：山东省淄博市博山区人民法院 袁媛

22

债权人曾在保证期间内起诉保证人但被裁定驳回的法律效果认定

——某银行诉赵某等金融借款合同案

【案件基本信息】

1. 裁判书字号

山东省淄博市中级人民法院（2021）鲁03民终1218号民事判决书

2. 案由：金融借款合同纠纷

3. 当事人

原告（被上诉人）：某银行

被告（上诉人）：李某

被告：赵某、房某、王某

【基本案情】

2013年2月4日，赵某向某银行申请自助循环贷款，可循环额度人民币50000元，担保人为李某、王某，担保方式为连带责任保证，保证期间为借款期限届满之日起两年。房某作为赵某配偶，承诺对涉案贷款承担共同还款责任。

2014 年 2 月 11 日，赵某向银行借款 2 万元（以下简称借款一），借款到期日为 2015 年 2 月 10 日，借款到期后，2015 年 11 月 18 日，银行扣收借款本金 517.54 元。2014 年 9 月 19 日，赵某又向银行借款 3 万元（以下简称借款二），借款到期日为 2015 年 2 月 10 日。借款到期后，2019 年 7 月 26 日，银行从担保人王某账户内扣收借款本金 0.20 元。截至 2020 年 4 月 1 日，赵某尚欠银行借款一贷款本金 19482.46 元、利息 15664.64 元，欠银行借款二贷款本金 29999.8 元、利息 19912.24 元，李某、王某未履行保证责任。因银行催要贷款未果，遂于 2020 年 7 月 3 日提起本案诉讼，请求赵某、房某偿还贷款本息，并由被告李某、王某承担连带清偿责任。

原告某银行就涉案借款曾于 2017 年 2 月 3 日向法院起诉各被告。因无法提供被告准确送达地址，法院于 2017 年 2 月 21 日依法作出驳回原告起诉民事裁定，本裁定自 2017 年 3 月 7 日起生效。被告李某主张在合同约定的保证期间内，债权人未向保证人主张权利，且已超诉讼时效。

【案件焦点】

债权人在保证期间内起诉保证人但被裁定驳回，能否认定债权人在保证期间内向保证人主张了权利。

【法院裁判要旨】

山东省淄博市博山区人民法院经审理认为：两笔借款的借款期限至 2015 年 2 月 10 日届满，原告某银行于 2017 年 2 月 3 日在保证合同约定的保证期间内通过诉讼方式向各保证人主张权利，诉讼时效自此中断，并从裁定书生效之日起（即 2017 年 3 月 7 日）重新计算。截至原告提起本案诉讼，借款一已超三年诉讼时效期间，原告未提供证据证实存在中止、中断等事由，因此，原告要求担保人履行担保责任不予支持。借款二因原告曾于 2019 年 7 月 26 日从担保人王某账户内扣收 0.20 元，诉讼时效产生中断效力，被告李某、王某应当对借款二承担连带清偿责任，两被告承担保证责任后有权向赵某追偿。综上，对原告的诉讼请求予以部分支持。

山东省淄博市博山区人民法院依照《中华人民共和国合同法》第一百九十六条、第二百零五条、第二百零六条、第二百零七条，《中华人民共和国担保法》第十四条、第十八条、第二十一条、第三十一条，《最高人民法院关于审理民事案件适用诉讼时效制度若干问题的规定》第十条，《中华人民共和国民事诉讼法》第一百四十四条之规定，判决：

一、被告赵某、房某自判决生效之日起十日内偿还原告某银行借款本金49482.26元、利息35576.88元（利息截至2020年4月1日，自2020年4月2日起至实际付清之日止的利息按合同约定的利率标准和方法计算）；

二、被告李某、王某对本案借款本金29999.80元、利息19912.24元（截至2020年4月1日，以后的利息按合同约定的利率标准和方法计算至实际付清之日止）承担连带清偿责任；

三、被告李某、王某承担保证责任后，有权向被告赵某追偿；

四、驳回原告某银行的其他诉讼请求。

李某不服一审判决，以保证期间内债权人未向其主张权利为由提出上诉。山东省淄博市中级人民法院经审理认为：二审争议焦点为李某对涉案债务应否承担连带保证责任。根据本案查明的事实，在借款合同约定的保证期间内，2017年2月3日某银行曾就涉案借款向一审法院提起诉讼向各被告主张权利，不存在上诉人李某所称在保证期间内未向其主张权利的情形。据此，二审判决：

驳回上诉，维持原判。

【法官后语】

在人民法院审理的金融借款合同纠纷中，经常会遇到农户联保贷款类案件。此类贷款具有手续简便、无需财产担保、贷款利息低等优势特点，是解决农村农民发展资金瓶颈的一项惠农政策。然而，在审理该类案件中却发现，贷款人未能按时还款的现象时有发生，债务人或保证人因外出务工等原因，找人难、送达难已成为制约银行开展清收工作面临的问题之一。根据法律规定，银行应在保证期间内向保证人主张权利，超过保证期限未主张保证人将不承担保证责任。关于在保证期间内向连带责任保证人主张权利的方式，《中华人民共和国民法典》(以下简称《民法典》)施行前的法律、司法解释与《民法典》及《最高人民法院关于适用〈中华人民共和国民法典〉有关担保制度的解释》(以下简称《担保制度司法解释》)的规定不一致,具体分析如下:

一、《民法典》施行前的法律、司法解释规定

根据原《中华人民共和国担保法》及《最高人民法院关于适用〈中华人民共和国担保法〉若干问题的解释》(以下简称《担保法司法解释》)中的相关规定,债权人未在保证期间内要求保证人承担保证责任的,保证责任免除。从债权人要求保证人承担保证责任之日起,开始计算保证合同的诉讼时效。债权人向保证人要求承担责任的,债权人主张的意思表示只要发出即可,无需确保一定到达保证人。当然如果债权人通过发出公告方式向保证人主张权利,应符合《最高人民法院关于审理民事案件适用诉讼时效制度若干问题的规定》(法释〔2008〕11号)第十条第一款第四项的规定条件。

二、《民法典》及《担保制度司法解释》中的相关规定

《民法典》第六百九十四条第二款规定,连带责任保证的债权人在保证期间届满前"请求保证人"承担保证责任的,从债权人请求保证人承担保证责任之日起,开始计算保证债务的诉讼时效。《担保制度司法解释》第三十一条第二款规定,连带责任保证的债权人在保证期间内对保证人提起诉讼或者申请仲裁后,又撤回起诉或者仲裁申请,起诉状副本或者仲裁申请书副本已经送达保证人的,应认定债权人已经在保证期间内向保证人行使了权利。

从上述规定的内容看,《民法典》第六百九十四条第二款强调的是"请求保证人"承担保证责任,而没有规定具体的请求方式。《担保制度司法解释》第三十一条第二款解决的是债权人撤诉或撤回仲裁申请时,以何种标准认定债权人在保证期间内对保证人主张权利的问题。显然,此时《担保制度司法解释》将债权人请求的意思表示到达保证人作为认定主张权利的标准,若意思表示没有到达保证人,保证人就不应当承担保证责任,这符合保证期间制度设立的目的,即保护保证人,为保证人的利益着想,所以债权人如果证明其在保证期间内向保证人主张了权利,则必须证明其主张权利的意思表示到达保证人。

三、本案中债权人请求保证人承担责任方式的效力认定

根据《最高人民法院关于适用〈中华人民共和国民法典〉时间效力的若干规定》第三条规定，民法典施行前的法律事实引起的民事纠纷案件，当时的法律、司法解释有规定，适用当时的法律、司法解释的规定，当时的法律、司法解释没有规定而民法典有规定的，可以适用民法典的规定，但是明显减损当事人合法权益、增加当事人法定义务或者背离当事人合理预期的除外。具体到本案，2017 年 2 月 3 日，银行作为债权人在保证期间内通过诉讼方式要求保证人承担责任，该法律事实发生在《民法典》施行之前，且从银行多次扣收贷款本金的行为来分析，银行的合理预期系在保证期间内起诉保证人即视为向保证人请求承担保证责任。因此，原告已经在保证期间内向保证人主张了权利，且其起诉行为实现了保证期间向诉讼时效转化之效果，故法院对于被告的时效抗辩主张不予支持无疑是正确的。

编写人：山东省淄博市中级人民法院　荣明潇

山东省淄博市博山区人民法院　孙雪萍

23

保证责任不能适用推定

——甲银行诉张某双等金融借贷合同案

【案件基本信息】

1. 裁判书字号

河南省鹤壁市中级人民法院（2021）豫 06 民再 23 号民事判决书

2. 案由：金融借款合同纠纷

3. 当事人

原告（被上诉人、再审被申请人）：甲银行

被告（上诉人、再审申请人）：张某双

被告（被上诉人、再审被申请人）：张某根、孙某、宋某爽

【基本案情】

2018年2月6日，张某根与乙信用合作社（乙信用合作社是丙信用合作联社的分支机构，丙信用合作联社变更为甲银行后，甲银行对变更前的公司债权、债务予以了承继）签订《最高额个人借款合同》，向乙信用合作社借款170000元，但因张某根未按照合同约定还款付息，甲银行诉至法院，要求张某根还款付息，张某根配偶以及保证人宋某爽、张某双承担连带责任。为此，甲银行向法院提交了与张某根签订的《最高额个人借款合同》，孙某签订借款人配偶承诺书，以及载有"宋某爽""张某双"署名字样的《最高额保证合同》，但张某双辩称其没有签名、按手印，不应当承担保证责任。

【案件焦点】

保证责任是否适用推定。

【法院裁判要旨】

河南省浚县人民法院经审理认为：张某双辩称其没有签名、按手印，但在指定期限内未申请鉴定，故张某双的辩解意见没有证据予以支持，不予采纳，遂判决支持了甲银行的诉讼请求。

张某双不服一审判决，提起上诉。

河南省鹤壁市中级人民法院经审理认为：张某双申请案外人张某峰、张某海到庭，证明《最高额保证合同》上"张某双"签字系张某海所签，张某双对借款担保不知情，同时，张某双其哥张某海用过张某双身份证，张某峰用过张某双夫妻身份证、户口本、土地承包经营证。二审法院认为，上述相关陈述存在自相矛盾之处，不能证明张某双上诉主张，结合各方当事人的诉辩意见综合判断，虽然张某双称保证合同上非其签字，但其作为完全民事行为能力人，将身份证、户口本、土地承包经营证提供给他人使用，其对本人为涉案借款提供

担保责任应是知情的、明确的，理应承担相应的法律后果。故一审法院判决张某双对涉案借款承担连带清偿责任并无不当，遂判决驳回上诉，维持原判。

张某双不服二审判决，申请法院再审。

河南省鹤壁市中级人民法院经审理查明：1. 关于面谈面签现场照片。综合各方当事人的陈述，通过比对，张某双本人与办理涉案借款手续时的面谈面签照片上人物面貌存在明显差异，甲银行提交证据并不能证明在办理贷款手续时张某双本人到场。2. 关于案涉《最高额保证合同》上的签字问题。根据二审时对案外人张某海、张某峰的询问笔录和庭审中被申请人张某根的陈述以及对张某海和张某双二人笔迹的比对，通过对案涉有效证据进行分析，甲银行提交证据并不能证明张某双本人在案涉《最高额保证合同》上签字。

河南省鹤壁市中级人民法院经审理认为：1. 甲银行提交证据不能证实张某双在借款中系保证人。当事人对自己提出的诉讼请求所依据的事实或者反驳对方诉讼请求所依据的事实有责任提供证据加以证明。没有证据或者证据不足以证明当事人的事实主张的，由负举证责任的当事人承担不利后果。甲银行要求张某双对借款人张某根欠借款本息承担连带清偿责任的合同依据是有“张某双”署名字样的《最高额保证合同》及面谈面签现场照片。张某双主张该保证合同并非其本人签字且借款时其根本未在现场，通过对本案有效证据进行分析，结合各方当事人的诉辩意见和案外人陈述进行综合判断，甲银行提交的签订日期为2018年2月6日的《最高额保证合同》中，不能证明张某双本人签字并按手印，也并不能证明在办理贷款手续时张某双本人到场，甲银行亦未提交其他证据进一步证实张某双有为该笔借款提供保证的意思表示，故其要求张某双按《最高额保证合同》的约定承担保证责任的诉讼请求不应支持。综上，甲银行提交证据不能证实张某双在借款中系保证人。申请人张某双主张其不承担保证责任的再审意见成立，本院予以支持。

2. 保证责任不能适用推定。保证人承担保证责任的前提为需有明确提供保证的意思表示，《中华人民共和国担保法》及《最高人民法院关于审理民间借贷案件适用法律若干问题的规定》均对推定保证人承担责任的方式做了严格的限制。因保证责任不同于一般的民事责任，它是保证人基于与债务人的特殊关系而承担的一种单务、无偿的法律责任，不享有要求对方对待给付的请求权，正是因为保证责任与一般债务这一质的区别，保证责任不能像其他民事行为那样适用推定。保证不能推定是一项基本原则，在保证人没有作出提供保证的真实意思表示的情况下，不能推定为保证。尽管张某双将身份证、户口本、土地承包经营证提供给他人使用，根据"保证不能推定"原则，保证人作出保证行为必须有明确的意思表示，张某双将身份证、户口本、土地承包经营证提供给他人使用并不能推定其对本人为涉案借款提供担保责任应是知情的、明确的，以此推定张某双承担保证责任缺乏法律依据。

河南省鹤壁市中级人民法院依照《中华人民共和国民事诉讼法》第二百零七条、《最高人民法院关于适用〈中华人民共和国民事诉讼法〉的解释》第四百零七条规定，作出如下判决：

一、撤销本院（2020）豫06民终451号民事判决；

二、维持河南省浚县人民法院（2019）豫0621民初3446号民事判决第一项；

三、变更河南省浚县人民法院（2019）豫0621民初3446号民事判决第二项为：宋某爽对上述第一项承担连带清偿责任。

【法官后语】

保证责任是保证人基于与债务人的特殊关系而承担的一种单务、无偿的法律责任，不享有要求对方对待给付的请求权，与一般债务存在质的区别，故保证责任不能像其他民事行为那样适用推定。

首先，保证责任的性质直接决定了该种责任不能适用推定。保证合同不同于一般的民事责任，它是保证人基于与债务人的特殊关系而承担的一种单务、无偿的法律责任，不享有要求对方对待给付的请求权，由于保证责任的这一特性，法律制度要侧重于对保证责任行使的限制以保护保证人的利益，正是因为保证责任与一般债务这一质的区别，保证责任才不能像一般民事行为那样适用推定，保证不能推定是一项基本原则，在保证人没有作出提供保证的真实意思表示的情况下，是不能推定为保证的。

其次，保证合同的签订应当遵循意思自治原则，不适用意思推定。意思自治原则是我国合同法领域的一项基本原则，是指在民事活动中，民事主体的意志是独立的、自由的，不受国家权力和其他当事人的非法干预的。也就是说民事主体有权在没有非法外力强迫的情况下，完全根据自己的主观判断来决定民事法律关系的设立、变更和终止。意思自治的前提是当事人双方平等自愿地将各自内心真实意思充分表达于外部，及意思表示完整而真实，其核心在于独立和自由，如果当事人由于各种内在或外在原因，使“意思”与“表示”不相一致，则可能导致主体平等地位之丧失与交易安全之破坏，从而影响合同的成立。在此层面上分析，本案中，担保合同的成立必须经张某双在意志自由前提下进行明确的意思表示，如果将他人取得张某双身份证、土地经营权证书等材料后代其签字推定为张某双真实意思表示，则明显剥夺了张某双意思表达的自由，违反了意思自治原则，合同的签订平等基础已然丧失，故本案中甲银行与张某双之间的保证合同不能成立。

再次，保证关系成立应当满足法定的形式条件，即有保证人书面签字。保证关系系为促使债务人履行债务实现债权人的权利的法律制度，特别是个人担保具有明显的利他性、无偿性、情谊性、轻率性等特点，保证人本身并不因担保行为而有所受益，属于一种义务性行为，故我国民法领域对于担保责任采用较高的证明标准，要求担保合同应当以书面方式订立。无论是按照之前的《中华人民共和国物权法》《中华人民共和国担保法》规定，还是按照现行《中华人民共和国民法典》之规定，担保合同可以通过单独订立书面合同，也可以作为债权债务合同的保证条款，但均应当采用书面形式，否则担保关系不能成立。从这一层面来讲，我国立法对担保合同形式有严格的限制，其目的在于避免不正当地增加当事人负担，故如果未能满足担保合同的法定形式要件，一般应当认定为担保关系不能成立。本案中，由于在甲银行与张某双之间并未有书面保证合同的存在，故二者之间不存在担保关系，张某双并无承担保证责任的义务。

最后，当事人签订保证合同应当出于真实意思表示，并通过一定方式表达于外部。民事法律行为有效要件之一就是行为人意思表示真实。在签订书面合同的情况时，关于如何判断当事人是否意思表示真实，笔者认为可分为三种情况：1. 具有相应民事行为能力的自然人的意思表示，应当由本人进行亲笔签名，无证据证明受胁迫等情况时，可认定为意思表示真实；2. 具有相应民事行为能力的单位或组织的意思表示，应当按照本单位或组织的章程规定，通过股东大会等表决程序或者相关法定代理人签字并加盖公章后可认定为意思表示真实；3. 委托他人的意思表示，应当由本人或单位出具授权委托书，明确载明授权范围，受托人在授权范围内进行的代理活动视为委托人的真实意思表示。本案中，在没有客观阻碍情况下，订立书面合同的真实意思表示应当是通过张某双本人签字摁手印的行为方式表达，未经本人签字摁手印或者经书面授权他人代为行使权利的，则无法达到其本人签订保证合同的真实意思的标准，即欠缺本人真实意思表示。由于欠缺真实意思表示，本案中甲银行与张某双的保证合同不能成立。

综上，保证责任有其特殊性，应当遵循意思自治原则，不能适用推定原则，同时，保证关系的成立必须满足其法定的形式要件，且需当事人意思表示真实，否则，保证关系不能成立，本案中张某双也不应当承担保证责任。

编写人：河南省淇县人民法院　丁武军

河南省鹤壁市中级人民法院　王现霓

24

在保证期间内主张权利的认定

——王某娟诉杨某政、周某波民间借贷案

【案件基本信息】

1. 裁判书字号

黑龙江省密山市人民法院（2021）黑0382民初4137号民事判决书

2. 案由：民间借贷纠纷

3. 当事人

原告：王某娟

被告：杨某政、周某波

【基本案情】

2015 年左右，被告杨某政向原告王某娟借款 50000 元，被告周某波提供担保。2017 年 4 月 11 日，经双方结算，杨某政尚欠王某娟借款本金 35400 元。杨某政为王某娟出具借据一张，载明：今借现金 35400 元，还款日期为 2018 年 12 月 11 日，月利息 1.5%，计 10620 元，合计 46020 元。注：有一个房照（杨某政）抵押。借款人：杨某政。担保人：周某波。借款到期后，经王某娟索要，杨某政与周某波均未还款。

【案件焦点】

能否认定王某娟在保证期间内主张了权利，被告周某波的保证责任是否应该免除。

【法院裁判要旨】

黑龙江省密山市人民法院经审理认为：原告王某娟与被告杨某政因民间借贷形成的债权债务关系，事实清楚，证据充分。杨某政应履行及时偿还借款本息的义务。被告周某波为该笔债务提供担保，双方未约定保证方式，应按照连带责任保证方式承担保证责任。双方未约定保证期间，王某娟有权在自主债务履行期届满之日起 6 个月内要求周某波承担保证责任。经王某娟在该期间内向周某波索要，周某波未履行偿还义务，故王某娟要求周某波对上述借款本息承担的连带清偿责任的诉讼请求，本院予以支持。王某娟主张的利息计算标准不超过法律规定，本院予以支持。故王某娟要求杨某政给付借款本金 35400 元，利息 10620 元，本息合计 46020 元，并自 2018 年 12 月 12 日起至 2020 年 8 月 19 日止，按照月利率 1.5%给付利息，自 2020 年 8 月 20 日起至借款本金付清之日止按照月利率1.28%给付利息，并要求周某波应对上述款项承担连带清偿责任的诉讼请求，本院予以支持。杨某政、周某波经合法传唤无正当理由未到庭参加诉讼，应承担对其不利的法律后果。

综上所述，原告王某娟要求被告杨某政给付借款本息的诉讼请求，本院予以支持。被告周某波应对该款项承担连带清偿责任。依照《最高人民法院关于适用〈中华人民共和国民法典〉时间效力的若干规定》第一条第二款，《中华人民共和国合同法》第二百零五条、第二百零六条、第二百零七条，《中华人民共和国担保法》第十九条、第二十六条，《中华人民共和国民事诉讼法》第一百四十七条规定，判决如下：

一、被告杨某政给付原告王某娟借款本金35400元，利息10620元，本息合计46020元，于判决生效后付清。并自2018年12月12日起至2020年8月19日止，按照月利率1.5%给付利息，自2020年8月20日起至借款本金付清之日止按照月利率1.28%给付利息；

二、被告周某波对上述款项承担连带清偿责任。

判决后，双方当事人均未上诉，本判决现已生效。

【法官后语】

本案主要涉及保证责任的问题，包括保证方式、保证期间、保证的诉讼时效等。《中华人民共和国民法典》已经于2021年1月1日起施行，关于保证责任的法律规定发生了重大变化。根据之前的《中华人民共和国担保法》规定，当事人对保证方式没有约定或者约定不明的，按照连带责任保证承担保证责任；而2021年1月1日《中华人民共和国民法典》实施后，保证人在保证合同或者借据中未注明担保方式，则按一般保证对待，只有明确约定了连带保证责任的，才与借款人承担连带保证责任。本次修订体现了债权人与保证人之间的利益平衡，也督促了债权人在签订保证合同时对自己权利积极争取的主动性，督促双方明确约定保证方式，避免在合同约定上出现争议。

根据《最高人民法院关于适用〈中华人民共和国民法典〉时间效力的若干规定》第一条第二款的规定，民法典施行前的法律事实引起的民事纠纷案件，适用当时的法律、司法解释的规定，但是法律、司法解释另有规定的除外。本案借款和保证的事实发生在《中华人民共和国民法典》实施之前，应适用当时的法律。则根据《中华人民共和国担保法》的规定，双方未对保证期间进行约定，应视为连带责任保证，保证期间为6个月，即“债权人有权自主债务履行期满之日起六个月内要求保证人承担保证责任”。保证期间是除斥期间，不适用中止、中断和延长。

在一般保证中，要想行使保证权，需要债权人在保证期间内对债务人提起诉讼或者仲裁；而连带责任保证则需债权人在保证期间内向保证人主张权利。前者在司法实践中很容易认定和操作，而关于连带责任保证中债权人在保证期间内主张权利的方式，在司法实践中有不同观点。第一种观点认为只有债权人在保证期间内起诉，才能视为在保证期间内主张权利，只要没有在保证期间内起诉，直接认定保证期间已过，保证人的保证责任免除；第二种观点认为只要债权人在保证期间内向保证人主张过权利，即通过当面、电话、微信、书面通知等方式向保证人索要过借款，就可以认定保证人在保证期间内行使了保证权，从该主张之日开始计算保证诉讼时效。笔者同意第二种观点。因为第一种观点对债权人要求苛刻，不利于保护债权人的合法权益，且将保证期间和诉讼时效混同，如果按第一种观点认定，则诉讼时效这一制度失去了意义。而在司法实践中，依据第二种观点，即使债权人在超过保证期间以后起诉，只要其提供证据证明其在保证期间内向保证人主张了权利，法院就应当认定保证期间没有超过，保证人的保证责任不能免除。即使已经超过了保证诉讼时效，因诉讼时效法院不主动审查，如果保证人没有提出超过诉讼时效的抗辩，法院亦应判定保证人承担保证责任。

本案中，虽然债权人起诉之日早已超过保证期间，但其提供了证据证明其在保证期间内向保证人主张过权利，应视为保证期间未超过，保证人仍应承担保证责任。故承办人作出如上判决。

编写人：黑龙江省密山市人民法院　马玉芳

25

保证人在保证期间届满后代为履行还款可以向债务人进行追偿

——石某诉季某力民间借贷案

【案件基本信息】

1. 裁判书字号

天津市第三中级人民法院（2022）津 03 民终 332 号民事判决书

2. 案由：民间借贷纠纷

3. 当事人

原告（被上诉人）：石某

被告（上诉人）：季某力

第三人：王某娟

【基本案情】

2018 年 6 月 1 日，季某力作为借款人与作为出借人的王某娟、作为担保方的王某辉签订借款合同。约定：鉴于季某力为资金周转需要，特向王某娟借款；借款金额为 50000 元；借款期限自 2018 年 6 月 1 日起至 2018 年 9 月 1 日止；借款利息 5%；王某辉作为担保人，为季某力上述借款提供连带担保责任。合同签订后，王某娟向季某力转账 47500 元，但借期届满后季某力未偿还借款。王某辉之妻石某于 2019 年 7 月 25 日偿还王某娟本金 47500 元及利息 18525 元。

王某辉于 2020 年 11 月 12 日向本院以追偿权纠纷为由对季某力提起诉讼，要求季某力偿还代偿款 66025 元及利息。本院于 2020 年 12 月 14 日作出（2020）津 0116 民初 34051 号民事判决书，判决被告季某力给付王某辉 56013

元，并驳回王某辉其他诉讼请求。季某力不服判决，提起上诉，天津市第三中级人民法院于2021年3月22日作出（2021）津03民终1220号民事判决书，以王某辉在保证期间届满保证责任灭失后向王某娟的转款行为不产生承担保证责任的效果，不具有向季某力追偿的权利基础为由，判决撤销（2020）津0116民初34051号民事判决，驳回王某辉全部诉讼请求。王某辉不服判决，申请再审，天津市高级人民法院于2021年7月15日作出（2021）津民申1295号民事裁定书，驳回王某辉的再审申请。

2021年8月20日，王某娟与石某签订《债权转让声明》一份，将包括本案诉争借款在内的共计80000元债权转让给石某。

【案件焦点】

保证人在保证期间届满后自愿承担保证责任的，是否可以向债务人行使追偿权。

【法院裁判要旨】

天津市滨海新区人民法院经审理认为：石某向王某娟的转款已被生效判决认定为王某辉作为保证人在保证责任灭失后向王某娟的转款，并认定王某辉超过保证期间还款对债务人季某力不发生保证担保的法律效力，现季某力抗辩称石某已经代替王某辉将诉争本息偿还王某娟，王某娟的债权已经消失，故季某力认可王某辉通过石某转款发生代其清偿债务的效果，且在本院（2020）津0116民初34051号案件中明确提出对代偿主体有异议，即在涉案借款债务诉讼时效期间内对代偿效果不持异议，因此，王某辉已经事实上代季某力清偿债务，王某娟亦于2019年7月出具解除担保证明，季某力客观上受有利益。参照《中华人民共和国民法典》第五百二十四条第二款规定，债权人接受第三人履行后，其对债务人的债权转让给第三人，故王某辉基于代偿的客观事实取得王某娟对季某力的债权。石某与王某辉系夫妻，且通过石某名下银行账户进行转账，另王某娟向石某出具《债权转让声明》作进一步确认，故石某提起诉讼主体适格，并不违反法律规定，本院予以支持。根据《最高人民法院关于审理民事案件适用诉讼时效制度若干问题的规定》第十七条、第十九条规定，对于连带债权人中的一人发生诉讼时效中断效力的事由，应当认定对其他连带债权人也发生诉讼时效中断的效力；债权转让的，应当认定诉讼时效从债权转让通知到达债务人之日起中断，本案债权自王某娟接受王某辉代为清偿之日起已经发生法定转移，王某辉于 2020 年 11 月对季某力提起追偿权纠纷案件，诉讼时效已经发生中断，石某作为共同债权人提起本案诉讼的时效亦应从王某辉提起诉讼程序终结时起重新计算，本案并未超过诉讼时效，故对被告的时效抗辩主张，本院不予采纳。

第三人的实际代偿行为不能加重债务人的债务负担。本案中，王某娟向季某力实际提供借款 47500 元，有石某提供的借款合同及交通银行电子回单佐证，本院予以确认。石某代季某力偿还王某娟本金 47500 元及利息 18525 元后，有权在代偿的债务及产生的合理损失范围内要求季某力承担责任。对于借款本金，根据王某娟实际提供的借款数额，本院支持 47500 元。对于借款利息，季某力与出借人约定月利率为 5%，已超过法律规定的利率保护上限，本院支持利息自 2018 年 6 月 1 日起至 2019 年 7 月 25 日止按年利率 24%计算，自 2019 年 7 月 26 日起至 2019 年 8 月 19 日止按中国人民银行公布的同期贷款利率计算，自 2019 年 8 月 20 日起至实际还清之日止按一年期贷款市场报价利率计算。

天津市滨海新区人民法院依照《最高人民法院关于适用〈中华人民共和国民法典〉时间效力的若干规定》第一条第二款，《中华人民共和国合同法》第五条、第六十条，《最高人民法院关于审理民间借贷案件适用法律若干问题的规定》第二十五条、第二十八条、第三十一条以及《中华人民共和国民事诉讼法》第六十四条第一款之规定，判决如下：

一、被告季某力于本判决生效之日起五日内向原告石某偿还借款本金 47500 元，并支付自 2018 年 6 月 1 日起至实际还清之日止的利息（以 47500 元为基数，按年利率 24%计算自 2018 年 6 月 1 日至 2019 年 7 月 25 日期间利息，按中国人民银行公布的同期贷款利率计算自 2019 年 7 月 26 日至 2019 年 8 月 19 日期间利息，按一年期贷款市场报价利率计算自 2019 年 8 月 20 日起至实际还清之日止的利息）；

二、驳回原告石某的其他诉讼请求。

季某力不服一审判决，提出上诉。天津市第三中级人民法院经审理认为：债权人可以将债权的全部或者部分转让给第三人。本案中王某娟向季某力提供了 47500 元的借款，该事实有一审法院（2021）津 0116 民初 34051 号民事判决及本院（2021）津 03 民终 1220 号民事判决确认的借款事实在案佐证。季某力作为债务人在借款期限届满后未向王某娟履行还款义务，而由作为保证人的王某辉偿还，王某辉用于偿还的款项来源于妻子石某。在王某辉履行保证责任向季某力行使追偿权被生效判决驳回后，石某作为还款款项实际提供者，依据与王某娟订立的债权转让协议可以向季某力主张债权，且由于王某辉的代偿行为已经使实际借款人季某力获得利益，依据公平原则和诚实信用原则，季某力的该获利行为不能损害他人合法权益，且通过诉讼行为已经通知季某力债权转让事实，引起了诉讼时效的中断。

天津市第三中级人民法院依照《中华人民共和国民事诉讼法》第一百七十六条第一款、第一百七十七条第一款第一项之规定，作出如下判决：

驳回上诉，维持原判。

【法官后语】

对于超过诉讼时效的债务，保证人承担保证责任不发生追偿权，以及对于保证期间届满后债权人对保证人承担保证责任丧失实体的权利，已达成共识；同时，保证人在保证期间届满后又在催款通知书上签字是否承担保证责任问题，最高人民法院已经做出相关批复进行明确，司法实践中也趋于一致。但保证人在保证期间届满后自愿承担保证责任的，保证人能否对债务人行使追偿权，不无疑问。

本案中，因生效判决认为，保证人王某辉未提交证据证明债权人王某娟在保证期间内向其主张过保证责任，其无需再承担保证责任，王某辉在保证责任灭失后向王某娟的转款行为并不产生承担保证责任的法律效果，亦不具有向借款人季某力进行追偿的权利基础，故驳回王某辉基于追偿权提起的诉讼请求。

故而王某娟将债权转让石某，石某作为债权受让人提起本案诉讼。本案审理的关键需要对以下问题进行分析：

1. 保证人保证期间届满后还款行为的性质分析。此行为效力如何认定，直接关系到保证人与债权人的合法利益保护。对此有三种不同观点：

第一种观点为保证责任抗辩说，即保证期间届满后，保证责任并不当然丧失，保证人将得以行使抗辩权，至于保证人实际是否主张抗辩权，法院在所不问，债权人对保证人给付仍有保持力，并非不当得利，保证人不得以超过保证期间或不知保证期间为由请求返还，保证人在代为偿还借款后应当享有追偿权。

第二种观点为保证责任丧失说，认为保证期间届满，保证责任应予免除，保证人自愿承担保证责任后无权向债务人进行追偿，其可基于不当得利要求债权人归还相应款项。

第三种观点为保证人超过保证期间还款，因主债权并未超过诉讼时效，故并未损害债务人的利益，而又保护了债权人的利益，该还款行为应确认合法有效，保证人应享有一般债权诉讼权利。

王某辉追偿权纠纷案件生效判决即采取了保证责任丧失说，即认为保证人不能基于保证责任享有向债务人的追偿权。本案例裁判理由在第二种观点基础上，借鉴了民法典第五百二十四条规定，认为保证期间届满后，保证人保证责任消灭，而不仅仅导致保证人抗辩权的产生，保证人还款行为并不能产生使保证人继续承担保证责任的法律效力，故不能基于代偿取得对债务人的追偿权，同时债权人能否保持对保证人的给付，应当结合民法典第五百二十四条规定进行判断。

2. 民法典第五百二十四条能否适用于本案保证人超过保证期间还款情形。该条款为新增条款，对于施行前法律事实引起的民事案件可以援引进行裁判说理。保证人还款行为是属于与债权人重新达成新的保证合同，还是属于单方自愿代为履行。首先保证合同为要式合同，须采取书面形式，故履行行为不符合保证合同要式性特征，同时也不能解释保证人仅部分偿还情况下债权人无权要求保证人承担全部给付义务。所以，保证人还款行为应属于单方自愿代为履行行为，符合该行为构成要件，本案债务人季某力对王某辉的代为履行事后并未提出异议和拒绝，且认为债权人因王某辉的行为已经受偿，而债权人王某娟也受领了给付，王某辉基于保证责任还款并不损害和影响债务人的合法权益，客观上也没有加重债务人的义务，在生效判决认定其并非履行保证责任后，可以选择基于代履行后所自然取得的债权，在原债权范围内向债务人主张偿还。

编写人：天津市滨海新区人民法院　卓丹红

26

法定代表人因经营需要以个人名义借款，未经公司决议代表公司提供担保属越权担保

——黄某珍诉吴某辰、科技公司民间借贷案

【案件基本信息】

1. 裁判书字号

江苏省无锡市锡山区人民法院（2021）苏0205民初1577号民事判决书

2. 案由：民间借贷纠纷

3. 当事人

原告：黄某珍

被告：吴某辰、科技公司

【基本案情】

2018年3月6日，黄某珍转账至吴某辰100万元。2018年3月12日，黄某珍转账至吴某辰100万元、100万元。同日，吴某辰向黄某珍出具借条一份，载明：本人吴某辰因经营需要，向黄某珍借到人民币叁佰万元整（￥3000000元），月利息为一分二。借款人：吴某辰（签字），担保方：科技公司（加盖公

司印章)。2018年5月14日，黄某珍转账至吴某辰30万元。双方在上述借条复印件上进行补充，确认：本人吴某辰同意2019年5月12日后利息由一分二月息改为月息一分六七，每月利息为55110元。吴某辰本人签字确认。

2020年4月13日，吴某辰归还本金50万元，另还款共计1402580.02元。黄某珍陈述，双方按月结算利息，每月支付上月利息。上述1402580.02元的还款，系吴某辰支付的截至2020年10月12日的每月利息。月息55000元、46666.67元是按年利率20%计算得出，是其放弃部分利息权利，但并没有承诺收到的款项作为本金扣除；吴某辰认为上述1402580.02元的还款金额不能与双方约定利息完全匹配，如2019年8月15日归还55000元与借条上约定的月利息55110元不匹配，故归还的不是利息而是本金。

另查明，科技公司成立于2011年8月19日，吴某辰为公司法定代表人及股东。科技公司提供借款担保未有股东会决议或者股东大会决议。对于借款金额增加至330万元及月息增加至1.67%，科技公司未盖章予以确认，也未有股东会决议或者股东大会决议。黄某珍陈述，由于吴某辰是科技公司的法定代表人和最大股东，吴某辰签字足以使其有理由相信吴某辰可代表科技公司确认为原借款及增加金额和月息后的借款提供担保。其不知道需要经过股东会决议，所以没有进行审查。

【案件焦点】

科技公司的法定代表人吴某辰对外借款，并在担保人处加盖科技公司印章，科技公司是否需要承担责任。

【法院裁判要旨】

江苏省无锡市锡山区人民法院经审理认为，根据公司法规定，公司为公司股东或者实际控制人提供担保的，必须经股东会或者股东大会决议。本案中，吴某辰虽然是科技公司的法定代表人，但其未经科技公司股东会决议，擅自代表科技公司为作为公司股东的自己个人借款提供关联担保的行为已经超出了法定代表人的代表权限，属越权担保。法律既已对公司担保的程序予以明文规定，即具有公开宣示效力，黄某珍作为债权人理应知晓并遵守该规定，其未对该担保是否经过科技公司股东会决议，以及决议的表决程序是否符合公司法的规定尽必要的审查义务，不构成对吴某辰越权代表行为的善意，该借款担保对科技公司不发生效力，故黄某珍主张由科技公司对吴某辰之债务承担连带责任之诉讼请求，不予支持。鉴于债权人黄某珍和担保人科技公司均有过错，担保人科技公司承担民事责任的部分，不应超过债务人不能清偿部分的二分之一。考虑到吴某辰自 2019 年 5 月 12 日起，按照加重后的债务支付了部分利息，故综合双方过错程度及利息抵扣情况，酌定科技公司应对吴某辰债务不能清偿部分的三分之一承担赔偿责任。

江苏省无锡市锡山区人民法院依照《中华人民共和国民法典》第六十一条、第五百零四条、第五百六十条、第六百六十七条、第六百七十四条、第六百七十五条、第六百七十六条，《中华人民共和国公司法》第十六条第二款，《最高人民法院关于适用〈中华人民共和国民法典〉有关担保制度的解释》第七条、第十七条，《中华人民共和国民事诉讼法》第六十四条、第一百四十二条，《最高人民法院关于适用〈中华人民共和国民法典〉时间效力的若干规定》第一条第三款之规定，作出如下判决：

一、吴某辰应于本判决生效后十日内归还黄某珍借款本金 2778395. 58 元及利息（以 2778395. 58 元为基数，自 2020 年 10 月 13 日起至实际支付之日止，按照全国银行间同业拆借中心公布的一年期贷款市场报价利率的四倍计算）；

二、科技公司应对吴某辰上述债务不能清偿部分的三分之一承担赔偿责任。

三、驳回黄某珍的其他诉讼请求。

判决后，双方当事人均未上诉，本判决现已生效。

【法官后语】

《中华人民共和国公司法》（以下简称《公司法》）第十六条第二款、第三款规定，“公司为公司股东或者实际控制人提供担保的，必须经股东会或者股东大会决议。前款规定的股东或者受前款规定的实际控制人支配的股东，不得参加前款规定事项的表决。该项表决由出席会议的其他股东所持表决权的过半数通过”。仅在三种情形下，公司对外担保无需经过决议：(1) 公司是以为他人提供担保为主营业务的担保公司，或者是开展保函业务的银行或者非银行金融机构；(2) 公司为其全资子公司开展经营活动向债权人提供担保；(3) 担保合同系由单独或者共同持有公司三分之二以上有表决权的股东签字同意。法律之所以做出上述规制，是因为担保业务对于一般企业来说，并非正常经营范围。作为异常经营行为，不再是法定代表人所能单独决定的事项，必须以股东会或者股东大会决议作为授权的基础和来源，以防止法定代表人随意代表公司为他人提供担保给公司造成损失，损害中小股东利益。本案中，科技公司并非以担保为主营业务，借条虽载明系因经营需要而借款，但是以吴某辰个人名义与黄某珍达成的借贷合意，借款人明确为吴某辰。吴某辰并未能提供充足证据证明案涉所借款项用于单位生产经营，应属于吴某辰个人借款。因此，科技公司法定代表人吴某辰的代表担保行为不属于善意，为越权担保。

但同时，《公司法》本身是具有组织和管理性质的内部治理规范，不具有调整担保行为的功能或任务。《公司法》第十六条亦并非关于担保的直接规定，而是关于公司提供担保的决议机制的规定，所要解决的问题是公司自身的意思如何形成，包括决议机构和决议程序，其法律效力仅及于受该意思或决议拘束的公司内部，而不能直接及于外部第三人。根据利益平衡原则，在保护债权人利益的同时，也要关注到担保人利益的保护。所以，公司的担保合同的外部效力不能直接根据《公司法》第十六条规定来判定，而应根据《中华人民共和国民法典》(以下简称《民法典》) 相关规定来理解和认定。

《民法典》第六十一条第二款、第三款规定“法定代表人以法人名义从事的民事活动，其法律后果由法人承受。法人章程或者法人权力机构对法定代表人代表权的限制，不得对抗善意相对人”，第五百零四条规定“法人的法定代表人或者非法人组织的负责人超越权限订立的合同，除相对人知道或者应当知道其超越权限外，该代表行为有效，订立的合同对法人或者非法人组织发生效力”。因此，公司的法定代表人违反公司法关于公司对外担保决议程序的规定，超越权限代表公司与相对人订立担保合同的，应区分合同订立时债权人是否善意分别认定合同是否对公司产生效力：债权人善意的，合同对公司产生效力；反之，则合同对公司不产生效力。是否“善意”即看债权人在订立担保合同时对法定代表人超越权限是否知晓或者应知，即是否已对公司决议进行了审查。该审查不作实质审查要求，但应达到“合理”审查程度。对此，债权人应负举证责任。黄某珍作为债权人未就公司机关决议内容尽到必要的注意义务，采取合理的审查措施，自然不属于法律保护的“善意相对人”，该借款担保对科技公司不发生效力。

虽担保不对公司生效，但公司亦非完全不需要承担任何责任。债权人与担保人均有过错的，担保人承担的赔偿责任不应超过债务人不能清偿部分的二分之一。在不超过二分之一的范围内具体承担多少责任，则赋予法官自由裁量空间，因案制宜，根据个案情况整体考量后确定。根据《民法典》第六百九十五条第一款的规定，债权人和债务人未经保证人书面同意，协商变更主债权债务合同内容，加重债务的，保证人对加重的部分不承担保证责任。本案考虑到吴某辰自2019年5月12日起，按照加重后的债务支付了部分利息，从公平角度出发，最后综合双方过错程度及利息抵扣情况，酌定科技公司对吴某辰债务不能清偿部分的三分之一承担赔偿责任。

编写人：江苏省无锡市锡山区人民法院　顾瑜

27

保证人怠于行使预先追偿权的责任认定

——管理咨询中心诉刘某荣等保证合同案

【案件基本信息】

1. 裁判书字号

江苏省盐城市中级人民法院（2021）苏09民终5606号民事判决书

2. 案由：保证合同纠纷

3. 当事人

原告（被上诉人）：管理咨询中心

被告（上诉人）：刘某荣、吴某弟、刘某、赵某波

【基本案情】

2015年2月11日，某银行向纺织公司提供最高综合授信额度流动资金贷款4500万元，刘某荣、吴某弟、刘某、赵某波（以下简称刘某荣等四人）对纺织公司的上述债务提供4500万元的最高额连带保证责任，置业公司以其所有的房产及土地使用权对纺织公司的上述债务提供最高额4500万元的抵押担保。2015年7月13日，纺织公司向某银行借款3500万元。后将3500万元借款展期至2017年10月11日。2016年1月28日，纺织公司向某银行借款250万元。后将243.06万元借款展期至2017年10月27日。以上贷款担保约定的担保期限是主合同项下的债务到期后满两年之日止。后纺织公司未按借款约定支付利息，某银行于2017年9月6日向江苏省盐城市盐都区人民法院（以下简称盐都法院）起诉，向纺织公司、置业公司以及刘某荣等四人追要款项。

2017年9月29日，纺织公司、置业公司分别被盐都法院裁定受理破产重整，某银行依法通知置业公司及刘某荣等四人预先行使追偿权进行债权申报。某银行依法向置业公司管理人申报了债权，未向纺织公司的管理人申报债权。经该管理人审查，确认优先债权38516098.13元，已受偿1192万元，尚欠款项2659.67万元。本案起诉后，置业公司代偿了190万元。2018年2月27日，某银行将案涉两笔债权转让给资产管理公司，该公司于2020年8月31日将案涉债权转让给管理咨询中心，上述两次债权转让均在《江南时报》刊登债权转让暨债务催收联合公告，且均将债权转让的事实通知了纺织公司和担保人。管理咨询中心起诉至法院，请求法院判令刘某荣等四人偿还其尚未受偿资金2469.67万元并承担律师代理费80万元及本案的全部诉讼费用。

【案件焦点】

1. 管理咨询中心能否直接向刘某荣等四人主张连带保证责任；2. 管理咨询中心在保证期间内是否向刘某荣等四人主张过权利。

【法院裁判要旨】

江苏省盐城经济技术开发区人民法院经审理认为：本案所涉《最高额综合授信合同》《最高额个人连带责任保证书》《流动资金借款合同》《借款展期协议》等相关协议均系合同当事人的真实意思表示，且不违反法律、法规的强制性规定，均为有效合同，对合同当事人双方均具有法律约束力。依据《最高额个人连带责任保证书》的约定，刘某荣等四人作为连带保证人应对纺织公司差欠管理咨询中心的款项承担连带保证责任。

（一）关于管理咨询中心能否对刘某荣等四人直接提起诉讼的问题。本院认为，首先，《最高人民法院关于适用〈中华人民共和国民法典〉有关担保制度的解释》第二十三条第一款规定：人民法院受理债务人破产案件，债权人在破产程序中申报债权后又向人民法院提起诉讼，请求担保人承担担保责任的，人民法院依法予以支持。该规定允许债权人既可以申报破产债权也可以向担保人主张权利，赋予了债权人充分的权利救济途径。纺织公司、置业公司自 2017 年 9 月 27 日被法院裁定破产重整四年之久，管理咨询中心从置业公司处享有抵押物受偿的权利至今未能实现，已严重损害权利人的合法权益，故根据《最高人民法院关于适用〈中华人民共和国民法典〉时间效力的若干规定》第二条的规定，结合本案，适用民法典的相关规定并未明显减损当事人的合法权益、增加当事人的法定义务或者背离当事人的合理预期，故本院可以适用《最高人民法院关于适用〈中华人民共和国民法典〉有关担保制度的解释》第二十三条第一款直接受理该案。其次，《最高人民法院关于适用〈中华人民共和国担保法〉若干问题的解释》第四十四条规定：保证期间，人民法院受理债务人破产案件的，债权人既可以向人民法院申报债权，也可以向保证人主张权利；债权人申报债权后在破产程序中未受清偿的部分，保证人仍应当承担保证责任。债权人要求保证人承担保证责任的，应当在破产程序终结后六个月内提出。该规定适用于债务人在保证期间内进入破产，且在债权人参加破产清偿之后保证期间尚未届满的情形。因保证期间是除斥期间，如债权人参加破产清偿程序之后已超出该期间，则再向保证人主张权利将无法实现。适用该规定的大前提是“保证期间，人民法院受理债务人破产案件的”且“债权人申报债权后”，该规定并不解决在破产受理后甚至破产受理前保证期间就已经届满，或者破产受理前就因债权人向保证人主张权利而开始起算诉讼时效等情况。最后，在本案债务人破产受理前，因原债权人某银行已向保证人主张权利而开始起算诉讼时效。在法院受理债务人破产案件后，本案债权人也未向纺织公司的管理人申报债权，而是通知刘某荣等四人作为案涉款项的保证人预先行使追偿权进行债权申报，故本案不适用《最高人民法院关于适用〈中华人民共和国担保法〉若干问题的解释》第四十四条的规定。综上，管理咨询中心有权利向本院提起本案诉讼。

（二）关于管理咨询中心在担保期间内是否向刘某荣等四人主张过权利的问题。案涉款项经展期后，其中 3500 万元借款于 2017 年 10 月 11 日到期，243.06 万元借款于 2017 年 10 月 27 日到期。担保合同约定刘某荣等四人的保证期间至债务到期（包括提前到期、展期到期）后满两年之日止。首先，在案涉债权到期前，因债务人纺织公司未按约还款，原债权人某银行于 2017 年 8 月 25 日向法院提起诉讼，盐都法院于 2017 年 9 月 6 日立案受理。2017 年 9 月 29 日，该院裁定受理债务人纺织公司及抵押担保人置业公司的破产重整案件。案涉债权在 2017 年 9 月 6 日发生诉讼时效中断的效力。其次，2018 年 2 月 27 日，某银行将案涉两笔债权转让给资产管理公司，在《江南时报》刊登债权转让暨催收联合公告，将债权转让的事实通知了纺织公司和担保人。该权利主张发生于保证期间内。2020 年 8 月 31 日，资产管理公司将案涉债权转让给管理咨询中心，并在《江南时报》刊登债权转让暨债务催收联合公告，将债权转让的事实通知了纺织公司和担保人。根据《中华人民共和国合同法》第八十一条、《最高人民法院关于审理民事案件适用诉讼时效制度若干问题的规定》第十九条的规定，案涉债权在 2018 年 2 月 27 日、2020 年 8 月 31 日发生诉讼时效中断的效力。综上，本案既未超出保证期间，也未超过诉讼时效，刘某荣等四人作为案涉款项的担保人应继续承担保证责任。

江苏省盐城经济技术开发区人民法院依据《中华人民共和国民法总则》第一百九十五条第三款，《中华人民共和国担保法》第六条、第十二条、第十八条、第二十一条，《中华人民共和国合同法》第八十一条，《最高人民法院关于适用〈中华人民共和国民法典〉有关担保制度的解释》第二十三条第一款，《最高人民法院关于适用〈中华人民共和国民法典〉时间效力的若干规定》第二条，《中华人民共和国民事诉讼法》第一百四十四条之规定，作出如下判决：

一、被告刘某荣等四人于本判决生效之日起十日内偿还第三人纺织公司差欠原告管理咨询中心的欠款2469.67万元、保全保险费2.43万元以及律师代理费65万元，合计2537.1万元。被告刘某荣等四人在履行上述给付金钱义务后，有权向第三人纺织公司追偿；

二、驳回原告管理咨询中心的其他诉讼请求。

刘某荣等四人不服一审判决，提出上诉。江苏省盐城市中级人民法院同意江苏省盐城经济技术开发区人民法院的裁判意见。

江苏省盐城市中级人民法院依照《中华人民共和国民事诉讼法》第一百七十条第一款第一项之规定，作出如下判决：

驳回上诉，维持原判。

【法官后语】

债务人进入破产程序后，债权人可以通过申报债权的方式在破产程序中主张清偿，也可以起诉保证人承担保证责任，两种途径并行不悖。保证人可以就其对债务人的将来追偿权申报债权，债权人未向人民法院申报债权主张破产分配的权利时，如需保证人承担保证责任，若法律不给予其救济途径，保证人的利益将会受损，此时，保证人即可预先行使追偿权。本案诉讼发生于民法典及相关司法解释实施之后，处于新旧法律、司法解释交替之际。债务人进入破产程序后，债权人向债务人申报债权的同时能否向保证人提起诉讼，《最高人民法院关于适用〈中华人民共和国担保法〉若干问题的解释》和《最高人民法院关于适用〈中华人民共和国民法典〉有关担保制度的解释》设置了不同的制度模式，进而保证人以将来追偿权向被保证人（债务人）申报债权（预先行使追偿权）的适用条件也有所不同。本案例指出了《最高人民法院关于适用〈中华人民共和国担保法〉若干问题的解释》规定的不周延和容易引起歧义之处，为《最高人民法院关于适用〈中华人民共和国民法典〉有关担保制度的解释》有关规定的溯及性适用提供了思路，为该规定的普及适用提供了典型案例，并为督促保证人积极有效地行使预先追偿权提供了借鉴。

一、关于保证人预先行使追偿权的适用条件

《中华人民共和国担保法》第三十一条规定：保证人承担保证责任后，有权向债务人追偿。第三十二条规定：人民法院受理债务人破产案件后，债权人未申报债权的，保证人可以参加破产财产分配，预先行使追偿权。这是我国保证人预先行使追偿权的最初法律依据。后《中华人民共和国企业破产法》第五十一条第二款规定：债务人的保证人或者其他连带债务人尚未代替债务人清偿债务的，以其对债务人的将来求偿权申报债权，但是，债权人已经向管理人申报全部债权的除外。该条规定对该制度作了回应和进一步明确。从法律规定和有关研究不难看出，设置保证人预先追偿权的目的，是允许尚未替代债务人承担责任的保证人得以提前行使追偿权，以保护保证人的利益。同时，为了避免债权人利益保护与保证人优先追偿的冲突，该制度的适用前提是债权人“未申报债权”，故债权人的权利救济模式与保证人的预先追偿权制度是一对“天生的”矛盾，预先追偿权制度的优劣需要以对该矛盾的协调解决为衡量标准。

根据《最高人民法院关于适用〈中华人民共和国担保法〉若干问题的解释》第四十四条第一款的规定“保证期间，人民法院受理债务人破产案件的，债权人既可以向人民法院申报债权，也可以向保证人主张权利”来看，尚不能得出债权人能否在申报债权的同时向保证人主张权利的结论。但是，结合第二款的规定“债权人申报债权后在破产程序中未受清偿的部分，保证人仍应当承担保证责任。债权人要求保证人承担保证责任的，应当在破产程序终结后六个月内提出”可以看出，债权人申报债权的，似不能同时向保证人主张权利，而只能在破产终结后另行诉讼，故该规定极易产生歧义，且对债权人的权利保护和保证人预先行使追偿权均不利。此外，若保证人以该条法律规定进行抗辩，只要债权人未在破产程序终结后6个月内向其主张权利，那么即免除保证责任。实际上，破产程序有可能迁延日久，在正常的保证期间内往往无法终结，所以可能会导致债权人在后续的追偿中因超出保证期间而无法实现担保权。尽管本案属于破产受理前，某银行即向刘某荣等四人主张权利而开始计算诉讼时效，不适用《最高人民法院关于适用〈中华人民共和国担保法〉若干问题的解释》第四十四条第二款的规定，但该规定的不足之处由此更显而易见。此外，本案原债权人某银行在保证期间内，未向纺织公司的破产管理人申报案涉债权，当然可向刘某荣等四人主张权利，这一点无论适用新法还是旧法，均没有障碍。

本案的典型意义在于突破适用了民法典及相关司法解释，为新旧法律、司法解释交替之际裁判依据的选择适用提供了新思路。通过该案对有关法律、司法解释的分析可以看出，《最高人民法院关于适用〈中华人民共和国民法典〉有关担保制度的解释》第二十三条、第二十四条，与《中华人民共和国企业破产法》第五十一条一起形成了债权人保障与保证人预先追偿权相得益彰的完备制度。虽然本案发生在《中华人民共和国民法典》及相关司法解释实施之前，但因纺织公司被裁定破产重整长达四年之久，某银行的合法权益严重受损，本案适用民法典的相关规定并未明显减损当事人的合法权益、增加当事人的法定义务或者背离当事人的合理预期，故可以根据《最高人民法院关于适用〈中华人民共和国民法典〉时间效力的若干规定》第二条的规定适用新法，即《最高人民法院关于适用〈中华人民共和国民法典〉有关担保制度的解释》第二十三条第一款的规定：人民法院受理债务人破产案件，债权人在破产程序中申报债权后又向人民法院提起诉讼，请求担保人承担担保责任的，人民法院依法予以支持。本案中，对管理咨询中心而言，申报破产债权与向保证人刘某荣等四人主张权利并行不悖；对刘某荣等四人而言，管理咨询中心未在破产程序中申报债权的，刘某荣等四人可行使预先追偿权申报债权。

二、关于保证人怠于行使预先追偿权的责任承担

保证人行使预先追偿权具有从属性，须以债权人是否申报了破产债权为前提，当债权人实现了债权且保证人承担了保证责任的，才取得实际追偿权。保证人预先追偿权制度中蕴含着兼顾债权人与担保人利益的原则：一方面，债权人不得重复获得清偿。债权人有权同时通过破产程序和向保证人追偿程序实现债权，但不能通过两个程序获得重复、超额清偿。超出债权总额的部分，保证人有权要求债权人返还，《最高人民法院关于适用〈中华人民共和国民法典〉有关担保制度的解释》第二十三条第二款对此作了规定。另一方面，债权人有善意提醒义务。由于在债权申报期限届满之前保证人并不能确定债权人是否申报债权，所以法律赋予了债权人该项通知义务。债权人在明知或应知债务人破产的情况下不申报破产债权，有义务通知保证人，以保障其能够预先行使追偿权，并在未通知保证人时承受相应的不利后果。对该通知义务及不履行的后果，《最高人民法院关于适用〈中华人民共和国民法典〉有关担保制度的解释》第二十三条和《最高人民法院关于适用〈中华人民共和国担保法〉若干问题的解释》第四十五条均有相应规定。

鉴于对自身利益应当高度关注的常理，保证人对于债务人破产、债权人救济方式等重大事项应当给予高度关注，此时债权人的善意通知以推定保证人知晓为已知，因应知而不知甚至已知而装作不知等导致担保人失去行使预先追偿权机会的，不利后果只能由保证人自行负担。

本案中，某银行分别于2017年11月7日向置业公司及刘某荣等四人邮寄《债权申报通知书》，通知其预先行使追偿权进行债权申报，上述邮件均于2017年11月8日分别妥投。且债务人纺织公司及担保人置业公司是关联公司，两个公司的破产管理人是同一单位，刘某荣等四人系债务人纺织公司及担保人置业公司的实际控制人。因此，刘某荣等四人认为其未收到原债权人某银行的《债权申报通知书》，应当在可从纺织公司破产财产中分配到的价款范围内免责的理由，不能成立。

三、关于保证期间与保证债务诉讼时效的关系

保证期间是决定保证债务请求权能否行使的期间，因权利人在保证期间内主张保证责任而作用完结，转而进入保证债务诉讼时效发挥其制度功能。保证期间与保证债务诉讼时效在时间先后上存在衔接关系，债权人在保证期间内向保证人主张保证责任的，若无正当抗辩事由，即开始计算保证债务的诉讼时效，此时，保证期间失效。本案中，案涉债权分别于2017年10月11日及2017年10月27日到期，刘某荣等四人的保证期间至债务到期后满两年之日止。原债权人某银行曾于2017年9月6向盐都法院起诉，应视为债权债务提前到期，保证期间开始计算。

本案的特殊性在于，某银行于2018年2月27日通过在《江南时报》刊登债权转让暨催收联合公告的方式将债权转让的事实通知了纺织公司和刘某荣等四人，故应认定某银行已经在保证期间内向刘某荣等四人主张过权利。此时，保证期间失效，开始计算刘某荣等四人保证债务的诉讼时效。《最高人民法院关于审理涉及金融资产管理公司收购、管理、处置国有银行不良贷款形成的资产的案件适用法律若干问题的规定》第十条规定，原债权银行在全国或省级有影响的报纸上发布的债权转让公告或通知中，有催收债务内容的，该公告或者通知可以作为诉讼时效中断的证据。资产管理公司于2020年8月31日亦通过《江南时报》刊登债权转让暨债务催收联合公告的方式，将案涉债权转让给管理咨询中心，并将债权转让的事实通知了纺织公司和刘某荣等四人。故管理咨询中心作为本案的债权人，已在诉讼时效期间内向刘某荣等四人主张过权利，刘某荣等四人均应承担保证责任。

编写人：江苏省盐城经济技术开发区人民法院　周琳苒　孙静

28

担保人基于合理预期可向反担保人主张债务人破产后代偿利息

——融资担保公司诉温某等保证合同案

【案件基本信息】

1. 裁判书字号

重庆市第五中级人民法院（2021）渝 05 民终 2778 号民事判决书

2. 案由：保证合同纠纷

3. 当事人

原告（上诉人）：融资担保公司

被告（被上诉人）：温某、王某红、温某琴

被告：机械制造公司

【基本案情】

2015 年 9 月 6 日，机械厂与某银行签订了《流动资金贷款合同》。融资担保公司与某银行签订《保证合同》，约定为上述贷款提供保证担保。

2015 年 9 月 2 日，机械厂与融资担保公司签订了《委托担保合同》，约定由融资担保公司为机械厂上述贷款提供连带责任保证。同日，机械厂、机械制造公司、温某、王某红、温某琴与融资担保公司签订了《反担保合同》，约定王某红承担连带责任保证，温某、温某琴提供个人无限连带责任保证担保。反担保范围为代为清偿的全部债务。

后机械厂无力履行还款义务，截至 2018 年 2 月 23 日合计代偿本息 5680673.72 元。机械厂于 2016 年 4 月 25 日向重庆市第五中级人民法院申请破产重整，法院于 2016 年 6 月 21 日裁定受理其破产重整申请并交由重庆市江津区人民法院审理。重庆农商行于2016元12月2日申报债权5192285.56元，法院认定金额为5026000元。

重庆市江津区人民法院于2017年12月14日裁定批准机械厂的重整方案、终止机械厂重整程序。

2019年5月20日，机械厂管理人向融资担保公司出具确认函确认某银行对机械厂的普通债权5026000元由融资担保公司享有。

【案件焦点】

融资担保公司在主债务人破产后代偿的654673.72元利息应否由温某、王某红承担。

【法院裁判要旨】

重庆市江津区人民法院审理后认为，融资担保公司承担保证责任后，有权向主债务人机械厂追偿。2016年6月21日法院裁定受理机械厂破产重整申请，其应付利息应计算至破产时止。机械厂管理人确认某银行享有机械厂的普通债权5026000元由融资担保公司享有，融资担保公司在此范围内向主债务人机械厂追偿。反担保合同约定温某、王某红对上述债务提供反担保承担连带责任保证，反担保合同的担保期间与《保证合同》一致，即保证期间自主合同债务提前到期之日起两年。融资担保公司在保证期间内向温某、王某红主张对主债务人的应偿还责任承担连带清偿责任予以支持。依照《中华人民共和国合同法》第八条、第六十条、第一百零七条、第一百一十四条，《中华人民共和国担保法》第六条、第十八条、第二十一条、第二十六条、第三十一条，《中华人民共和国民事诉讼法》第六十四条第一款之规定，判决如下：

一、温某、王某红在本判决生效后七日内连带向融资担保公司支付代偿的本息4876000元；

二、驳回融资担保公司的其他诉讼请求。

一审宣判后，融资担保公司不服判决，向重庆市第五中级人民法院提出上诉。重庆市第五中级人民法院经审理后认为，本案代偿的法律事实发生并完结于民法典及相关司法解释生效之前，重庆法院既往判决确认主债务人破产后担保人不停止计息，融资担保公司基于此代偿机械厂破产后的利息，符合当事人对既往判决形成的合理预期。

根据《最高人民法院关于适用〈中华人民共和国民法典〉时间效力的若干规定》第一条第二款规定，民法典施行前的法律事实引起的民事纠纷案件，适用当时的法律、司法解释的规定，但是法律、司法解释另有规定的除外。案涉《反担保合同》签订时间为 2015 年 9 月，融资担保公司代偿本息 5680673. 72 元的时间为 2016 年至 2018 年，均发生在《中华人民共和国民法典》施行之前，依照上述规定应适用原《中华人民共和国合同法》及其司法解释等相关规定。

新担保制度司法解释施行后，主债务人破产后，担保人应停止计息。担保人依据法律事实发生时的法律法规及裁判规则代偿债务人破产后的利息，符合法律合理预期的应予支持。重庆市第五中级人民法院依照《中华人民共和国民事诉讼法》第一百七十条第一款第二项规定，判决如下：

一、撤销重庆市江津区人民法院（2020）渝 0116 民初 915 号民事判决；

二、温某、王某红在本判决生效后七日内连带向融资担保公司支付代偿的本息 5530673. 72 元；

三、驳回融资担保公司的其他诉讼请求。

【法官后语】

《最高人民法院关于适用〈中华人民共和国民法典〉有关担保制度的解释》施行后，主债务人破产后，担保人应停止计息。担保人依据法律事实发生时的法律法规及裁判规则代偿债务人破产后的利息，符合法律合理预期的应予支持。本案中，融资担保公司代偿机械厂破产后的利息 654673. 72 元，符合当时法律规定和判决形成的合理预期，温某、王某红应对该部分金额承担连带清偿责任。

首先，融资担保公司向温某、王某红主张已经代偿款项符合《反担保合同》约定。《反担保合同》约定，温某、王某红就融资担保公司代为清偿的全部债务及代偿资金占用费承担连带清偿责任。因机械厂无力履行还款义务，截至 2018 年 2 月 23 日融资担保公司合计代偿本息 5680673. 72 元。融资担保公司依据上述金额向温某、王某红主张反担保责任，符合反担保约定，温某、王某红应承担相应反担保责任。

其次，案件法律适用应以法律事实的发生时间为基准。法律事实是法律适用的基础，是适用新法还是旧法的前提。2018 年 2 月 23 日，融资担保公司已完成所有本息的代偿，此时本案所涉法律事实已完成。当时法律法规未规定主债务人破产后，担保人应停止计息。2021 年 1 月 1 日起施行的《最高人民法院关于适用〈中华人民共和国民法典〉有关担保制度的解释》第二十二条规定，人民法院受理债务人破产案件后，债权人请求担保人承担担保责任，担保人主张担保债务自人民法院受理破产申请之日起停止计息的，人民法院对担保人的主张应予支持。上述司法解释施行于本案二审期间，原则上应当适用。但《最高人民法院关于适用〈中华人民共和国民法典〉时间效力的若干规定》第三条规定，民法典施行前的法律事实引起的民事纠纷案件，当时的法律、司法解释没有规定而民法典有规定的，可以适用民法典的规定，但是明显减损当事人合法权益、增加当事人法定义务或者背离当事人合理预期的除外。前述两款法条之间存在分歧，本案适用哪一法条应以融资担保公司代偿时是否具有合理预期作为判断依据。

最后，融资担保公司代偿破产后利息符合当时裁判规则形成的合理预期。融资担保公司二审提交 2021 年 1 月 1 日《最高人民法院关于适用〈中华人民共和国民法典〉有关担保制度的解释》施行之前其作为当事人所涉的债务人破产后，担保人不停止计息的相关判决。在上述司法解释实施之前，重庆市江津区人民法院均判决债务人破产停止计息不适用担保人，债权人有权向担保人追偿破产后的利息。故融资担保公司在机械厂破产后，仍代偿破产后利息，该行为符合当时裁判规则所确认的合理预期，该合理预期符合公平正义和人们日常经验法则的认知，理应得到司法保护。

编写人：重庆市第五中级人民法院　郝绍彬　王秦

29

一般保证人在保证期间内向债权人部分清偿的行为不应推定为以实际行动放弃先诉抗辩权

——赵某诉蒋某、杨某某借款及保证合同案

【案件基本信息】

1. 裁判书字号

江苏省无锡市中级人民法院（2021）苏 02 民终 2152 号民事判决书

2. 案由：借款及保证合同纠纷

3. 当事人

原告（上诉人）：赵某

被告（被上诉人）：蒋某

被告：杨某某

【基本案情】

2019 年 9 月 9 日，蒋某向赵某借款并出具借条一份，载明："今借到赵某汇款人民币叁拾万元整，双方约定月利息 2 分，按月支付利息 6000 元整，借款期限为 6 个月。"蒋某、杨某某在借条上签名，杨某某在借条上备注："如蒋某还不清，有（由）我来还。"同年 9 月 12 日，赵某交付 30 万元现金给蒋某。双方对于保证期间没有明确约定。赵某在主债务履行期限届满之日起六个月内未对蒋某、杨某某提起过诉讼或者申请过仲裁。

借款到期后，蒋某未偿还过款项，杨某某偿还了 12.2 万元，具体为：2020 年 4 月 3 日现金还款 3 万元、6 月 3 日现金还款 3 万元、7 月 9 日微信还款 1 万元、7 月 10 日微信还款 1.5 万元、7 月 13 日微信还款 0.5 万元、8 月 23 日微信

还款 0.8 万元、9 月 1 日微信还款 0.7 万元、9 月 14 日微信还款 1 万元、10 月 3 日微信还款 0.4 万元、10 月 5 日微信还款 0.1 万元、10 月 8 日微信还款 0.2 万元。赵某确认杨某某的上述还款系偿还借款本金。赵某认为杨某某还款的行为表明了保证期间没有超过；杨某某认为其为蒋某提供担保妻子并不知情，后来赵某一直到其店里进行催要，其为了息事宁人、少点争端才陆续向赵某还款，但之后其老婆知道了这个事情，其就再也没有还过款项。

【案件焦点】

一般保证人在保证期间内向债权人部分清偿是否应推定为以实际行动放弃先诉抗辩权。

【法院裁判要旨】

江苏省宜兴市人民法院经审理认为：双方对于保证期间没有约定，故涉案保证期间应为主债务履行期限届满之日起六个月。按照借条关于借期的约定，主债务履行期限届满之日应为 2020 年 3 月 12 日，故保证期间应从 2020 年 3 月 12 日起计算六个月即至 2020 年 9 月 12 日。由于保证期间属于除斥期间，不因任何事由发生中断、中止、延长的法律后果，赵某在前述保证期间内未对蒋某、杨某某提起过诉讼或者申请过仲裁，杨某某作为一般保证人享有先诉抗辩权，杨某某在保证期间届满后的自愿还款行为亦不能导致保证期间发生中断、中止、延长，故杨某某不再承担保证责任。

江苏省宜兴市人民法院依照《中华人民共和国民法典》第六百七十五条、第六百八十七条、第六百九十二条、第六百九十三条之规定，作出如下判决：

一、蒋某归还赵某借款 17.8 万元并承担利息；

二、驳回赵某的其他诉讼请求。

赵某不服一审判决，提出上诉。江苏省无锡市中级人民法院经审理认为：赵某在借款到期后并未就其与蒋某之间的借款纠纷提起诉讼，而是直接向杨某某主张保证权利，此时杨某某基于其享有的先诉抗辩权有权拒绝向赵某承担保证责任。《中华人民共和国担保法》第十七条第三款第三项规定，一般保证人可以书面形式放弃先诉抗辩权。该条款规定放弃先诉抗辩权必须明示，司法实践不得以推定等方式认定默示放弃。即使杨某某向赵某还款，但是其作为保证人所享有的拒绝承担保证责任的先诉抗辩权并未消灭，保证期间应继续计算。因借款合同约定借款期限但未约定保证期间，故涉案保证期间应在2020年9月12日届满，保证期间已经经过并产生保证责任免除的法律后果。杨某某在保证期间届满后虽归还部分借款，但并未与赵某订立新的保证合同或向其明确表示愿意继续承担保证责任，此时杨某某的还款行为在法律上构成第三人向债权人代为履行，而不是产生保证人承担保证责任的后果。赵某关于杨某某的还款行为应视为其主张过保证权利、杨某某应承担保证责任的上诉意见，仅适用于连带责任保证情形，于本案一般保证并不适用，法院不予采纳。

江苏省无锡市中级人民法院依照《中华人民共和国民事诉讼法》第一百七十条第一款第一项之规定，判决如下：

驳回上诉，维持一审判决。

【法官后语】

一般保证人享有先诉抗辩权，只有在主债务人经强制执行仍不能偿还到期债务后，一般保证人才应当履行债务或承担保证责任。《中华人民共和国民法典》第六百八十七条第二款规定了“债务人下落不明，且无财产可供执行”“债务人破产”“债务人的财产不足以履行全部债务或者丧失履行债务能力”“保证人书面表示放弃”四种先诉抗辩权阻却事由。但实践中还存在其他非典型情形，如一般保证人在保证期间内仍享有先诉抗辩权的情形下，向债权人履行了部分保证义务，一般保证人部分清偿的行为能否视为其以实际行动放弃先诉抗辩权，债权人能否要求一般保证人履行全部主债务，司法实务存在争议。一种观点认为，一般保证人的实际履行行为表明其同意承担保证责任，从意思表示解释角度应当解释为其放弃了先诉抗辩权，产生与书面放弃先诉抗辩权相同的效果，应作相同处理。[①] 另一种观点认为，保证人放弃先诉抗辩权必须采用书面形式，否则应当认为没有放弃的意思表示，实际履行行为排除在法律条文所明定的先诉抗辩权阻却事由之外，司法实践不应作扩大解释。[②] 本案判决采纳了第二种观点，具体理由阐述如下：

一、从法条文义分析，以书面形式放弃先诉抗辩权规定明确且无扩大解释空间

从《中华人民共和国担保法》第十七条第三款第三项规定“保证人以书面形式放弃”，到《中华人民共和国民法典》第六百八十七条第二款第四项规定“保证人书面表示放弃”，均要求保证人书面放弃，不存在口头、行为等其他方式放弃的解释空间。保证合同是要式合同，其成立必须采取书面形式，因此保证人放弃先诉抗辩权也必须采用书面形式，否则应当认为没有放弃的意思表示。“保证人放弃或怠于行使其先诉抗辩权，表示同意承担保证责任”的观点是对法条的扩大解释，既违背法律关于要式行为的法定要求，也与先诉抗辩权乃是一种“对抗权”，以债权人对一般保证人合法行使请求权为前提的基本法理不符。先诉抗辩权是向保证人倾斜的制度，目的是保障提供单务、无偿担保的保证人一方的利益。《中华人民共和国民法典》允许保证人对自身权利予以限制甚至抛弃，但是应当建立在书面且无歧义的前提下，如此才符合先诉抗辩权保护保证人的制度目的。

二、从权利放弃必须明示分析，不应推定保证人以行为放弃先诉抗辩权

《中华人民共和国民法典》第一百四十条规定：“行为人可以明示或者默示作出意思表示。沉默只有在有法律规定、当事人约定或者符合当事人之间的交易习惯时，才可以视为意思表示。”因民事权利的放弃对权利人产生重大影响，不应在无明确法律规定或者无特别约定的情况下，推定当事人放弃权利。对影

---

① 最高人民法院民事审判第二庭主编：《最高人民法院民法典担保制度司法解释理解与适用》，人民法院出版社 2021 年版，第 317 页。

② 李国光、高圣平：《担保法及配套规定新释新解》，人民法院出版社 2006 年版；最高人民法院民法典贯彻实施工作领导小组主编：《中华人民共和国民法典合同编理解与适用（二）》，人民法院出版社 2020 年版，第 1317~1318 页。

响权益的重大事项采取明示方式，广泛反映在《中华人民共和国民法典》及其司法解释中，如连带责任保证须有明确约定，向部分共同保证人主张权利不及于全部保证人，共同保证人相互追偿权必须明确约定，保证期间届满后保证人重新确认保证责任必须明示等。缺少书面形式时保证人的内心意思，既有可能是放弃抗辩权，也有可能是代为清偿，甚至是为了修复社交关系不具法效意思的情谊行为。在保证人没有明确表明放弃先诉抗辩权，也没有意识到其部分还款行为法律后果时，不能因保证人存在部分还款行为就认定其存在“默示放弃”“全部放弃”权利的意思表示。

三、从利益衡量角度分析，适用第三人代为履行规则能够平衡保护各方利益

首先，在一般保证人部分履行时，要求债权人取得保证人放弃权利、同意承担保证责任的书面文件，并未加重债权人的负担，也有助于督促债权人及时通过诉讼、仲裁等方式行使权利，杜绝不必要的争议。其次，因保证期间内存在先诉抗辩权，此时并不存在法律意义上的保证责任，一般保证人的部分清偿实质上属于第三人代为履行。一般保证人对于代为履行具有合法利益，不违反《中华人民共和国民法典》第五百二十四条“第三人对履行该债务具有合法利益的，第三人有权向债权人代为履行”的规定。根据代为履行原理，债权人保留履行利益不构成不当得利，但不得向一般保证人主张剩余债权，而一般保证人部分清偿后依据“法定债权转让”承受了债权人的权利，可向主债务人追偿。如此便解决了“一般保证人只就已经履行部分放弃先诉抗辩权，没有履行的部分没有放弃先诉抗辩权”的解释难题，对债权人、保证人以及债务人的利益进行平衡保护。

需要注意的是，本案裁判观点仅适用于一般保证情形，连带责任保证中，保证人不享有先诉抗辩权，保证人的还款行为可以证明债权人主张过权利事实，保证人即应承担保证责任。

编写人：江苏省无锡市中级人民法院　卢文兵　张朴田

30

债务人公司注销时，一般保证的保证人丧失先诉抗辩权

——赵某诉赵某莉保证合同案

【案件基本信息】

1. 裁判书字号

北京市海淀区人民法院（2020）京 0108 民初 45936 号民事判决书

2. 案由：保证合同纠纷

3. 当事人

原告：赵某

被告：赵某莉

【基本案情】

2019 年 8 月 8 日，赵某（甲方，委托方）与资产管理公司（乙方，受托方，）签订《委托个人出借咨询与服务合同》，约定，甲方委托乙方向甲方推荐借款人，同时委托乙方寻找债权受让人，并在征得甲方同意后将其债权向第三方转让资金；出借金额为 10 万元，意向出借日期为 2019 年 8 月 8 日，到期回收日期为 2020 年 8 月 8 日；对于甲方出借资金，其预期年化收益率为 10%。该《委托个人出借咨询与服务合同》落款处，赵某莉（资产管理公司的法定代表人及股东）以担保人的身份手写注明“此合同到期公司若不能兑现，本人愿承担兑付责任”。

2020 年 6 月 9 日，赵某莉作为清算组负责人申请注销资产管理公司，北京市海淀区市场监督管理局于 2020 年 7 月 1 日核定准予注销该公司。

诉讼中，对于主债务人资产管理公司欠债权人赵某 10 万元以及利息，赵某

莉并无异议。赵某莉辩称，本案是保证合同纠纷，自己仅为一般保证人，赵某应先起诉资产管理公司，而资产管理公司已注销，赵某在资产管理公司公告注销时并未申报债权。

【案件焦点】

在债务人公司办理注销登记的情况下，一般保证的保证人是否丧失先诉抗辩权。

【法院裁判要旨】

北京市海淀区人民法院经审理认为：本案属于《中华人民共和国民法典》（以下简称《民法典》）施行前的法律事实引起的民事纠纷案件，适用当时的法律、司法解释的规定。

《中华人民共和国担保法》（以下简称《担保法》）第十七条第一款规定："当事人在保证合同中约定，债务人不能履行债务时，由保证人承担保证责任的，为一般保证。"本案中，赵某莉在《委托个人出借咨询与服务合同》中书写的内容为"此合同到期公司若不能兑现，本人愿承担兑付责任"，因此，其提供的担保类型属于一般保证。

《担保法》第十七条第二款、第三款规定："一般保证的保证人在主合同纠纷未经审判或者仲裁，并就债务人财产依法强制执行仍不能履行债务前，对债权人可以拒绝承担保证责任。有下列情形之一的，保证人不得行使前款规定的权利：（一）债务人住所变更，致使债权人要求其履行债务发生重大困难的；（二）人民法院受理债务人破产案件，中止执行程序的；（三）保证人以书面形式放弃前款规定的权利的。"同时，《最高人民法院关于适用〈中华人民共和国担保法〉若干问题的解释》（以下简称《担保法解释》）第二十五条规定："担保法第十七条第三款第（一）项规定的债权人要求债务人履行债务发生的重大困难情形，包括债务人下落不明、移居境外，且无财产可供执行。"可以看出，上述关于先诉抗辩权丧失的具体情形，并未涵盖本案中债务人已经办理注销登记的情况。

《民法典》第六百八十七条第二款规定："一般保证的保证人在主合同纠纷未经审判或者仲裁，并就债务人财产依法强制执行仍不能履行债务前，有权拒绝向债权人承担保证责任，但是有下列情形之一的除外：……（三）债权人有证据证明债务人的财产不足以履行全部债务或者丧失履行债务能力……"可以看出，在"债权人有证据证明债务人的财产不足以履行全部债务或者丧失履行债务能力"情况下，一般保证人的先诉抗辩权丧失，这是一条新增规定。

法院认为，应适用上述《民法典》有关"债权人有证据证明债务人的财产不足以履行全部债务或者丧失履行债务能力"的新增规定，认定赵某莉作为一般保证人已经丧失先诉抗辩权。这是因为，赵某莉自书承担兑付责任的前提为资产管理公司"不能兑现"债务，现资产管理公司已办理注销登记，主体资格已灭失，履行债务的能力亦丧失，由赵某莉承担责任，未减损其合法权益或增加其法定义务。而且，赵某莉作为资产管理公司的法定代表人及持股100%的股东，在明知资产管理公司对赵某负有债务的情况下，未履行通知义务即径行注销公司，主观上负有过错，在赵某莉同时作为一般保证人的情况下，认定其丧失先诉抗辩权，系立法应有之义，亦符合双方当事人的合理预期。

北京市海淀区人民法院依照《民法典》第六百八十七条第二款第三项，《担保法》第十七条第一款、《担保法解释》第二十五条，《最高人民法院关于适用〈中华人民共和国民法典〉时间效力的若干规定》第一条第二款、第三条之规定，作出如下判决：

赵某莉于判决生效之日起十日内向赵某支付10万元及相应利息（以10万元为计算基数，自2020年10月1日至实际付清之日，按年息10%计算）。

判决后，双方当事人均未上诉，本判决现已生效。

【法官后语】

所谓先诉抗辩权，是指在主合同纠纷未经审判或者仲裁，并就债务人财产依法强制执行仍不能履行债务前，保证人对债权人可以拒绝承担保证责任。该案中，债务人资产管理公司已办理注销登记，赵某莉作为一般保证人，其是否丧失先诉抗辩权系案件审理重点，此涉及对《民法典》新增规定的理解以及溯及适用的问题。对此，笔者认为：

第一，《担保法》及《担保法解释》对于“债务人注销”情形下一般保证人是否丧失先诉抗辩权的问题未作规定。

因该案属于《民法典》施行前的法律事实引起的民事纠纷案件，故适用当时的法律、司法解释的规定。根据《担保法》第十七条第二款、第三款，以及《担保法解释》第二十五条的规定，一般保证的保证人享有先诉抗辩权，但下列情形中除外：1. 债务人住所变更，致使债权人要求其履行债务发生重大困难的；2. 人民法院受理债务人破产案件，中止执行程序的；3. 保证人以书面形式放弃前款规定的权利的；4. 债务人下落不明、移居境外，且无财产可供执行的。可以看出，上述关于先诉抗辩权丧失的具体情形，并未涵盖该案中债务人办理注销登记的情况。

第二，《民法典》针对上述问题新增了可据以适用的规定。

《民法典》第六百八十七条第二款规定：“一般保证的保证人在主合同纠纷未经审判或者仲裁，并就债务人财产依法强制执行仍不能履行债务前，有权拒绝向债权人承担保证责任，但是有下列情形之一的除外……（三）债权人有证据证明债务人的财产不足以履行全部债务或者丧失履行债务能力……”可以看出，在“债权人有证据证明债务人的财产不足以履行全部债务或者丧失履行债务能力”情况下，一般保证人的先诉抗辩权丧失，这是一条新增规定。

一般保证的保证人之所以享有先诉抗辩的权利，是因为债务人是第一债务人，保证人是第二债务人。只有在第一债务人的财产不足以履行债务的情况下，才能要求保证人履行保证义务。因此，上述规定填补了此前的法律空白。该案中，资产管理公司作为债务人，已依法向公司登记机关办理完成注销登记，意味着其主体资格已灭失，履行债务的能力当然丧失，故应属“债务人丧失履行债务能力”的情形。因此，若因《民法典》施行后法律事实引起的此类民事纠纷，可直接适用该项规定予以裁判，但该案能否适用，还需考虑新法的溯及力问题。

第三，上述《民法典》的新增规定具有溯及力。

《最高人民法院关于适用〈中华人民共和国民法典〉时间效力的若干规

定》第三条规定："民法典施行前的法律事实引起的民事纠纷案件，当时的法律、司法解释没有规定而民法典有规定的，可以适用民法典的规定，但是明显减损当事人合法权益、增加当事人法定义务或者背离当事人合理预期的除外。"

法律所要保护的当事人预期是当事人的合理预期，此并非指一方的主观意愿，亦非指双方一致的"合谋"，而是根据行为发生时客观的法律文化背景形成的明确、稳定的合法预期。一般保证的保证人在对外提供保证时，明知其系债务人之外的第二顺位义务人，在债务人丧失履行能力的情况下，并无合理理由逃避责任。《民法典》第六百八十七条第二款第三项虽然是新增规定，但是符合法理的应有之义，符合人们日常经验法则的认知，故适用该规定并不会损害保证人的合法权益或增加其法定义务。

该案对《民法典》的新增规定予以溯及适用，一方面解决了无法律可以适用的难题，另一方面维护了裁判尺度的统一，一般保证的保证人作为案件败诉方亦表示服判息诉，实现了良好的裁判效果。

编写人：北京市海淀区人民法院　王哲　王雅婷

31

"借新还旧"中，最高额反担保人的担保责任

——融资担保公司诉韦某武、余某梅追偿权案

【案件基本信息】

1. 裁判书字号

广西壮族自治区柳州市鱼峰区人民法院（2021）桂 0203 民初 6069 号民事判决书

2. 案由：追偿权纠纷

3. 当事人

原告：融资担保公司

被告：韦某武、余某梅

【基本案情】

2017年7月22日，融资担保公司（保证人、甲方）与韦某武（委托人、乙方）签订《最高额委托担保合同》一份，约定：甲方同意为乙方向银行通过互联网公司发放借款的出借人等申请授信提供连带责任保证；委托担保的最高债权为150000元，在该限额内，在本金不超过上述限额的前提下，乙方对已清偿的本金额度可申请循环使用，经双方认可，韦某武可向授信机构申请应急资金来清偿债务，则该期间内融资担保公司为韦某武担保的最高额债权余额可超过约定的最高限额；该金额仅为主债权的最高限额，保证合同中约定的利息、逾期利息、罚息等，均为乙方委托甲方担保的范围；债权发生期间自2017年8月18日至2020年8月17日止；双方还就其他事项作出了约定。

同日，余某梅与融资担保公司签订《最高额保证反担保合同》，约定余某梅以连带责任保证方式就韦某武在上述《最高额委托担保合同》中应承担的责任和义务向融资担保公司提供连带保证反担保。保证范围包括债权本金以及债权人为实现债权所产生的催收费用，包括但不限于诉讼费、保全费、律师代理费等以及主合同约定的违约金、利息等。保证期限为融资担保公司为韦某武代偿之日起二年内。

2018年11月8日，韦某武向广西金投互联网金融服务平台发布145000元的借款申请信息，并于2019年1月15日从该互联网金融平台提取借款145000元（借款期限12个月，年利率5.5%，自2019年1月9日起息，按季付息，到期还本）。在借款过程中，韦某武未按时还本付息，融资担保公司于2019年7月27日代偿利息1988.2元，于2019年10月29日代偿利息2010.13元，于2020年1月17日代偿借款本金145000元以及利息1813.49元，合计150811.82元。广西金投互联网金融服务有限公司于2020年1月17日向融资担保公司出具《代偿证明》，载明融资担保公司已代韦某武清偿借款本息，该笔借款的担保责任解除。

融资担保公司与韦某武均表示，双方签订《最高额委托担保合同》之后，韦某武在全投互联网金融服务平台共借款二次，并以新贷还旧贷的形式进行第二次借款，本案所涉代偿款系第二次借贷关系所产生的追偿权纠纷。

韦某武认为其是以新贷还旧贷的形式进行的第二次借款，余某梅并不知情，不应对该笔借款承担连带保证反担保责任，余某梅未到庭应诉。

【案件焦点】

余某梅是否应对韦某武所负债务承担反担保责任。

【法院裁判要旨】

广西壮族自治区柳州市鱼峰区人民法院经审理认为：本案是由最高额保证担保方式所产生的追偿权纠纷。最高额保证担保是指保证人为债务人在一定期间连续发生的债务，在最高额范围内提供保证的担保方式，该债务在签订时是不确定的，所担保的主合同有可能只有一个，也可能产生多个主合同，其间某一个主合同的完成并不影响最高额保证合同的效力，以在约定的期间届满时即决算日实际存在的债务为准。本案中，融资担保公司在150000元本金的授信范围内为韦某武提供保证担保，而韦某武所陈述的两笔借款均在最高额保证担保约定的期间内发生。同时，本案实际债权余额本金为145000元，并未超出合同约定的最高额限度。融资担保公司作为连带保证人，代偿借款本息150811.82元，是履行《最高额委托担保合同》约定的义务，根据《中华人民共和国担保法》第三十一条的规定，融资担保公司有权向被告韦某武进行追偿。关于余某梅是否应对本案韦某武所负债务承担反担保责任的问题，余某梅与融资担保公司签订《最高额保证反担保合同》，为韦某武履行《最高额委托担保合同》义务与责任向融资担保公司提供连带责任保证。融资担保公司主张余某梅为韦某武本案所负债务承担连带清偿责任，有事实和法律依据，应予以支持。

广西壮族自治区柳州市鱼峰区人民法院依照《中华人民共和国合同法》第一百零七条、第一百一十四条，《中华人民共和国担保法》第四条、第十八条、第三十一条，《中华人民共和国民事诉讼法》第一百四十四条，《最高人民法院关于适用〈中华人民共和国民法典〉时间效力的若干规定》第一条第二款，参照《最高人民法院关于审理民间借贷案件适用法律若干问题的规定》第二十五条之规定，作出如下判决：

一、被告韦某武支付原告融资担保公司代偿款150811.82元并支付利息（截至2021年6月20日的利息为32909.20元，另自2021年6月21日起，以实际尚欠的代偿款为基数，按照全国银行间同业拆借中心公布的一年期贷款市场报价利率的四倍计至代偿款实际清偿之日止）；

二、被告余某梅对被告韦某武的上述债务承担连带清偿责任，被告余某梅清偿债务后可向被告韦某武进行追偿。

判决后，双方当事人均未上诉，本判决现已生效。

【法官后语】

本案是涉及“借新还旧”情形时，对最高额反担保人如何承担反担保责任的典型案例。

“借新还旧”是指借款人在旧的贷款尚未清偿的情况下，再次申请贷款以新贷出的款项清偿部分或者全部旧的贷款。“借新还旧”的操作模式，主要存在于金融机构中。其产生的原因，一是部分借款人迫于资金压力，无力偿还到期贷款，而采取“借新还旧”方式降低贷款成本；二是部分金融机构基于考核、监管压力，欲降低不良贷款率，使得账面上符合监管要求。在此情形下，虽然新贷借款人并未实际收到贷款人发放的款项，但“借新还旧”仍属于当事人的真实意思表示，且对借贷双方的权益并无损害，故从法律上仍认可新贷合同的效力，但是当事人采取此种方式处理债权债务关系，对担保人而言却存在较大影响。“借新还旧”所呈现的现实状态是借贷双方对借款用途的变更，而这一行为有可能增加担保人承担担保责任的风险，加重担保人的担保义务。《最高人民法院关于适用〈中华人民共和国担保法〉若干问题的解释》（已失效）第三十九条对新贷偿还旧贷时保证人责任的承担问题作出了规定。《最高人民法院关于适用〈中华人民共和国民法典〉有关担保制度的解释》第十六条沿袭了该规定的基本精神，将前述规则扩展至所有的担保形式，并分情形进行考量。上述司法解释，以民事法律关系中的自愿原则为基本，兼顾利益平衡，对处理“借新还旧”情形下，担保人如何承担担保责任的问题作出了指引。民事主体从事民事活动，有权按照自己的意思设立、变更、终止民事法律关系，而探究民事主体的意思表示可以通过明示、推断等方式予以确定。反担保是为担保人对债务人的追偿权而设定，本质上是一种意定的担保方式，更应该遵循自愿原则，同时也适用民法典担保制度的相关规定。在确定最高额反担保人的担保责任问题上，应探究当事人的真实意思表示，并结合最高额担保的特征综合予以认定。

最高额担保是担保人为债务人在一定期间、连续发生的不特定债务，在最高额范围内向债权人提供担保的方式，该债务在签订时是不确定的，所担保的主合同可能只有一个，也可能有多个。实践中，“借新还旧”的情形有时发生于该期间，如旧贷发生于约定期间前，新贷发生于约定期间内，旧贷与新贷的担保人不一致，或者旧贷无担保新贷有担保的，为了确保担保人对风险有所了解，债权人需要举证证明担保人提供担保时对“借新还旧”的事实知道或者应当知道。如旧贷与新贷均发生于约定期间内，因债务更新，新债设立后，旧债即消灭，新债的产生并未超出担保人的预期，且旧贷的担保人与新贷的担保人相同，从效果上看，并未加重担保人的负担，故该情形不影响最高额担保人承担担保责任。另根据自愿原则，当事人之间可以约定最高额担保排除或者适用某一情形，比如明确约定排除或适用于“借新还旧”的情形，此时，法院应当尊重当事人对自身权利的处分。具体到本案中，融资担保公司与韦某武在《最高额委托担保合同》中明确约定韦某武可向授信机构申请应急资金来清偿债务，即双方以明示方式约定适用于“借新还旧”的情形。

最高额反担保也兼有最高额担保期间固化、债权额度限定以及债权不确定性等特征。在认定“借新还旧”情形下，最高额反担保人的反担保责任的问题上，亦可从上述因素综合考虑予以确定。应当明确的是反担保所担保的对象是担保人对债务人的追偿权，而非主合同债务，反担保人按照反担保合同的约定在担保人实际承担责任的范围内承担反担保责任。

本案中，旧贷与新贷均发生于最高额反担保的约定期间，旧贷的反担保人与新贷的反担保人相同，且从效果上看，并未加重反担保人的负担，故“借新还旧”情形不影响最高额反担保人承担反担保责任；另《最高额保证反担保合同》虽未明确约定排除或适用于“借新还旧”情形，但反担保人在签订《最高额保证反担保合同》时，《最高额委托担保合同》届已存在，《最高额保证反担保合同》亦明确约定反担保人所承担的担保范围是基于《最高额委托担保合同》所产生，此为合同的最主要条款，余某梅作为反担保人，应对《最高额委托担保合同》的约定有所了解，故可推定其对债务人与担保人关于“借新还旧”的约定应当知道，余某梅应按约承担反担保责任。

编写人：广西壮族自治区柳州市鱼峰区人民法院　蒙海芬

32

共同保证人之间追偿的顺序和范围

——王某勤诉杨某丽等追偿权案

【案件基本信息】

1. 裁判书字号

福建省沙县人民法院（2021）闽0427民初25号民事判决书

2. 案由：追偿权纠纷

3. 当事人

原告：王某勤

被告：杨某丽、杨某、杨某宁

【基本案情】

2014年7月，杨某丽、杨某因资金周转需要，向案外人陈某煌借款500000元，约定借款月利率2%，并由王某勤、杨某宁提供连带责任保证。借款期限届满后，因杨某丽、杨某未及时支付借款本息，陈某煌向三明市三元区人民法院起诉。2016 年 10 月 25 日，经三元区人民法院主持调解，各方达成调解协议，杨某丽、杨某尚欠陈某煌借款本金 500000 元及利息 115000 元，该款杨某丽、杨某于 2017 年 4 月 30 日前一次性付清，并于 2017 年 4 月 30 日前支付陈某煌财产保全费 4270 元及律师代理费 14000 元。杨某宁、王某勤对杨某丽、杨某上述债务承担连带清偿责任。

调解结案后，因杨某丽、杨某未依约履行，陈某煌申请强制执行。2018 年 1 月 19 日，陈某煌出具收条，确认收到王某勤 30000 元。2019 年 12 月 1 日，王某勤通过杨某丽账户向陈某煌代偿 30000 元。2020 年 5 月 22 日，陈某煌与王某勤在三元区人民法院签订和解协议，约定王某勤自愿归还陈某煌本息合计 802800 元，该款于 2020 年 6 月 30 日前归还 400000 元，余款 402800 元在 2020 年 10 月 1 日前付清。2020 年 10 月 21 日，三明市三元区人民法院出具结案证明，确认王某勤已经完成和解协议所约定的义务，案件已执行完毕。三明市三元区人民法院执行局于 2021 年 2 月 24 日出具执行情况说明，确认杨某宁代杨某丽、杨某向案外人陈某煌清偿 67500 元。

王某勤认为，杨某宁作为连带责任保证人，理应承担相应的代偿责任，故诉至法院，要求判如所请。

杨某丽、杨某未作答辩。

杨某宁辩称，其已代杨某丽、杨某向陈某煌偿还了 67500 元；王某勤与陈某煌单方面签订的执行和解协议，杨某宁并不知情，王某勤代偿数额超出了应偿还范围。

【案件焦点】

共同保证人之间追偿的顺序和范围如何确定。

【法院裁判要旨】

福建省沙县人民法院经审理认为：保证人承担保证责任后，有权向债务人追偿。王某勤承担保证责任后代杨某丽、杨某向案外人陈某煌清偿 862800 元，有权向杨某丽、杨某追偿。王某勤主张杨某丽、杨某偿还代偿款862800元的诉讼请求，予以支持。杨某宁辩称王某勤与案外人陈某煌签订的执行和解协议未经其同意，代偿数额超出责任范围，损害其合法权益，本院认为，根据三元区人民法院生效的民事调解书，杨某丽、杨某、王某勤、杨某宁均是生效法律文书确认的付款义务人，在案件进入执行程序后，在杨某丽、杨某、杨某宁无法履行的情况下，王某勤与债权人在法院达成执行和解协议系履行法定的付款义务，且付款总额未超出调解书确定的范围，故其上述行为合法正当，并未超出担保范围承担责任，杨某宁关于王某勤代偿数额超出责任范围的辩解，不予采纳。王某勤、杨某宁系连带共同保证人，连带共同保证的保证人承担保证责任后，向债务人不能追偿的部分，由各连带保证人按内部约定的比例承担。没有约定的，平均分担。王某勤、杨某宁偿还案外人陈某煌共计930300元，此款应由二人平均分担。故对于杨某丽、杨某不能追偿的部分，杨某宁应在397650元（930300÷2−67500）限额内承担清偿责任。杨某丽、杨某在王某勤代为清偿债务后，未及时向王某勤承担清偿责任，应支付王某勤资金占用利息，王某勤于2020年10月9日代偿完毕，利息应自当日起算。因杨某宁在杨某丽、杨某不能清偿情况下承担补充清偿责任，故王某勤要求杨某宁对代偿本息承担连带责任的诉讼请求，不予支持。判决如下：

一、杨某丽、杨某应于本判决生效之日起十日内偿还王某勤代偿款862800元；

二、杨某宁应就上述第一项债务对杨某丽、杨某不能清偿部分在397650元的限额内向王某勤承担清偿责任；杨某宁在承担清偿责任后，有权向杨某丽、杨某追偿；

三、杨某丽、杨某应于本判决生效之日起十日内按照全国银行间同业拆借中心公布的一年期贷款市场报价利率支付王某勤从2020年10月9日起至实际还款之日止的利息；

四、驳回王某勤的其他诉讼请求。

判决后，双方当事人均未上诉，本判决现已生效。

【法官后语】

本案涉及共同保证人之间追偿的顺序和范围两个问题。

一、保证人向债务人追偿的范围

不论是《中华人民共和国担保法》第三十一条，还是《中华人民共和国民法典》（以下简称《民法典》）第七百条对于保证人追偿权的规定，都仅规定了保证人有权在其承担保证责任的范围内向债务人追偿，但是没有规定可追偿的范围是否包含利息损失或者其他因履行责任而支出的必要费用。司法实践中关于利息损失的计算一般有两种，一种是判决从起诉之日起支付，另一种是从代偿之日起支付。笔者认为，从保证人代偿之日起保证人享有债权人对债务人的权利，债务人不能及时向保证人偿还代垫款项，给保证人造成了资金占用损失，保证人有权自代偿之日起按照一年期贷款市场报价利率要求债务人支付利息。

二、共同保证中，保证人追偿时其他保证人承担责任的顺序和范围

1. 其他保证人承担责任的顺序，即其他保证人承担的是连带清偿责任还是补充清偿责任。在保证人追偿权纠纷案件中，保证人之间互相追偿的判决五花八门，在债务人是否应作为必要共同被告、其他保证人承担连带清偿责任还是补充清偿责任这两个问题上意见不一。部分法院以《中华人民共和国担保法》第十二条为依据，认为其他保证人承担连带清偿责任，未主动追加债务人作为共同被告，仅判决其他保证人承担清偿责任；部分法院以《最高人民法院关于适用〈中华人民共和国担保法〉若干问题的解释》第二十条第二款为依据，认为应依职权追加债务人作为共同被告，判决其他保证人承担补充清偿责任。对此，笔者认为，《民法典》及担保解释出来后已经明确承担了担保责任的担保人请求其他担保人分担的是向债务人不能追偿部分，其他担保人承担的系补充清偿责任。故对于《民法典》实施之前的案件，法律规定存在争议的，应以《民法典》及担保制度解释规定为准。在诉讼中法院应主动追加债务人作为共同被告，一方面便于查清案件事实，查明债务人偿还数额，以进一步核实保证人偿还是否超出债务范围；另一方面节省诉讼资源，避免其他保证人再起诉债务人追偿，也避免出现向其他保证人追偿的不确定性，

例如本院一起保证人追偿权纠纷中仅起诉其他保证人，其他保证人提出夫妻共同借款中的一人非本人签字，存在保证欺诈嫌疑，保证合同效力存疑。

2. 保证人之间承担责任的范围。

（1）保证人超过债权范围承担保证责任时超出部分不得追偿。本案中，本院经过审查确认保证人承担保证责任未超过生效文书确认的范围，且被告未提供相应的证据证实原告代偿数额超出了应偿还范围，故对被告关于原告代偿数额超出应偿还范围的辩解，不予采纳。实践中，承办人应对保证人承担保证责任是否在合理范围内进行审查，若保证人承担保证责任超过债权范围的，超出部分不得向债务人或其他保证人行使追偿权，同时，若主债权已丧失胜诉权，保证人仍为清偿的，不得行使追偿权。

（2）在债务清偿完毕情况下，保证人之间互相追偿应以所有保证人代偿总额为基数，扣除自身应承担份额后由各保证人按比例分担损失。实践中，法官在债务人已偿还部分债务情况下保证追偿范围存在较大争议。例如债务人向银行贷款10万元，有4个共同保证人A、B、C、D，未约定保证份额，债务人已偿还7万元，其中A保证人偿还借款本金2万元，B保证人偿还借款本金1万元，实践中一种意见认为，A保证人承担保证责任未超过本人限额（即借款本金2.5万元），只能向债务人追偿，不能向其他保证人追偿；另一种意见认为，A保证人按照所有保证人共同承担保证责任数额为基数（即本金3万元），扣除自身应承担份额0.75万元后，按照比例向其他保证人追偿，即A保证人不得向B保证人追偿，可向C、D保证人各追偿0.625万元。对此，笔者同意第二种意见，一方面，实践中借款分期偿还情况下，很难厘清各自限额内本金对应的相应利息；另一方面，此种情况下各保证人之间无法互相追偿，将造成极度推诿责任，损失无限扩大。同时，依公平原则，债务人自身承担债务数额视为按比例偿还各保证人份额内的债务，在追偿权纠纷案件中，债务人偿还部分不再计入保证人应承担保证责任限额内，保证人之间互相追偿应以所有保证人代偿总额为基数，扣除自身应承担份额后由各保证人按比例分担损失。但需要注意的是，此种情况应为债务清偿完毕，总债务数额确定的情况下，若债务未清偿完毕，债务总额无法确定的情况下，无法确定各自应承担的责任限额。

（3）其他保证人是否需要对资金占用利息承担偿还责任。

《民法典》和担保制度解释的规定限制了保证人之间的追偿权，仅在《最高人民法院关于适用〈中华人民共和国民法典〉有关担保制度的解释》中第十三条对于四种情形下允许保证人之间互相追偿作了规定，但没有明确规定其他保证人承担责任的范围，实践中存在两种做法，一种是判决其他担保人对主债务和资金占用利息按多少比例承担补充清偿责任，另一种是确定其他担保人承担责任的限额，即其他担保人不对资金占用期间利息承担清偿责任。笔者认为，一方面，保证人之间追偿的前提系保证人之间的共同意思表示，是一种分担风险的信赖合意，是保证人之间的隐形约定，其在一个保证人代偿后并没有转化为新的债权债务关系；另一方面，判决其他担保人对资金占用期间利息承担清偿责任，很有可能造成其他担保人承担的责任超过了原保证合同范围，例如原主合同没有约定利率的情况下；同时也容易造成其他保证人向债务人追偿的不确定性。故除保证人之间另外有约定外，不宜再判决其他保证人对资金占用期间利息承担清偿责任。

编写人：福建省三明市沙县区人民法院　江颖蓉

33

未作明确约定的担保人之间能否相互内部追偿

——李某华诉李某梅、高某心追偿权案

【案件基本信息】

1. 裁判书字号

山东省淄博市周村区人民法院（2021）鲁 0306 民初 1019 号民事判决书

2. 案由：追偿权纠纷

3. 当事人

原告：李某华

被告：李某梅、高某心

【基本案情】

2017年1月24日，李某华与李某梅、高某心三人自愿遵循“自愿组合、诚实守信、风险共担”的原则，成立联保小组，与某银行签订《小额贷款联保协议书》，约定自2017年1月24日起至2019年1月24日止，贷款方可以根据借款方任一小组成员的申请，签订多次借款合同，在联保协议约定的期间和数额内，贷款人和联保小组任一成员签订借款合同时，无须在每次借款前再通知保证人或征得保证人同意，联保小组其他成员均对借款人的债务承担连带保证责任，联保协议小组的配偶同意为联保小组成员从事的借款及保证行为承担共同还款责任。李某系李某华丈夫。当日，李某梅向某银行借款80000元，用于进童车和童床，借款期限12个月，即自2017年1月24日起至2018年1月24日，年利率14.58%。贷款到期后，李某梅未按约定偿还借款本息。某银行向法院起诉后，法院于2018年6月29日作出（2018）鲁0306民初652号民事判决书，判决：一、李某梅于本判决生效之日起十日内偿还某银行借款本金40724.34元；二、李某梅于本判决生效之日起十日内支付某银行截至2018年3月18日的利息、罚息2662.65元及自2018年3月19日始至实际给付之日止，按其与某银行签订的《小额贷款额度借款合同》约定计算的利息及罚息；三、高某心、李某华、李某对上述第一项、第二项确定的债务承担连带清偿责任，高某心、李某华、李某承担保证责任后，有权向李某梅追偿。该判决生效后，李某华分别于2019年3月18日、2019年4月8日、2021年1月4日代李某梅偿还某银行借款本息8617.67元、9324.06元、50796.96元，交纳诉讼费、执行费1975元。李某华代偿后，向李某梅、高某心催要代偿款未果，提起本案诉讼，要求：1. 判令李某梅支付李某华代偿的借款本金40724.34元、利息28014.35元，按月息1分支付自2021年1月5日至实际支付之日的债务利息，支付垫付的诉讼费、执行费1975.00元；2. 判令高某心承担连带责任保证人的清偿责任。

【案件焦点】

担保人之间未作明确约定的，在承担担保责任后能否相互内部追偿。

【法院裁判要旨】

山东省淄博市周村区人民法院经审理认为：某银行作为债权人与李某华、李某梅、高某心签订的《小额贷款联保协议书》系合同双方真实意思表示，合法有效，李某华作为共同保证人在李某梅未按约还款的情况下向某银行承担保证责任，其有权依法向债务人李某梅追偿，故对李某华要求李某梅偿还借款本金 40724.34 元、利息 28014.35 元及诉讼费、执行费 1975 元的诉讼请求，予以支持。李某华主张按月息 1 分支付自 2021 年 1 月 5 日至实际支付之日的债务利息，部分予以支持，但应按同期贷款市场报价利率计算。李某梅清偿债务行为持续至《中华人民共和国民法典》施行后，应适用《中华人民共和国民法典》的规定。根据《中华人民共和国民法典》第七百条规定，保证人承担保证责任后，除当事人另有约定外，有权在其承担保证责任的范围内向债务人追偿，享有债权人对债务人的权利，但是不得损害债权人的利益。根据《最高人民法院关于适用〈中华人民共和国民法典〉有关担保制度的解释》第十三条第一款规定，同一债务有两个以上第三人提供担保，担保人之间约定相互追偿及分担份额，承担了担保责任的担保人请求其他担保人按照约定分担份额的，人民法院应予支持；担保人之间约定承担连带共同担保，或者约定相互追偿但是未约定分担份额的，各担保人按照比例分担向债务人不能追偿的部分。本案中，李某梅向某银行借款，约定李某华、高某心承担连带保证责任，李某华承担保证责任后，有权向李某梅追偿，对于向李某梅不能追偿的部分，高某心与李某梅按照比例予以分担。对于李某华要求高某心承担连带责任保证人清偿责任的诉讼请求，依法部分予以支持。依照《中华人民共和国民法典》第七百条，《最高人民法院关于适用〈中华人民共和国民法典〉有关担保制度的解释》第十三条第一款，《最高人民法院关于适用〈中华人民共和国民法典〉时间效力的若干规定》第一条第三款，《中华人民共和国民事诉讼法》第六十四条第一款、第一百四十四条之规定，判决：

一、被告李某梅于本判决生效之日起十日内偿还原告李某华为其代偿的借款本金、利息、诉讼费、执行费共计70713.69元，并支付以70713.69元为基数，自2021年1月5日起至实际给付之日止按同期贷款市场报价利率计算的利息；

二、上述第一项原告李某华不能向被告李某梅追偿的部分，由被告高某心按照50%的比例予以分担；

三、驳回原告李某华的其他诉讼请求。

判决后，双方当事人均未上诉，本判决现已生效。

【法官后语】

本案主要涉及的是担保人之间未作明确约定的，在承担保证责任后能否相互内部追偿的问题。

《中华人民共和国民法典》第七百条规定，保证人承担保证责任后，除当事人另有约定外，有权在其承担保证责任的范围内向债务人追偿，享有债权人对债务人的权利，但是不得损害债权人的利益。该条规定系保证人对债务人的追偿，可以称为“外部追偿”。

对保证人之间能否内部追偿的问题，在理论和实践方面一直存在较大争议，认为保证人之间不能相互追偿的，一般情况下基于三点：一是相互追偿就是变相的相互担保。在没有明确约定的情况下，各担保人之间提供的担保具有独立性，各担保人也具有提供担保的独立意志，相互之间并没有意思联络，不存在法律关系，如果担保人之间相互追偿，其实就是变相的相互担保，不符合意思自治原则。二是相互追偿程序烦琐。如果存在多个担保人，在进行相互追偿后，最终还是由债务人承担责任，如果允许担保人之间相互追偿，则意味着担保人分担责任后最终还要向债务人追偿，程序烦琐。三是不能相互追偿体现了公平原则。担保人在作出担保时，对于其可能面临的担保风险是明知的，其自行承担风险体现公平原则和契约精神。

基于以上几点，原则上担保人之间不能相互追偿，但如担保人之间存在相互分担担保责任的明确约定，或者通过其行为能够推定具有相互分担的意思联络，则可以相互追偿。

《最高人民法院关于适用〈中华人民共和国民法典〉有关担保制度的解释》对此进行了较为明确的规定，但根据该解释第十三条，对于担保人之间相互追偿也是有严格限定的。

1. 担保人明确约定可以相互追偿的情况。《最高人民法院关于适用〈中华人民共和国民法典〉有关担保制度的解释》第十三条第一款规定，担保人之间约定相互追偿及分担份额，承担了担保责任的担保人请求其他担保人按照约定分担份额的，人民法院应予支持。由此可见，担保人之间原则上并不能相互追偿，但考虑到担保人之间相互分担责任的问题属于私法自治范畴，对于担保人之间就互相追偿问题明确约定的，应尊重当事人的意思自治，此时担保人可以不经过向债务人追偿程序，径行向其他担保人追偿。

2. 担保人约定承担连带共同担保或者约定相互追偿但是未约定分担份额的情况。担保人约定承担连带共同担保，此时可以参照《中华人民共和国民法典》第五百一十九条规定向其他担保人追偿，在明确约定相互追偿的情形下，当然可以相互追偿，但在这两种情形下，担保人对此进行追偿的前提是应先向债务人追偿，对于债务人不能清偿的部分，担保人之间才可以相互追偿。

3. 担保人虽未明确约定相互追偿，亦未约定承担连带共同担保，但各担保人在同一份合同书上签字、盖章或捺印，应理解为各担保人之间存在连带共同担保的意思联络，从而认定为连带共同担保，其可以互相追偿，但也仅限于对债务人不能清偿的部分，担保人之间方可互相追偿。

具体到本案中，李某梅向某银行借款时，《小额贷款联保协议书》明确约定李某华、高某心承担连带责任保证，据此李某华承担保证责任后，有权向李某梅追偿，对于向李某梅不能追偿的部分，高某心与李某梅按照比例予以分担，即各承担50%。该案判决符合《最高人民法院关于适用〈中华人民共和国民法典〉有关担保制度的解释》第十三条第一款规定，体现了当事人意思自治原则和契约精神的统一。

编写人：山东省淄博市周村区人民法院　郑曼

34

已履行担保义务的保证人可以向债务加入人行使追偿权

——实业公司诉建材公司、王某某追偿权案

【案件基本信息】

1. 裁判书字号

河南省平顶山市中级人民法院（2020）豫04民终2012号民事判决书

2. 案由：追偿权纠纷

3. 当事人

原告（被上诉人、再审被申请人）：实业公司

被告（上诉人、再审申请人）：王某某

被告：建材公司

【基本案情】

2009年8月6日，建材公司在信用合作社贷款5000000元，借款期间从2009年8月6日起至2010年8月6日止，期间一年，月利率8.85‰，由实业公司投资的煤化公司提供担保。该笔借款到期后，建材公司没有偿还信用合作社贷款，在信用合作社的多次催促下，实业公司于2010年8月25日代建材公司偿还了在信用合作社贷款5000000元及利息182162.5元。实业公司在追偿代为偿还贷款过程中于2019年7月26日从夏某利处取得王某某于2009年11月6日出具的证明，建材公司在信用合作社贷款5000000元及利息应由王某某偿还。故向法院提起诉讼要求被告建材公司、王某某连带偿还由原告垫付的银行贷款本金及利息5182162.5元。

【案件焦点】

王某某是否应当向实业公司承担银行贷款本金及利息 5182162.5 元还款责任。

【法院裁判要旨】

河南省平顶山市石龙区人民法院经审理认为：应遵从当事人的约定和意思自治合意，王某某的还款声明合法有效，应根据民法的诚实信用原则对自己的承诺行为负担债务偿还责任；实业公司作为王某某书写的还款声明的持有者应认定为权利人，有权追索债务；建材公司应对贷款已由保证人代为偿还的权利继受者实业公司负担追偿权债务清偿责任，故对实业公司的合理诉讼请求应予以支持。

河南省平顶山市石龙区人民法院依照《中华人民共和国民法总则》第一百三十八条、第一百四十三条、第一百八十八条第二款，《中华人民共和国民法通则》第八十四条、第八十九条第一项的规定，作出如下判决：

王某某、建材公司于本判决生效后十五日内共同偿还实业公司债务 5182162.5 元；驳回实业公司其他诉讼请求。

王某某不服一审判决，提出上诉。河南省平顶山市中级人民法院经审理认为：王某某于 2009 年 11 月 6 日出具了还款声明，承诺建材公司借信用合作社的贷款 5000000 元及利息由王某某偿还。王某某主张该声明是其受到胁迫所写，非其真实意思表示，该声明是无效证据。但王某某出具该声明至今既未向公安机关报案，也未提供足够的证据证明其在出具该声明时受到了胁迫。一审认定该声明真实有效并无不当。王某某应以该声明内容履行还款的义务。王某某出具声明的性质属于债务加入，王某某基于该声明而加入成为共同债务人。煤化公司在承担保证责任后，其权利继受者实业公司取得了债权人的法律地位，可要求所有的债务人清偿债务，包括可以向债务加入人王某某追偿。

平顶山市中级人民法院依照《中华人民共和国民事诉讼法》第一百七十条第一款第一项之规定，作出如下判决：

驳回上诉，维持原判。

王某某不服二审判决，申请再审。河南省高级人民法院再审后认为：2009年11月6日王某某的声明：建材公司在石龙区信用社的贷款5000000元及利息由我本人偿还。该声明文义内容明确，无歧义，其愿意承担的债务内容与建材公司案涉贷款具有同一性，并且出具的时间是王某某提交的《结算确认书》之后，可以认定该还款声明是王某某真实意思表示，内容不违反法律法规，应为有效。王某某称受胁迫出具还款声明的理由缺乏证据证明。该还款声明没有担保的意思表示，属于债务加入的性质。该债务的形成与贷款的使用均与王某某有关联，煤化公司在承担保证责任后，其权利继受者实业公司有权向共同债务人王某某、建材公司行使追偿权。王某某再审称不应承担还款责任之理由不能成立。

河南省高级人民法院依照《中华人民共和国民事诉讼法》第二百零七条第一款、第一百七十条第一款第一项之规定，作出如下判决：

维持河南省平顶山市中级人民法院（2020）豫04民终2012号民事判决书。

【法官后语】

抵押贷款与信用贷款作为两种常见的融资方式，根据金融机构的不同业务要求，既可以单独使用担保借款，也可以同时使用担保借款。在提供抵押物的同时提供担保的借款合同到期时，债务人无力偿还贷款，担保人履行还款义务后，其是否有权向债务加入人行使追偿权，仍存在较多争议。

一种观点认为，已履行担保义务的保证人无权向债务加入人行使追偿权。[①]常见的债务加入人加入债务的目的是为债务人承担特定债务，债务加入的承诺是为债权人履行到期债务，该承诺中不包括向以履行担保义务的保证人偿付债务。本案中，王某某于2009年11月6日出具的证明内容为“建材公司在信用合作社贷款5000000元及利息应由王某某偿还”。王某某承诺向信用合作社偿还建材公司的贷款，并未涉及实业公司，因此实业公司无权在履行担保责任后，向王某某主张追偿权。

---

① 崔建远：《混合共同担保人相互间无追偿权论》，载《法学研究》2020年第1期。

另一种观点认为，已履行担保义务的保证人可以向债务加入人行使追偿权。[1] 债务加入指第三人加入既存的债务关系中，与原债务人并存偿还债权人之债。一般具有以下特点：一是原债务的关系必须有效成立，二是原债务具有可转让性，三是第三人与原债务人分属不同的主体，四是债务加入无须经过原债务人的同意。司法实践中，关于债务加入和保证的认识意见也大不相同，债务加入相当于在债务人之外为债权人新增加了一个债务人，和保证一样具有担保债权实现的功能，但与保证有着本质的区别。保证具有附随性，依附于主合同，主合同的变更会影响到保证责任的承担；而并存的债务承担与本债务没有主次之分，系将他人债务承受于自身，与本债务有同一性，保证人履行还款义务后，对债务人具有法定的追偿权，该追偿权应当自然及于债务加入人。

本案采用第二种观点作出判决。第三人加入债务后享有与原债务人同等的债务人地位，已履行担保义务的保证人依法享有对原债务的追偿权，据此，作为保证人的债权人可以要求第三人承担相应的债务。就本案而言，王某某出具的还款声明是自愿加入到建材公司对债权人承担的还款责任中。尽管王某某对该声明认为是保证，而不是债务加入。但该声明的内容明确指向债务加入，从文义理解上不会产生保证的意思表示。实业公司有权向共同债务人王某某、建材公司行使追偿权。且实业公司是在得知王某某出具声明后向其主张权利，王某某明确表示建材公司在平顶山市石龙区信用社的贷款5000000元及利息由其本人偿还，是一种增信文件，该文件没有设置履行条件和期限，文义上应认定是一种债务加入行为，是与建材公司并存的债务负担。实业公司作为已经履行担保义务的担保人，有权向共同债务人王某某、建材公司行使追偿权。

编写人：河南省平顶山市中级人民法院　于帆

河南省平顶山市石龙区人民法院　王剑

---

① 王利民：《民法典物权编应当规定混合共同担保追偿权》，载《东方法学》2019年第5期。

35

连带共同保证人追偿权的实现与保护

——杨某朋诉杨某飞等追偿权案

【案件基本信息】

1. 裁判书字号

河南省安阳市龙安区人民法院（2021）豫0506民初833号民事判决书

2. 案由：追偿权纠纷

3. 当事人

原告：杨某朋

被告：杨某飞、申某、杨某亮

【基本案情】

2017年12月7日，原告杨某朋作为保证人与债权人宝莲寺支行签订《最高额保证合同》一份，该合同上还有其他保证人杨某伟、杨国某、杨飞、朱某彬、杨某亮签字。合同约定：为确保债务人杨某飞与债权人宝莲寺支行在2017年12月7日至2020年12月7日期间内连续签署的一系列借款合同切实履行，由保证人提供最高不超过20万元的连带责任保证。保证期间自每笔主合同债务履行期届满之日起至该主合同约定的债务履行期届满之日后两年止。后因被告杨某飞借款20万元后未按约还款，2021年3月13日，杨某朋为履行保证责任代杨某飞归还22809.17元（杨某朋一次性向宝莲寺支行还款114045.88元，其中包括杨某朋本人的份额22809.17元，其余系杨某伟、杨国某、杨飞、朱某彬份额）。被告申某2017年10月19日向宝莲寺支行出具的《财产共有人承诺书》一份，内容为：申某与杨某飞系夫妻关系，本人完全知晓杨某飞向宝莲寺支行申请“快贷通”贷款 20 万元，期限 36 个月，用于购买货车、配套设备及流动资金，同意其与宝莲寺支行签署的合同或文件全部条款并且承诺受条款约束，将现有家庭全部财产及以后新增财产与其共同承担该笔借款的偿还义务；保证按约结息，到期归还，直到借款本息还清为止，如违约自愿接受人民法院强制执行。申某与杨某飞于 2015 年 12 月 7 日登记结婚，该借款发生在双方夫妻关系存续期间。

【案件焦点】

1. 连带责任保证人承担保证责任后，能否向债务人的配偶追偿；2. 已承担清偿责任的连带保证人，如何向其他共同连带保证人追偿，未承担清偿责任的其他保证人应与债务人负连带清偿责任，还是补充清偿责任。

【法院裁判要旨】

河南省安阳市龙安区人民法院经审理认为：根据《中华人民共和国民法典》第七百条规定，“保证人承担保证责任后，除当事人另有约定外，有权在其承担保证责任的范围内向债务人追偿，享有债权人对债务人的权利，但是不得损害债权人的利益”。本案中，原告依据合法有效的保证合同代被告杨某飞偿还宝莲寺支行债务 22809.17 元，杨某飞应将该垫付款偿还原告。关于申某应否承担共同偿还责任。根据法律规定，保证人代替债务人向债权人偿还债务后，对债务人享有追偿权即“代位求偿权”，享有债权人相应的权利。申某向宝莲寺支行出具承诺书，明确表示知晓杨某飞该笔债务及“用于购买货车、配套设备及流动资金”，并同意杨某飞所签借款合同全部条款且受条款约束，自愿接受人民法院强制执行。申某与杨某飞系夫妻关系，该债务发生在夫妻关系存续期间，根据相关法律规定应属于夫妻共同债务。另外，申某承诺书中关于同意杨某飞所签借款合同全部条款且受条款约束的内容，属于对杨某飞该笔债务自愿共同承担的承诺。因原告向宝莲寺支行清偿，使杨某飞和申某对宝莲寺支行的债务相应免除；原告作为保证人依法对杨某飞和申某享有追偿权。申某应当与杨某飞共同承担原告垫付款 22809.17 元。关于占用资金期间的利息，系保证人的合理损失，本院予以支持；利息可从原告主张的2021年4月14日起计算至还清之日止，参照2021年3月20日发布的一年期贷款市场报价利率即年利率3.85%计算。关于原告要求杨某亮承担连带还款责任，根据《最高人民法院关于适用〈中华人民共和国民法典〉有关担保制度的解释》第十三条第二款规定，“同一债务有两个以上第三人提供担保，担保人之间未对相互追偿作出约定且未约定承担连带共同担保，但是各担保人在同一份合同书上签字、盖章或者按指印，承担了担保责任的担保人请求其他担保人按照比例分担向债务人不能追偿部分的，人民法院应予支持”。本案中，杨某亮与原告等6名担保人在同一份最高额保证书上签字，杨某亮应当对杨某朋向债务人杨某飞、申某不能追偿的部分，按照比例分担六分之一。

河南省安阳市龙安区人民法院判决：

一、被告杨某飞、申某于本判决生效之日起十日内给付原告杨某朋代偿款22809.17元及利息（自2021年4月14日起至还清之日止，按年利率3.85%计算）；

二、被告杨某亮在原告杨某朋对被告杨某飞、申某上述代偿款22809.17元及利息不能追偿的部分，按比例分担六分之一；

三、驳回原告杨某朋的其他诉讼请求。

判决后，双方当事人均未上诉，本判决现已生效。

【法官后语】

实践中，经常遇到连带保证人在被要求承担保证责任时提出这样的疑问：债务人的配偶名下可能有财产，连带保证人承担清偿责任后是否可以向债务人的配偶追偿？代偿后是否可以同时向债务人和其他共同连带保证人追偿，其他共同连带保证人是否对代偿款承担连带给付责任？本案结合民法典与最新担保法司法解释相关规定，明确阐释与解析了连带共同保证人追偿权的实现与保护路径。

一、如果经认定属于夫妻共同债务，连带保证人承担保证责任后，可以向债务人的配偶追偿

首先，本案中债务人的债务属于夫妻共同债务。杨某飞与宝莲寺支行签订

借款合同时系在与申某的婚姻关系存续期间，借款用途系家庭共同经营。且申某向债权人宝莲寺支行签字承诺明知该笔借款的用途，并自愿用家庭共有财产承担还款责任，同意接受借款合同条款的约束等。

其次，根据法律规定，保证人承担保证责任后，享有债权人对债务人的权利。《中华人民共和国民法典》第七百条规定，“保证人承担保证责任后，除当事人另有约定外，有权在其承担保证责任的范围内向债务人追偿，享有债权人对债务人的权利，但是不得损害债权人的利益”。本案中，如果宝莲寺支行依据借款合同起诉追要该笔到期债权，将会起诉杨某飞、申某及连带保证人杨某朋等人。根据法理及以往的实际判例，法院也会支持债权人的诉讼请求，并以夫妻共同债务为由判决申某承担共同偿还责任。既然债权人可以起诉共同债务人，并享有要求共同债务人承担还款责任的权利，代为清偿的保证人也应当可以向共同债务人追偿。

最后，从保证人追偿权的实现角度，判决保证人可以向共同债务人追偿，有利于追偿权的实现，维护保证人的正当权益。经查，由于杨某飞债务较多，其名下财产已经不足以清偿所有债务。但杨某飞与申某名下有一套共有房产，正在法院执行程序中进行评估、拍卖。如果本案中不支持原告杨某朋对债务人杨某飞配偶申某的追偿权，原告胜诉后就可能无法执行到任何财产。本案中，如果换作债权人起诉债务人、共同债务人、保证人胜诉后，强制执行申某共有的房产份额没有问题；代替债务人偿还债务的保证人取得债权人对债务人的权利后，也应当不拘泥于保证合同的相对性，而应当依据法律规定，取得债权人对共同债务人的权利。

二、承担保证责任的连带保证人，行使追偿权时可以同时起诉债务人、其他共同保证人；但其他共同保证人应承担补充清偿责任，而非连带清偿责任

本案中，共计有杨某朋、杨某伟、杨国某、杨飞、朱某彬、杨某亮 6 名保证人，其中除杨某亮之外的其他 5 名保证人共同代债务人偿还了债务，5 名保证人各自按比例承担了五分之一，即 22809.17 元。杨某朋、杨某伟、杨国某、杨飞、朱某彬 5 人分别向法院提起诉讼，要求向债务人、共同债务人追偿已垫

付的22809.17元，同时要求未承担保证责任的杨某亮在各自垫付的22809.17元范围内承担连带清偿责任。假如支持5名保证人的上述诉讼请求，将会造成杨某亮承担22809.17元的五倍的连带清偿责任，即可能向杨某亮执行其他5名担保人已垫付的全部债务，显然不合理。且如果杨某亮偿还了其他保证人的垫付款，相应地又可以反过来向其他保证人追偿，造成循环追偿。根据《最高人民法院关于适用〈中华人民共和国民法典〉有关担保制度的解释》第十三条第二款规定，“同一债务有两个以上第三人提供担保，担保人之间未对相互追偿作出约定且未约定承担连带共同担保，但是各担保人在同一份合同书上签字、盖章或者按指印，承担了担保责任的担保人请求其他担保人按照比例分担向债务人不能追偿部分的，人民法院应予支持”。本案中，6名担保人符合在同一份合同书上签字的情形，其他5名担保人承担了保证责任之后，首先应当向债务人追偿各自已垫付的款项。在债务人和共同债务人均无财产可供执行的情况下，对于未能向债务人追偿实现的部分，应当由杨某亮按照六分之一比例分担。由此，判决主文应当明确追偿顺序。执行时，应当分步骤和先后顺序，首先对债务人进行强制执行，只有在债务人确无财产可供执行而终结本次执行时，才能执行其他保证人的财产。

三、连带债务人的追偿权与连带共同保证人的追偿权比较

连带债务是指债务人为两人以上，债权人可以请求部分或者全部债务人履行全部债务的债务形态。由于连带债务人是债务的最终承担者，承担了债务的连带债务人仅需解决超出自己承担份额部分在其他连带债务人未履行的份额范围内向其追偿的问题。而连带共同保证人需要先向债务人追偿，只有在债务人履行不能无法追偿的情况下，才能再要求其他连带保证人分担该追偿风险责任，即承担了超出自己份额的连带保证人，可以就向债务人不能追偿部分要求其他共同连带保证人按比例分担。

编写人：河南省安阳市龙安区人民法院　张小桢

36

民事担保与执行担保并存下如何进行执行分配

——聂某清诉张某云等执行分配方案异议之诉案

【案件基本信息】

1. 裁判书字号

广西壮族自治区高级人民法院（2022）桂民申3960号民事裁定书

2. 案由：执行分配方案异议之诉

3. 当事人

原告（上诉人、再审申请人）：聂某清

被告（被上诉人、再审被申请人）：张某云、杨某芬、刘某枚、刘某琴、杨某兰、刘某庆、刘某妹、莫某军、钟某珍等14人

【基本案情】

原告聂某清、被告张某云、杨某芬、刘某枚、刘某琴、刘某凤、杨某兰、刘某庆、刘某妹、莫某军、钟某珍等14人与杨某、周某等人的民间借贷纠纷均已进入执行程序。周某文于2016年8月15日出具《保证书》一份，保证愿意用个人工资每月偿还刘某凤等10人案件的债务，直至全部债务清偿完毕止。2016年8月31日，周某文、温某英在执行法官的主持下和刘某凤等10人与周某达成《执行和解笔录》，愿意以个人工资为周某的债务提供担保。在执行过程中，法院执行部门依法扣划周某文工资96001.41元，并就原告与被告等12个执行案件作出执行财产分配方案。原告对该分配方案不服，认为本院扣划工资应当全部用于清偿其债权，于2020年9月18日向本院提出执行异议，2021年1月27日张某云等10人认为原告的异议主张不成立，同时对分配方案无异

议。法院执行部门于2021年2月3日作出（2016）桂1123执324号通知书，通知原告在收到通知书十五日内起诉，逾期将按分配方案进行分配。原告于2021年2月19日向本院提起执行分配方案异议之诉。

另查明，原告聂某清与被告周某、周某文、温某英民间借贷纠纷一案，被告周某文、温某英为担保人，承担连带保证责任。钟某珍与被告周某、周某文、温某英民间借贷纠纷一案，被告周某文、温某英亦为担保人，亦承担连带保证责任。

【案件焦点】

周某文的意思表示是否构成执行担保；原告的民事担保是否有优先受偿权。

【法院裁判要旨】

广西壮族自治区富川瑶族自治县人民法院经审理认为：民事担保与执行担保并存的情况下，并无法律明文规定民事担保优先于执行担保，且本案被告周某文、温某英提供的均为个人担保，本案中各债权人的债权均为同等债权。对于被告周某文与被告张某云、杨某芬、刘某枚、刘某琴、刘某凤、杨某兰、刘某庆、刘某妹、莫某军等人之间于2016年8月15日签订的《保证书》以及被告周某文、温某英2016年8月31日与被告刘某凤等人达成的执行和解协议的效力问题，原告认为被告周某文出具的《保证书》系向被告张某云等10人出具，不具备也不符合法律规定，《保证书》中被告周某文所作的承诺，是向申请执行人被告张某云等10人而不是向人民法院作出的，不属于执行担保，不具有强制执行效力，不符合法律规定。法院认为，被告周某文在2016年8月15日出具《保证书》之后，于2016年8月31日在执行法官的主持下达成执行和解协议，协议中被告周某文、温某英明确表示自愿用工资对被告周某与张某云等10人的债务提供担保，如担保人和被执行人未按期履行，则恢复原判决的执行，继续追究担保人的担保责任。和解协议中的担保条款可以视为被告周某文、温某英向法院提供的保证书，且经张某云等10人同意，并且《保证书》及《执行和解协议》已入卷存档，得到了法院的批准，该担保也符合执行担保需向法院提供的形式要件，故该《保证书》以及《执行和解协议》合法有效，被告周某文、温某英在协议中业已放弃了抗辩权。故原告认为《保证书》以及《执行和解协议》无效的理由不成立。在债务人周某不履行债务时，债权人张某云等10人可以申请追加周某文为被执行人，法院亦可直接执行被告周某文的工资用于清偿债务。本案被告张某云、杨某芬、刘某枚、刘某琴、刘某凤、杨某兰、刘某庆、刘某妹、莫某军等人持有金钱给付的生效法律文书且均向法院申请强制执行，在被告周某文、温某英为周某提供执行担保，债务人周某不履行债务时，张某云等人作为取得债权执行依据的当事人有权参与对法院直接执行扣划被告周某文的工资分配，故原告要求不予执行广西壮族自治区富川瑶族自治县人民法院（2016）桂1123执324号《执行财产分配方案》，即确认张某云、杨某芬、刘某枚、刘某琴、刘某凤、杨某兰、刘某庆、刘某妹、莫某军、钟某珍等人无权参与分配没有事实和法律依据的请求本院不予支持。对于原告要求被告周某文被扣划的工资96001.4元全部用于偿还拖欠原告的债务的主张，因被告张某云等10人对周某文扣划的执行担保财产享有权利，故原告的请求不符合规定，法院不予支持。对于被告钟某珍主张其不是本案适格被告的辩解，因被告钟某珍的案情与原告的案情一致，原告的诉请涉及被告钟某珍的权利处分问题，作为案件利害关系人，原告将其列为被告并无不妥。

广西壮族自治区富川瑶族自治县人民法院依据《中华人民共和国民事诉讼法》第六十四条、第一百四十四条、第二百三十一条，《最高人民法院关于适用〈中华人民共和国民事诉讼法〉的解释》第九十条、第五百零八条规定，作出如下判决：

驳回原告聂某清的诉讼请求。

聂某清不服一审判决，向广西壮族自治区贺州市中级人民法院提起上诉。

二审法院经审理认为一审判决认定事实清楚，适用法律正确，应予维持。判决如下：

驳回上诉，维持原判。

聂某清不服该二审判决，向广西壮族自治区高级人民法院申请再审，2022年9日15日，广西壮族自治区高级人民法院作出民事裁定书，驳回再审申请。

【法官后语】

本案的处理难点在于执行分配方案异议之诉中，民事担保与执行担保并存的情况下分配顺位（受偿）如何确定，民事担保是否具有绝对的优先分配效力。本案中，保证人既提供有民事担保又提供有执行担保，且均合法有效。但提供的执行担保存在瑕疵：1. 被执行人未向执行法院提出书面申请；2. 担保人未向执行法院提交担保书；3. 无申请执行人出具书面同意意见。而且提供执行担保时原告并不知晓。《最高人民法院关于执行担保若干问题的规定》第六条规定："被执行人或者他人提供执行担保，申请执行人同意的，应当向人民法院出具书面同意意见，也可以由执行人员将其同意的内容记入笔录，并由申请执行人签名或者盖章。"该案中，被执行人并没有采取书面申请的形式而是在执行和解时提出并由执行人员记入笔录，被执行人在执行和解时提出申请并由执行人员记入笔录的行为应视为被执行人在执行过程中有明确表示的，符合《中华人民共和国民法典》第一百四十条规定的明示的情形，应视为提出申请并且申请执行人也在场签字，故应视为符合规定。《最高人民法院关于执行担保若干问题的规定》第三条规定："被执行人或者他人提供执行担保的，应当向人民法院提交担保书，并将担保书副本送交申请执行人。"笔者认为，担保人在向部分申请执行人出具《保证书》后，又在执行法院的主持下，在执行和解笔录中直接作出执行担保的承诺，这种情形也应视为提交了担保书。在法院执行部门的执行和解笔录中，涉及执行担保的申请执行人均在场，并在笔录上签字，也应视为经过了申请执行人的同意。

因提供执行担保的担保人并非向申请执行人作出担保，而是向法院作出担保，故担保须经法院许可。在当事人约定的履行期限到期后，执行法院采取直接扣划担保人工资的行为，实际上已经以强制执行措施明确表示认可了担保人提供的执行担保。因此，笔者认为，周某文提供的保证书符合执行担保的构成要件，构成执行担保。

对于执行分配的受偿顺位问题。在民事担保与执行担保并存的情形下，执行担保一般不具有优先受偿权。但是对于民事担保是否具有优先权应视情况而论。对民事担保的优先权而言，物权优先于债权。对同一财产设立多个担保物权的，《中华人民共和国民法典》第四百一十四条作出了规定，采取登记生效时间确定清偿顺序。未经登记的按债权比例分配。《中华人民共和国民法典》第四百五十六条规定了留置权优先于抵押权、质权。故对民事担保应严格区分设立有优先受偿权的担保和无优先受偿权的担保。对于有优先受偿权的，按照法律规定应当优先于其他担保。有多个优先受偿权的，在留置权灭失的情况下，按登记时间先后受偿。当事人在享有优先受偿权的情形下，对分配方案提出异议之诉的，应当按照优先顺位予以处理。在仅有未经登记的普通担保，当事人又无特别约定的情形下，民事担保与执行担保处于平等地位，且无先后之分，此刻通过异议之诉主张民事担保优先的，不应当支持，执行分配方案不应区分是否是民事担保和执行担保而应当按照债权比例分配。具体到本案，保证人在本案涉及的民事担保中提供的是保证不属于有优先受偿的情形，而在执行担保中明确提供的是金钱保证，指向了特定的物品，属于物保。执行法院执行的标的是金钱，也属于特定物。在这种情况下，民事担保成立在前，但并不具备优先权，故其请求得不到支持。

另外，在该案的执行担保中值得注意的是本案担保人是以工资作担保的，被执行人所负债务过大，担保人年龄较大的，又为多个执行案件提供担保，担保可行性以及能否清偿、清偿时间的问题，执行法院应当予以考虑。

编写人：广西壮族自治区富川瑶族自治县人民法院　欧阳家福

三、抵　　押

37

民法典施行前上市公司违规担保导致合同无效仍应对债权人承担赔偿责任

——甲投资公司诉智网公司等借款合同案

【案件基本信息】

1. 裁判书字号

北京市第三中级人民法院（2021）京03民终4329号民事判决书

2. 案由：借款合同纠纷

3. 当事人

原告（被上诉人）：甲投资公司

被告（上诉人）：智网公司

被告：乙投资公司、陈某甲、田某某、丙投资公司、陈某乙

【基本案情】

2018年5月31日，乙投资公司、甲投资公司签订《最高额借款合同》，约定：借款限额最高不超过25309986.21元，该借款限额可由借款人多次申请，具体以申请的金额为准。合同还约定，乙投资公司不能按合同约定的期限还款付息的，甲投资公司因追索该借款本息而产生所有相关费用由乙投资公司承担。

之后，甲投资公司向乙投资公司转账支付了涉案出借款。

2018 年 5 月 31 日，陈某甲向甲投资公司出具《个人无限连带责任保证书》，田某某作为陈某甲的配偶在《个人无限连带责任保证书》上签字。2018 年 5 月 31 日，陈某乙作为甲方（抵押人）、甲投资公司作为乙方（抵押权人）签订《抵押合同》，约定了以涉案 11 套房屋作为抵押。同日，丙投资公司、智网公司均向甲投资公司出具《无限连带责任保证书》，同意提供连带保证责任担保，并均出具了股东会决议。

丙投资公司出具的《丙投资公司股东会决议》载明：2018 年 5 月 31 日，应到股东 3 名，实到股东 2 名，与会股东陈某甲、陈某乙一致同意丙投资公司为《最高额借款合同》项下的全部债务提供连带保证责任担保。

智网公司为上市公司，其出具的《智网公司股东会决议》载明：2018 年 5 月 31 日，与会股东英顺公司、丙投资公司一致同意丙投资公司为《最高额借款合同》项下的全部债务提供连带保证责任担保，决议经股权占二分之一以上股东签字（盖章）后生效。《智网公司股东会决议》落款处加盖丙投资公司、英顺公司及智网公司印章。另，智网公司章程第一百一十五条规定，公司对外担保须经董事会审议，本章程规定的对外担保事项需提交股东大会审议的，董事会审议后还应提交股东大会审议。

因乙投资公司并未按照约定偿还本金及利息，故甲投资公司起诉，要求乙投资公司归还本息并要求陈某甲、田某某、丙投资公司、智网公司、陈某乙对上述诉请的款项承担连带清偿责任。

【案件焦点】

担保合同无效后，智网公司是否应承担赔偿责任。

【法院裁判要旨】

北京市朝阳区人民法院经审理认为：智网公司为上市公司，甲投资公司应根据智网公司公开披露的关于担保事项需经相关决议通过的信息与其订立担保合同，但其未尽实质审查义务，故相应担保协议无效。鉴于智网公司亦存在过错，故结合双方的过错程度，智网公司应对乙投资公司不能清偿债务的二分之一向甲投资公司承担赔偿责任。

北京市朝阳区人民法院判决：

一、乙投资公司于判决生效之日起十日内向甲投资公司偿还借款本金25309986.21元、利息207813.11元；

二、乙投资公司于判决生效之日起十日内向甲投资公司偿还罚息（以25309986.21元为基数，按照年利率24%的标准，自2018年7月17日起计算至实际支付之日止）；

三、乙投资公司于判决生效之日起十日内向甲投资公司支付律师费50000元；

四、陈某甲、田某某、丙投资公司对判决第一项、第二项、第三项确定的乙投资公司应付款项，向甲投资公司承担连带保证责任；

五、陈某甲、田某某、丙投资公司承担上述保证责任后，有权向乙投资公司追偿；

六、智网公司对上述第一项、第二项、第三项乙投资公司不能清偿部分的二分之一向甲投资公司承担赔偿责任；

七、陈某乙配合甲投资公司办理《抵押合同》项下11处房产的抵押登记（11处房产略）；

八、驳回甲投资公司其他的诉讼请求。

智网公司不服一审判决，提起上诉。北京市第三中级人民法院经审理认为：《最高人民法院关于适用〈中华人民共和国民法典〉有关担保制度的解释》（以下简称新担保制度司法解释）第九条第二款规定："相对人未根据上市公司公开披露的关于担保事项已经董事会或者股东大会决议通过的信息，与上市公司订立担保合同，上市公司主张担保合同对其不发生效力，且不承担担保责任或者赔偿责任的，人民法院应予支持。"该条相比《最高人民法院关于适用〈中华人民共和国担保法〉若干问题的解释》（以下简称原担保法司法解释）而言，属于新增加的规定。根据《最高人民法院关于适用〈中华人民共和国民法典〉时间效力的若干规定》（以下简称民法典时间效力规定）第三条之规定，民法典施行前的法律事实引起的民事纠纷案件，当时的法律、司法解释没有规定而民法典有规定的，可以适用民法典的规定，但是明显减损当事人合法权益、增加当事人法定义务或者背离当事人合理预期的除外。

本案中，甲投资公司与乙投资公司的借款法律关系以及智网公司的担保法律关系均发生于民法典实施前，故原则上应适用当时的法律和司法解释。新担保制度司法解释第九条第二款虽然是新增加的规定，但如适用该条规定，则会背离甲投资公司依行为时法律可能获得的合理预期，减损其合法权益，故本案仍应适用行为时的相关规定。根据原担保法司法解释第七条的规定，主合同有效而担保合同无效，债权人、担保人有过错的，担保人应承担民事责任，但不应超过债务人不能清偿部分的二分之一。就过错而言，智网公司作为上市公司，其在未经决议的情形下，向债权人出具《个人无限连带责任保证书》并加盖公章，其合计持股50%以上的股东向债权人出具了所谓的股东会决议，故智网公司对本案担保具有过错。一审法院认定智网公司应对乙投资公司不能清偿部分的债务承担50%的责任合理，应予以维持。

北京市第三中级人民法院判决：

驳回上诉，维持原判。

【法官后语】

民法典实施前，上市公司对外担保的法律责任问题的裁判依据主要为《中华人民共和国公司法》（以下简称《公司法》）第十六条[①]、原担保法司法解释

---

① 《中华人民共和国公司法》第十六条规定："公司向其他企业投资或者为他人提供担保，依照公司章程的规定，由董事会或者股东会、股东大会决议；公司章程对投资或者担保的总额及单项投资或者担保的数额有限额规定的，不得超过规定的限额。公司为公司股东或者实际控制人提供担保的，必须经股东会或者股东大会决议。前款规定的股东或者受前款规定的实际控制人支配的股东，不得参加前款规定事项的表决。该项表决由出席会议的其他股东所持表决权的过半数通过。"

释第七条，并参照《全国法院民商事审判工作会议纪要》（以下简称九民会议纪要）的精神。上述规定并未区分上市公司、非上市公司，新担保制度司法解释第九条第二款规定对于该问题有了新的不同规定，如果债权人未根据上市公司公开披露的信息与其签订合同，上市公司既不承担担保责任，亦不承担赔偿责任。因此，对该问题曾存在两种意见，是适用原担保法司法解释的规定判决智网公司承担赔偿责任还是适用新担保制度司法解释的规定免除其责任？二审法院认为，从法律制度演进历程及溯及力的角度看，应适用原担保法司法解释的规定。

一、上市公司对外担保制度在利益衡量中的演进历程

《公司法》第十六条仅笼统规定了公司对外担保的决议程序，对上市公司违规对外担保签订的合同效力没有规定。理论和司法实践均倾向于认为该条规定并非效力性强制性规定，上市公司违规对外担保签订的合同有效。

《九民会议纪要》第二十二条针对上市公司对外担保问题规定："债权人根据上市公司公开披露的关于担保事项已经董事会或者股东大会决议通过的信息订立的担保合同，人民法院应当认定有效。"《九民会议纪要》的这条规定，可以反向总结为"未披露，则无效"，即如果债权人未根据上市公司公开披露的信息与其签订合同，则合同无效。之所以作出上述规定，是因为上市公司所有为他人提供的担保均会影响到广大股民的利益，凡可能对股票交易价格产生较大影响的重要事件均需对外披露。因此债权人在与上市公司交易时，需要尽到审查义务，否则需承担合同无效的法律后果。但这条规定并未解决合同无效后，上市公司应否承担赔偿责任的问题。

新担保制度司法解释第九条第二款在否定合同效力的基础上，增加了关于上市公司无需承担赔偿责任的规定，可以总结为"未披露，无责任"。这种规定背后的利益衡量显而易见，立法者在债权人利益与中小投资者利益之间，完全选择了对后者的倾斜保护。对外违规担保无效后的民事责任不能转嫁或波及众多的中小投资者。尽管这种制度设计从个案看，会牺牲债权人利益，但它旨在通过给债权人施加更高审查义务的方式，促进股票交易市场健康发展、增强

交易所和上市公司的国际竞争力[①]，整体看能够平衡保护各方利益。

二、新担保制度司法解释时间效力的确定思路

新担保制度司法解释的实施统一了裁判思路，重构了上市公司对外担保制度的规则，但司法实践永远面临新的课题、新的问题。新担保制度司法解释第七十一条规定："本解释自2021年1月1日起施行。"那么，对于2021年1月1日前已经受理的案件能否适用？此问题实质是新担保制度司法解释时间效力的问题，需根据时间效力规定及担保法律制度调整的背景来回答。

新担保制度司法解释是对原有担保制度进行的清理，从新旧条文的对比看，新担保制度司法解释与原有制度相比调整幅度很大，故其实施后的案件能否适用不能一概而论，有变化的条文、漏洞补充的条文，原则上只能适用于其实施后的担保行为。[②] 但这个问题并不绝对，根据民法典时间效力规定的第三条，当时的法律、司法解释没有规定而民法典有规定的，可以适用民法典的规定。不过，该条另有但书条款，即"明显减损当事人合法权益、增加当事人法定义务或者背离当事人合理预期的除外"。因此，在判断新增条款能否适用时，还要考虑条文的适用是否会影响当事人在行为时的合理期待利益。如适用新规定会明显减损当事人对行为后果的合理预期，则仍应适用原有的法律规则，以保护信赖利益和交易安全。

三、原担保法司法解释框架下债权人期待利益的分析

具体到新担保制度司法解释第九条第二款而言，实际在《九民会议纪要》起草过程中已经有人提出了此观点，《九民会议纪要》"最终未采取此观点，而是认为在担保合同无效时，上市公司应当与其他公司一样承担赔偿责任"[③]。因此，在《九民会议纪要》出台后，人民法院仍然需要对上市公司的过错进行审

---

① 参见程啸、高圣平、谢鸿飞等：《最高人民法院新担保司法解释理解与适用》，法律出版社2021年版，第490页。

② 参见麻锦亮：《论民法典〈担保制度司法解释〉的时间效力》，载《法律适用》2021年第6期。

③ 麻锦亮：《论民法典〈担保制度司法解释〉的时间效力》，载《法律适用》2021年第6期。

查，如果其确有过错，仍应依据原担保法司法解释的规定对债权人承担赔偿责任。在新担保制度司法解释的制定中，上市公司对外不承担赔偿责任的观点才被采纳。因此，新担保制度司法解释第九条第二款虽然“是新增规定，但其实质是变更了原有的规则”①。

鉴于上市公司对外担保法律制度的调整并非单纯法律问题，而是对不同利益进行衡量后立场的调整，赔偿责任承担与否的认知转变也并非完全基于民法理论的认识提升，而是兼带利益取舍色彩，故司法裁判者在适用法律时，也应兼顾行为人行为时的可期待利益。行为时的法律制度侧重于保护债权人利益，新担保制度司法解释则倾斜保护中小投资者，因此，根据时间效力规定，考虑到合理期待利益的保护，此类纠纷的审理仍应适用行为时的法律制度即旧担保法司法解释的规定，民法典施行前上市公司违规担保导致合同无效仍应对债权人承担赔偿责任。

编写人：北京市第三中级人民法院　杜丽霞　苗振跃

38

主债权转让后未办理变更登记的抵押权亦一并转让

——李某平诉康某榕、王某胜借款合同案

【案件基本信息】

1. 裁判书字号

广东省东莞市中级人民法院（2021）粤19民终12920号民事判决书

2. 案由：借款合同纠纷

① 麻锦亮：《论民法典〈担保制度司法解释〉的时间效力》，载《法律适用》2021年第6期。

3. 当事人

原告（上诉人）：李某平

被告（被上诉人）：康某榕、王某胜

第三人（被上诉人）：资产管理公司、信托公司

【基本案情】

2019 年 8 月 20 日，王某胜、康某榕共同向信托公司借款 104 万元用于企业经营流动资金，并签订《贷款合同—房屋抵押》，约定王某胜、康某榕需按合同约定还本付息，否则信托公司有权提前收回全部借款，产生的利息、违约金及实现债权的全部费用均由王某胜、康某榕承担。2019 年 8 月 22 日，信托公司通过银行转账向康某榕支付了 104 万元，康某榕将其案涉房产办理了抵押登记，抵押权人为信托公司，债权数额为 104 万元，抵押顺位为第二顺位。2020 年 4 月 23 日，信托公司与资产管理公司签订《债权转让协议》，约定信托公司将上述债权转让给资产管理公司。2020 年 4 月 24 日资产管理公司向信托公司支付了转让价款。2020 年 5 月 11 日，信托公司将上述债权转让事宜通知了王某胜、康某榕。2020 年 4 月 27 日，资产管理公司又与李某平签订《债权转让协议》，将其受让的债权转让给李某平，当天李某平向资产管理公司支付了债权转让对价。2020 年 5 月 22 日，资产管理公司将其债权转让给李某平的事实告知王某胜、康某榕。资产管理公司、李某平在受让债权时，仅通知了王某胜、康某榕，均未办理抵押权变更登记。李某平向原审法院起诉请求：判令王某胜、康某榕支付李某平借款本金及利息、律师费，并确认李某平对案涉房产折价或拍卖、变卖的价款享有优先受偿权。一审法院判决支持李某平的前三项诉讼请求，驳回李某平对案涉房产折价或拍卖、变卖的价款享有优先受偿权的诉讼请求。李某平上诉请求撤销原审判决第四项，改判李某平对案涉房产折价或拍卖、变卖的价款享有第二顺位优先受偿权。

【案件焦点】

主债权有效转让后，抵押权未办理变更登记，抵押权是否随之有效转让。

【法院裁判要旨】

广东省东莞市第三人民法院一审法院认为，信托公司与王某胜、康某榕存在借款合同关系，信托公司对王某胜、康某榕享有债权，信托公司已将该债权转让给资产管理公司，资产管理公司又将债权转让给李某平，转让债权后均依法告知了王某胜、康某榕，故信托公司原债权人的地位现已由李某平取得。虽然李某平受让了案涉债权，但事实上李某平并未就案涉抵押物办理抵押登记，故李某平就案涉抵押房屋的抵押权并未设立，李某平请求对康某榕名下案涉房产折价或拍卖、变卖的价款享有优先受偿权，没有法律依据，法院不予以支持。

综上所述，一审法院判决如下：

一、王某胜、康某榕应于判决发生法律效力之日起五日内偿还李某平借款985037.47元及利息14972.57元；

二、王某胜、康某榕应于判决发生法律效力之日起五日内支付李某平违约金（2020年8月19日前的违约金为117232.95元，2020年8月20日起的违约金以985037.47元为基数，按年利率17%计算至实际清偿之日止）；

三、王某胜、康某榕应于判决发生法律效力之日起五日内支付李某平律师费60000元；

四、驳回李某平的其他诉讼请求。

广东省东莞市中级人民法院认为原审认定事实清楚，二审争议焦点在于李某平对案涉房产折价或拍卖、变卖的价款是否享有优先受偿权。根据《中华人民共和国民法典》第五百四十七条之规定："债权人转让债权的，受让人取得与债权有关的从权利，但是该从权利专属于债权人自身的除外。受让人取得从权利不因该从权利未办理转移登记手续或者未转移占有而受到影响。"在《中华人民共和国民法典》实施之前，相关法律法规并未对此明确规定。债权受让人取得抵押权是基于法律的规定，并非基于法律行为的物权变动，该法律规定的抵押权不因受让人未办理抵押权变更登记手续而灭失，且更有利于保障主债权顺利实现。因此，在资产管理公司从信托公司处受让债权后，就同时享有抵押权，其在转让给李某平案涉债权时也一并将该抵押权转让，故原审法院仅以未进行抵押权登记而否认李某平享有抵押权的认定有误，应当予以纠正。又因为在债权转让前，抵押权已经进行了公示，公示的效果已经达成，在担保顺位上，仍是以设定担保的公示时间为依据而确定顺位。综上所述，上诉人李某平的上诉请求成立，本院予以支持。原审判决认定事实清楚，适用法律有误，本院予以纠正。判决如下：

一、维持广东省东莞市第一人民法院（2021）粤1971民初12699号民事判决第一、二、三项；

二、撤销广东省东莞市第一人民法院（2021）粤1971民初12699号民事判决第四项；

三、若王某胜、康某榕未按期履行本判决第一项确定的义务，则李某平有权对康某榕名下案涉房产在第一顺位抵押权行使后剩余价值范围内行使抵押权，以其折价，或以拍卖、变卖所得价款在本判决第一项所确定债权范围内优先受偿；

四、驳回李某平的其他诉讼请求。

【法官后语】

本案系民法典新增条款之运用。《中华人民共和国民法典》第五百四十七条规定，“债权人转让债权的，受让人取得与债权有关的从权利，但是该从权利专属于债权人自身的除外。受让人取得从权利不因该从权利未办理转移登记手续或者未转移占有而受到影响”。根据民事权利的相互关系，可将民事权利分为主权利与从权利，主权利是指在相互关联的几项民事权利中，不依赖于其他权利即可独立存在的权利；从权利是指不能独立存在而从属于主权利的权利。从权利类型较多，包括担保物权中的抵押权、质权、保证以及附属于主债权的利息等，其中担保物权是指债权人所享有的为确保债权实现，在债务人或者第三人所有的物或者权利之上设定的，就债务人不履行到期债务或者发生当事人约定的实现担保物权的情形，优先受偿的他物权。依照法律规定，担保物权变更应当遵循物权法定和公示公信的原则。具体到本案的抵押权，附随于被担保的债权，兼具他物权和从权利的属性，设定担保物权应当按照法定程序办理相应登记或占有转移，本案的抵押权已经合法登记，已发生物权效力。根据“从随主”规则，主债权有效转让的，且与主债权相对应的抵押权系合法建立，在未有法律例外规定或当事人另外约定的情况下，担保该债权的抵押权理应一并转让，即便该抵押权未随之办理转移登记手续或转移占有。这一法律规定的主要原因在于，担保物权系对债务履行的担保，债权转让并不影响债务人履行债务的能力，也未增加所担保债务履行的风险，只是变更了债务人履行债务的受让主体，即使有效受让债权的主体未变更登记为新的抵押权人，其亦依法享有抵押物权。

在《中华人民共和国民法典》（以下简称《民法典》）新增该法条之前，对于此类情形的裁判依据，主要是《全国法院民商事审判工作会议纪要》第六十二条的规定，“抵押权是从属于主合同的从权利，根据‘从随主’规则，债权转让的，除法律另有规定或者当事人另有约定外，担保该债权的抵押权一并转让。受让人向抵押人主张行使抵押权，抵押人以受让人不是抵押合同的当事人、未办理变更登记等为由提出抗辩的，人民法院不予支持”。加之《不动产登记暂行条例实施细则》第二十七条第八项的规定，“因下列情形导致不动产权利转移的，当事人可以向不动产登记机构申请转移登记……（八）因主债权转移引起不动产抵押权转移的”。据此确定抵押物权的转移不以“登记”为要件，“可以”登记，而非“应当”登记。

但在民法典出台以前，各地有不同的裁判观点，有的认为，主债权发生转移，若抵押权未办理变更登记，转移的仅为合同权利，抵押权作为物权仍然未转移，需要主债权受让人起诉债务人要求配合办理变更登记手续，之后才能行使抵押权。这主要是受物权法定和公示公信的原则影响，认为不动产抵押权需办理抵押登记后方发生物权变动的效力。此种情况既造成了当事人诉累也不利于矛盾纠纷的一并解决。尤其是在抵押权已经设立的情况下，无论是否转移，其登记公示效力已经完成，担保顺位上亦已经明确。《民法典》该新增条款的规定，也更有利于保障主债权顺利实现。在今后的审判实践中，有利于裁判尺度的统一，避免不必要的争议。

另外，在新增条款的适用上。根据《最高人民法院关于适用〈中华人民共和国民法典〉时间效力的若干规定》第三条的规定："民法典施行前的法律事实引起的民事纠纷案件，当时的法律、司法解释没有规定而民法典有规定的，可以适用民法典的规定，但是明显减损当事人合法权益、增加当事人法定义务或者背离当事人合理预期的除外。"由于抵押权已经设立，故抵押权未经转移登记而随主债权一并转让，不存在明显减损债务人合法权益、增加债务人法定义务或者背离债务人合理预期的情形。

编写人：广东省东莞市第三人民法院　吴丹盈

广东省东莞市中级人民法院　黄宇齐

39

不动产抵押合同生效后未办理登记手续的责任认定

——林某燕诉郑某辉等民间借贷案

【案件基本信息】

1. 裁判书字号

福建省厦门市集美区人民法院（2020）闽0211民初3978号民事判决书

2. 案由：民间借贷纠纷

3. 当事人

原告：林某燕

被告：郑某辉、郑某昌、洪某富、洪某、珠宝公司

【基本案情】

2018年7月1日，债权人林某燕（作为甲方）与债务人郑某辉（作为乙方）、担保人洪某、郑某昌、洪某富、珠宝公司（作为丙方）签订一份《房屋

抵押借款合同》，合同载明："第一条借款内容。1. 借款总金额：人民币贰佰万元整。2. 借款用途：本借款用于珠宝公司生产经营投资的需要，不作为其他非法使用。3. 借款期限：时间为13个月，即自2018年7月1日起，至2019年7月31日止。4. 借款利息：月息为1.2分，13个月利息为人民币叁拾壹万贰仟元整。第二条抵押物事项。1. 抵押物名称：（1）南岭花园（紫薇阁）108，房屋产权证；（2）崇德雍翠华府2211。2. 抵押物价值：丙方房产证经双方议定估价为人民币六百万元整。3. 抵押期限：自本借款合同生效之日起至乙方还清甲方与本合同有关的全部借款本息为止。第三条甲乙双方的义务（二）乙方的义务：3. 乙方未经甲方同意不得将抵押物出租、出售、转让、再抵押或以其他方式处分。第四条违约责任1. 乙方如因本身责任不按合同规定支付借款，给甲方造成经济上的损失，乙方应负责违约责任。"

同日，双方又签订一份《房屋抵押借款合同》，载明："第一条借款内容1. 借款总金额：人民币贰佰万元整。2. 借款用途：本借款用于珠宝公司生产经营投资的需要，不作为其他非法使用。3. 借款期限：时间为14个月，即自2018年7月1日起，至2019年8月31日止。4. 借款利息：月息为1.2分，14个月利息为人民币壹拾陆万捌仟元整。第二条抵押物事项1. 抵押物名称：（1）南岭花园（紫薇阁）108，房屋产权证；（2）崇德雍翠华府2211，房屋产权证。2. 抵押物价值：丙方房产证经双方议定估价为人民币六百万元整。3. 抵押期限：自本借款合同生效之日起至乙方还清甲方与本合同有关的全部借款本息为止。第三条甲乙双方的义务（二）乙方的义务：3. 乙方未经甲方同意不得将抵押物出租、出售、转让、再抵押或以其他方式处分。第四条违约责任1. 乙方如因本身责任不按合同规定支付借款，给甲方造成经济上的损失，乙方应负责违约责任。"

林某燕通过某银行于2018年7月3日向郑某辉转账188万元、于2018年7月16日向郑某辉转账95万元，以上合计283万元。

郑某辉通过银行账户于2018年9月29日向吴某阳转账18万元、于2018年12月31日向吴某阳转账24万元、于2019年4月1日向吴某阳转账20万元。

吴某阳作为原告将郑某辉、郑某昌、洪某富、洪某、珠宝公司作为被告起诉至厦门市思明区人民法院，该案于2020年7月14日立案。吴某阳在该案的民事起诉状的事实与理由部分确认：郑某辉分别于2018年12月31日、2019年4月1日偿还59840.85元、49867.37元。

林某燕当庭陈述：2018年9月29日郑某辉还款18万元系偿还其本人的借款本息，2018年12月31日郑某辉还款24万元中180159.15元系偿还其本人的借款本息，2019年4月1日郑某辉还款20万元中150132.63系偿还其本人的借款本息。

郑某辉在庭审质证中陈述："林某燕与吴某阳之间如何确认还款比例，无异议"；

郑某辉当庭确认：讼争房屋抵押借款合同中的房屋已经出售并已转移登记。

第三人吴某阳当庭陈述："郑某辉找我借钱，我联系林某燕出借，签订合同的时候，是我代林某燕去找郑某辉签字。林某燕在借钱的时候不知道郑某辉的房屋已经抵押给银行，在做公证时，才知晓"；"关于具体的还款情况，郑某辉有还利息给林某燕，其中有一部分利息，是通过我的账户支付给林某燕"。

【案件焦点】

1. 借款总金额及尚欠的借款及利息是多少；2. 担保人对案涉借款承担的责任范围应如何认定。

【法院裁判要旨】

福建省厦门市集美区人民法院经审理认为：

关于本案借款合同主体。根据原告林某燕提交的《房屋抵押借款合同》、向被告郑某辉支付283万元的转账凭证以及第三人吴某阳当庭陈述，林某燕主张其系本案讼争借款的出借人，法院予以确认。关于借款金额。虽然林某燕与郑某辉签订的两份《房屋抵押借款合同》载明的借款金额共计300万元，但根据林某燕通过银行转账向被告郑某辉支付借款本金283万元的事实，法院确认林某燕共计向郑某辉出借借款283万元。

关于尚欠本金及利息。林某燕主张郑某辉向吴某阳支付的还款中三笔分别为2018年9月29日18万元、2018年12月31日180159.15元和2019年4月1日150132.63元系偿还本案讼争借款本息，吴某阳与郑某辉均无异议，法院亦予以确认。根据《最高人民法院关于审理民间借贷案件适用法律若干问题的规定》（2020年12月23日）第三十一条第二款的规定，2020年8月20日之后新受理的一审民间借贷案件，借贷合同成立于2020年8月20日之前，当事人请求适用当时的司法解释计算自合同成立到2020年8月19日的利息部分的，人民法院应予支持；对于自2020年8月20日到借款返还之日的利息部分，适用起诉时本规定的利率保护标准计算。第二十八条的规定，借贷双方对逾期利率有约定的，从其约定，但是以不超过合同成立时一年期贷款市场报价利率四倍为限。未约定逾期利率或者约定不明的，人民法院可以区分不同情况处理：约定了借期内利率但是未约定逾期利率，出借人主张借款人自逾期还款之日起按照借期内利率支付资金占用期间利息的，人民法院应予支持。原告林某燕主张借款利息以月利率1.2%（即年利率14.4%）计算，并未超过法律规定的利率保护标准，法院予以支持。结合郑某辉分别于2018年9月29日还款18万元、2018年12月31日还款180159.15元、2019年4月1日还款150132.63元的情况，本院确认截至2019年4月1日，郑某辉尚欠林某燕借款本金2616811.32元，原告主张被告尚欠本金2610137.6元，视为对权利的处分，法院予以确认。故利息应以2610137.6元为基数，按照月利率1.2%，自2019年4月2日计算至实际还款之日止。

关于担保人对案涉借款承担的责任范围。关于洪某和珠宝公司的担保责任。被告洪某主张与郑某辉系夫妻关系同意与郑某辉共同承担还款义务、被告珠宝公司主张因郑某辉系公司的法定代表人，且是独立法人独立股东，同意与郑某辉共同承担还款义务，法院予以确认。关于洪某富和郑某昌的担保责任。洪某富庭审时对签名及捺印有异议，并在庭后提交司法鉴定申请书，但因未缴纳鉴定费，司法鉴定所决定终止鉴定工作。法院认为，洪某富拒绝缴纳鉴定费用导致鉴定工作终止系其对自身权利的处置，应当承担举证不利的责任，法院对其关于签字捺印的异议，不予采纳。本案中两份《房屋抵押借款合同》均约定“抵押物价值：丙方房产证经双方议定估价为人民币六百万元整”，可见双方对于担保范围有明确的约定。虽然案涉房产并未进行抵押登记且已经出售，但根据《全国法院民商事审判工作会议纪要》第六十条规定，因抵押物灭失以及抵押物转让他人等原因不能办理抵押登记，债权人请求抵押人以抵押物的价值为限承担责任的，人民法院依法予以支持，但其范围不得超过抵押权有效设立时抵押人所应当承担的责任。郑某辉辩称讼争房屋上有银行抵押贷款540万元，并在与吴某阳、林某燕签订抵押合同时，吴某阳完全知情抵押物抵押给银行的事实以及抵押金额，但第三人吴某阳庭审时予以否认。被告郑某辉并未有充分证据证明林某燕知晓并同意郑某昌和洪某富仅在讼争抵押物扣除银行贷款金额的剩余金额范围内承担担保责任。故郑某昌和洪某富主张应以案涉房产出售的价格扣除银行贷款金额的剩余金额作为担保范围，法院不予确认。林某燕主张郑某昌和洪某在抵押物价值600万元范围内就案涉借款本金及利息承担连带责任，于法有据，法院予以支持。

福建省厦门市集美区人民法院依照《最高人民法院关于适用〈中华人民共和国民法典〉时间效力的若干规定》第一条第二款，《中华人民共和国担保法》第二十一条第一款、第四十六条，《最高人民法院关于审理民间借贷案件适用法律若干问题的规定》（2020年12月23日最高人民法院审判委员会第1823次会议通过）第三十一条第二款、第二十八条，《中华人民共和国民事诉讼法》第六十四条第一款，《最高人民法院关于适用〈中华人民共和国民事诉讼法〉的解释》第九十条之规定，判决：

一、被告郑某辉应于本判决生效之日起十日内偿还原告林某燕借款本金2610137.60元及利息（利息以2610137.6元为基数，按照月利率1.2%，自2019年4月2日起计算至实际还款之日止）；

二、被告郑某昌、洪某富、洪某、珠宝公司应对被告郑某辉的上述债务承担连带清偿责任；

三、被告郑某辉、郑某昌、洪某富、洪某、珠宝公司应于本判决生效之日起十日内偿还原告林某燕保全申请费5000元；

四、驳回原告林某燕的其他诉讼请求。

判决后，双方当事人均未上诉，本判决现已生效。

【法官后语】

近年来，由于不动产价值一直处于稳定上升的态势，不动产抵押成为受欢迎的借贷担保方式之一，对促进资金融通、保障债权人合法权益发挥了积极作用。根据《中华人民共和国民法典》第四百零二条的规定，以不动产抵押的，应当办理抵押登记，抵押权自登记时设立。但是，债权担保实践中，一些当事人由于法律知识欠缺或缺乏诚信有意设置陷阱，在不动产抵押合同签订后没有去办理抵押登记，导致不动产抵押权未设立，债权人的权益为此受到损害。此种情况下，抵押人是否应对债权人承担责任，应承担何种责任，此前的司法实践中存在争议。有观点认为抵押人应承担担保责任，有观点认为抵押人应承担违约责任，也有观点认为抵押人无需承担责任。

2019年11月，最高人民法院发布了《全国法院民商事审判工作会议纪要》（以下简称九民会纪要），其中第六十条规定："不动产抵押合同依法成立，但未办理抵押登记手续，债权人请求抵押人办理抵押登记手续的，人民法院依法予以支持。因抵押物灭失以及抵押物转让他人等原因不能办理抵押登记，债权人请求抵押人以抵押物的价值为限承担责任的，人民法院依法予以支持，但其范围不得超过抵押权有效设立时抵押人所应当承担的责任。"该条规定确定了不能办理抵押登记时债权人有权请求抵押人以抵押物价值为限承担责任的规则。民法典实施后，于2021年1月1日起施行的《最高人民法院关于适用〈中华人民共和国民法典〉有关担保制度的解释》（以下简称担保制度司法解释）第四十六条针对不动产抵押合同生效后未办理抵押登记手续的问题，区分不能办理抵押登记是否可归责于抵押人而作出了不同规定，即抵押财产因不可归责于抵押人自身的原因灭失或者被征收等导致不能办理抵押登记，债权人请求抵押人在约定的担保范围内承担责任的，人民法院不予支持；因抵押人转让抵押财产或者其他可归责于抵押人自身的原因导致不能办理抵押登记，债权人请求抵押人在约定的担保范围内承担责任的，人民法院依法予以支持，但是不得超过抵押权能够设立时抵押人应当承担的责任范围。因此，前述司法解释施行后发生的抵押合同生效后未办理抵押登记手续情况的，应考察不能办理抵押登记是否可归责于抵押人，进而确定抵押人是否应承担责任。

抵押合同生效后，因可归责于抵押人的原因未办理抵押登记手续的，抵押人承担的责任之性质，从合同法理论上考量，应认定为违约责任。在抵押人拒不协助办理抵押登记或抵押物存在权利瑕疵无法办理登记的情况下，抵押人违反抵押合同的约定，应承担违约责任。至于违约责任的承担方式，可以是继续履行合同，即办理抵押登记；也可以是赔偿损失，包括履行利益损失。抵押合同生效后未办理抵押登记手续的，债权人基于抵押合同的履行利益损失，即抵押权有效设立情况下债权人就抵押物享有优先受偿权的利益，该利益对应的就是抵押人在抵押合同中约定的担保范围内的担保责任，但该担保责任以抵押权能够设立时抵押人应当承担的责任范围为限。

本案中，案涉《房屋抵押借款合同》约定的用于抵押的房屋已经出售并已转移登记，故抵押合同生效后未办理抵押登记系抵押人违反合同约定。因案涉抵押合同生效后未办理抵押登记的事实发生于民法典实施之前，故可参考九民会纪要第六十条的规定确定抵押人应承担的责任，即抵押人应以抵押物的价值为限承担责任。案涉的两份《房屋抵押借款合同》均约定“抵押物价值：丙方房产证经双方议定估价为人民币六百万元整”，可见双方对于抵押物价值及担保范围有明确的约定。因此，林某燕主张郑某昌和洪某在抵押物价值600万元范围内就案涉借款本金及利息承担连带责任，于法有据，应予以支持。

编写人：福建省厦门市集美区人民法院　李乐

40

抵押权预告登记义务人恶意阻碍登记条件成就，权利人享有优先受偿权

——某银行诉马某潇等金融借款合同案

【案件基本信息】

1. 裁判书字号

江苏省南京市江宁区人民法院（2021）苏0115民初8782号民事判决书

2. 案由：金融借款合同纠纷

3. 当事人

原告：某银行

被告：马某潇、伍某、置业公司

【基本案情】

某银行（贷款方、乙方）与马某潇（借款方、甲方）、置业公司（担保方、丙方）签订《南京市个人住房公积金购房借款合同》（以下简称公积金借款合同）及《中国银行楼宇按揭（抵押）贷款合同（二）》（以下简称按揭贷款合同）；据此，2007年3月7日，某银行出具《南京市住房公积金贷款（中国银行）借款借据》，载明：借款人马某潇借款150000元，从2007年3月始按月采用等额本息还款法，借款期限为360月，借款月利率为3.825‰。同日，某银行出具《零售贷款借款借据》，载明：借款人马某潇借款63000元，从2007年4月始按约采用等额本息还款法，借款期限为360月，借款月利率为4.845‰。

某银行（抵押权人、贷款人、乙方）与马某潇、伍某（抵押人、借款人、

甲方)、置业公司（担保人、开发商、丙方）签订《南京市江宁区房地产抵押合同》（以下简称抵押合同），约定：本合同所对应担保的主债权合同为公积金借款合同和按揭贷款合同，借款金额合计213000元；甲方将案涉房屋抵押给乙方，抵押担保范围为借款本金及利息、借款合同中约定的违约金、赔偿金、实现抵押权的费用；丙方为甲方以上借款承担连带保证责任，保证范围是借款本金及其利息、借款合同中约定的违约金、赔偿金、实现抵押权的费用；担保期间自本合同生效之日起至乙方领取上述甲方所购买商品房他项权利（抵押权）证书之日。

案涉房屋坐落于南京市江宁区开发区，登记权利人为马某潇、伍某；某银行于2007年3月5日就案涉房屋办理了抵押登记，但未办理他项权利（抵押权）证书。

截至2021年12月2日，马某潇尚欠公积金贷款本金103623.08元、罚息163.38元；尚欠商业贷款本金45417.38元、利息1958.81元、罚息66.47元、复利62.3元。

某银行主张因本案支付律师代理费12000元，并提供《委托律师代理合同》、律师费发票予以证实。

【案件焦点】

尚未办理建筑物所有权首次登记，抵押预告登记权利人能否依据抵押权预告登记享有优先受偿权。

【法院裁判要旨】

本案中，马某潇、伍某自房地产开发企业处取得建筑物所有权之后，本应且已经能够办理首次登记，但其两人怠于办理首次登记导致案涉房屋未能在可以进行抵押权设立登记后的三个月内完成预告登记向抵押权登记的转变，鉴于抵押权人某银行积极要求将没有物权效力的预告登记转化为具有物权效力的设立登记，其已然尽到了作为抵押权人的义务且不存在疏于管理的情况，不应由抵押权人承担不利后果；故本院认为某银行对案涉房屋办理抵押预告登记，且抵押登记的条件已经具备，原告某银行主张对案涉房屋享有优先受偿权的主张，本院予以支持。

据此，缺席判决如下：

一、被告马某潇于本判决发生法律效力之日起10日内偿还原告某银行公积金借款本金103623.08元、罚息163.38元并按照《南京市个人住房公积金购房借款合同》约定的利率标准自2021年12月3日起支付罚息至实际清偿之日止；偿还商业借款本金45417.38元、利息1958.81元、罚息66.47元、复利62.30元并按照按揭贷款合同约定的利率标准自2021年12月3日起支付罚息、复利至实际清偿之日止；支行律师代理费12000元；

二、原告某银行有权就前述判决第一项确定的债权对被告马某潇、伍某名下位于南京市江宁开发区案涉房屋折价或者拍卖、变卖所得价款优先受偿；

三、被告置业公司对被告马某潇前述判决第一项确定的应付款项承担连带清偿责任。

判决后，双方当事人均未上诉，本判决现已生效。

【法官后语】

抵押权作为不动产担保物权的一种，其法律效力之一为优先效力，即(1)抵押权优先于债权受偿；(2)设立时间在先的抵押权优先于其他担保物权受偿。设立不动产抵押权应当办理抵押登记，抵押权自登记时设立。不动产登记又分为本登记和预告登记。当抵押权进行本登记后，抵押权设立，在法律上当然享有(1)优先于债权受偿的法律后果；(2)优先于其他设立在后的担保物权受偿的法律后果。

而在商品房预售的时代条件下，当事人签订抵押权合同后如不具备进行抵押权本登记的条件，就会选择进行抵押权预告登记。《中华人民共和国民法典》第二百二十一条规定了预告登记制度，根据该条文可知，所谓预告登记，是在不动产物权本登记暂时无法办理时当事人为确保将来能够取得物权、实现物权而办理的一种特殊登记。《中华人民共和国民法典》第二百二十一条第一款规定："预告登记后，未经预告登记的权利人同意，处分该不动产的，不发生物权效力”，揭示了预告登记制度的法律目的，即法律对预告登记请求权的保护限度为：预告登记权利人因预告登记而享有请求权，即请求预告登记义务人在条件具备时配合预告登记权利人完成本登记；若在预告登记有效期内，预告登记义务人可以对不动产进行物上权利的自由处分，则势必会影响预告登记权利人请求权的实现，故必须对预告登记义务人的物权处分自由进行一定的限制；此限制的程度，即为法律对预告登记请求权的保护限度，也即预告登记制度赋予被登记的债权以一定的物权效力，对违背预告登记内容的后发不动产物权处分行为具有排他效力，预告登记义务人（现时的不动产登记权利人）的物权处分自由受到限制。

对于抵押权预告登记，该制度的法律目的在于当具备办理本登记的条件时，抵押权预告登记权利人可请求义务人配合其比其他担保物权人更加优先地完成抵押权本登记程序；重点在于抵押权预告登记权利人能获得较之其他担保物权人更加优先的顺位，而不在于防止抵押人再次处分标的物。即使抵押人在办理抵押预告登记之后对标的物进行了处分，只要具备办理抵押登记的条件，预告登记权利人即可申请办理抵押登记，并主张其抵押权自预告登记之日起设立。

在实践中出现了争议较大的情形，即抵押权预告登记权利人直接依据预告登记主张享有优先受偿权，法院对该主张是否应该支持？《最高人民法院关于适用〈中华人民共和国民法典〉有关担保制度的解释》第五十二条对此问题的回答是法院要依职权去主动审查案件是否具备办理抵押登记条件，如果具备，则法院对该主张应当予以支持，反之则不予支持。而审查的要素有三个：(1) 是否已经办理建筑物所有权首次登记；(2) 预告登记的财产与办理建筑物所有权首次登记时的财产是否一致；(3) 抵押预告登记是否已经失效。

这一解释给基层法院在处理类似案件时提供了有效指导，但实践中又出现了更为细致的问题，即在审查要素一“是否已经办理建筑物所有权首次登记”过程中，出现了建筑物已经具备办理建筑物所有权首次登记条件，而所有权人（抵押人）却怠于办理不动产所有权属登记，导致抵押权登记条件不具备的情况。对于这种情况，笔者认为如果机械地判定条件不满足，驳回抵押权预告登记权利人的主张，既违背了预告登记制度设立的目的，权利义务失衡，又会导致诉累，降低司法效率。

因此，在抵押权预告登记因抵押人拒不配合而客观上无法向抵押权设立登记转变的情况下，应赋予抵押预告登记权利人对抵押物的优先受偿权。当具备办理抵押权设立登记条件时，抵押人怠于办理登记，本质上属于抵押人为自己的利益不正当地阻止条件成就。抵押预告登记权利人享有优先受偿权的条件因抵押人恶意阻却，应视为已成就。

编写人：江苏省南京市江宁区人民法院　朱斌

41

开发商过错致物保丧失，阶段性担保不免除

——某银行诉沈某清、置业公司金融借款合同案

【案件基本信息】

1. 裁判书字号

江苏省江阴市人民法院（2021）苏0281民初6361号民事判决书

2. 案由：金融借款合同纠纷

3. 当事人

原告：某银行

被告：沈某清、置业公司

【基本案情】

某银行与置业公司签订了《个人住房（商业用房）借款最高额保证合同》，置业公司在最高额2亿元范围内提供连带责任保证。保证期间自银行与债务人

签订单笔借款合同之日起至该笔借款合同项下的抵押已生效，抵押人已办妥抵押财产的房地产权证等相关权属证书并将抵押财产的他项权利证书、抵押登记证明文件正本及其他权利证书交贷款人核对无误，收执之日止。2013 年 4 月 16 日某银行与沈某清签订《个人住房（商业用房）借款合同》一份，约定贷款期限：2013 年 4 月 16 日至 2033 年 4 月 16 日，贷款金额为 510000 元，2019 年 7 月 29 日沈某清至江阴市不动产登记中心办理了房产证，2021 年 4 月 9 日沈某清将超辰花园×××室房屋抵押给缪某燕，债权金额为 850000 元，导致银行担保物权丧失。因沈某清未能按约还款，某银行宣布贷款提前到期，要求置业公司对沈某清借款承担连带清偿责任。置业公司辩称，2014 年 7 月、8 月办理他项权证的材料已经交付给沈某清了，银行怠于行使权利，置业公司应当免除保证责任。

【案件焦点】

沈某清将案涉抵押物抵押给他人，是否应当认定置业公司的保证期间已经届满、保证责任应当免除。

【法院裁判要旨】

江苏省江阴市人民法院经审理认为：置业公司的保证责任不应当免除，理由如下：1. 根据置业公司与某银行签订的最高额保证合同约定，保证期间自签订借款合同之日起至借款合同项下的抵押已生效，抵押人已办妥抵押财产的房地产权证等相关权属证书并将抵押财产的他项权利证书、抵押登记证明文件正本及其他权利证书交贷款人核对无误，收执之日止，该条款实际对置业公司的保证责任约定了解除条件。附解除条件的合同，自条件成就时失效，本案中某银行并未就抵押房产办理过他项权证，置业公司保证责任解除的条件并未成就。2. 当事人为自己的利益不正当地阻止条件成就的，视为条件已成就。置业公司及某银行并未约定案涉抵押房产需要先行办理预抵押。庭审中，置业公司认可案涉房屋于 2014 年交付，因他公司项目负责人变更，2019 年案涉房屋才可以办理房屋所有权证及他项权证，置业公司在将可以办理他项权证的相关材料交付给沈某清时并未通知某银行，沈某清在未通知银行可以办理他项权证的情况下，即将案涉房屋抵押他人，可以认定某银行对于案涉房屋何时可以办理他项权证并不知晓，现有证据无法认定某银行在可以办理他项权证时怠于行使权利，导致置业公司保证责任解除条件无法成就。3. 根据最高额保证合同约定，某银行不行使或延缓行使主合同项下的任何权利或未用尽主合同项下的任何救济，置业公司在本合同项下的保证责任并不因此免除，根据该规定，因案涉房屋沈某清已经抵押他人，某银行即使选择不办理他项权证行使抵押权，置业公司也应当承担保证责任。

江苏省江阴市人民法院依照《中华人民共和国合同法》第四十五条、第一百零七条、第二百零五条、第二百零六条、第二百零七条，《中华人民共和国担保法》第十八条、第二十一条，《中华人民共和国民事诉讼法》第一百四十四条之规定，判决如下：

一、被告沈某清应于本判决发生法律效力之日起十日内归还原告某银行借款本息384702.62元及以384271.25元为基数自2021年4月8日起至实际给付之日止按中国人民银行同期同档次贷款利率下调15%再上浮50%计算的利息；

二、被告沈某清应于本判决发生法律效力之日起十日内赔偿原告某银行律师费30043元；

三、被告置业公司对被告沈某清的上述债务在最高额200000000元范围内承担连带清偿责任。

判决后，双方当事人均未上诉，本判决现已生效。

【法官后语】

按揭贷款业务中，需要开发商提供阶段性担保是银行的常规要求。阶段性担保，顾名思义具有阶段性，实务中对于阶段性担保有两种操作：一种是阶段性担保至预告抵押登记完毕；另一种是阶段性担保至他项权证发放。本案中阶段性担保属于后者。

一、阶段性担保性质

有观点认为，“阶段性担保”条款视为未约定担保期间。根据《最高人民法院关于适用〈中华人民共和国担保法〉若干问题的解释》第三十二条第一款规定："保证合同约定的保证期间早于或者等于主债务履行期限的，视为没有约定，保证期间为主债务履行期届满之日起六个月。"故应当认定阶段性担保均属于"保证期间早于或者等于主债务履行期限"的情形，视为"没有约定"，因此开发商的担保责任应到贷款到期之日起6个月。也有观点认为，"阶段性担保"应为附解除条件法律行为，条件成就，担保责任解除。《中华人民共和国合同法》第四十五条第一款规定，"附解除条件的合同，自条件成就时失效"。解除条件又称失效条件，是指可以使已经生效的法律行为失去效力的条件，即在解除条件成就前，民事法律行为的效力已经发生，一旦条件成就，当事人的权利义务关系归于消灭。在阶段性担保中，贷款人并不是要求保证人就借款全程承担担保责任，而是待借款人实际取得产权证后将房屋抵押给贷款人，以抵押的房屋做借款的担保。即阶段性担保是专为解决贷款风险敞口期问题而存在，只要贷款人取得了他项权证，阶段性担保的使命就此终结。笔者认为阶段性担保应为附解除条件的法律行为。阶段性担保的"保证期间"并非担保法中的保证期间。

二、开发商阶段性担保责任的解除

附解除条件的合同，自条件成就时失效。当事人为自己的利益不正当地阻止条件成就的，视为条件已成就；不正当地促成条件成就的，视为条件不成就。从法律条文中可以看出，开发商阶段性担保责任解除的条件需满足：1. 约定的解除条件成就，本案中需要银行办理抵押登记手续；2. 银行不正当地阻止条件成就，本案中沈某清系房屋抵押登记的合同义务人，并负担抵押登记费用。某银行作为合同约定的抵押权人负有配合沈某清办理抵押登记的义务。除非有证据证明沈某清积极办理房屋抵押登记而某银行怠于配合，否则，不能认定某银行的不作为属于"不正当地阻止条件成就"，而且在订立阶段性担保合同时，置业公司与某银行均知道，案涉商品房系现房已经无法办理预抵押登记，案涉商品房预交房时间为2014年，因置业公司内部项目出现问题，直到2019年房屋才交付，其间某银行曾多次至置业公司咨询交房及办理他项权证事宜，置业公司均因其内部问题，未予以明确回复。在某银行以已无法预估置业公司交房及可以办理产权证时间的情况下，为保障银行的物权优先受偿的期待利益，依据诚实信用原则，置业公司在其内部项目恢复正常，可以办理他项权证时，应当及时通知某银行或者将可以办理他项权证材料交付给银行，但置业公司径直将办理产权证资料直接交付给沈某清，沈某清擅自将房屋抵押给他人，房屋价值所剩无几，置业公司对某银行不能办理抵押登记存在重大过错，某银行不存在怠于办理抵押登记手续的行为，置业公司的担保责任不能免除。

另外，《中华人民共和国民法典》施行后开发商的阶段性担保责任也发生了变化，根据《最高人民法院关于适用〈中华人民共和国民法典〉有关担保制度的解释》第五十二条的规定，预售商品房办理首次登记，抵押权即从抵押预告登记之日起设立，贷款银行能够就抵押财产优先受偿。因此，预售房屋抵押预告登记的法律依据已经充分，完全具备可操作性。开发商可以此与合作贷款银行协商，不再设定开发商的阶段性担保责任，减轻由此带来的风险。

编写人：江苏省江阴市人民法院　相娟

42

预告抵押登记权利人的优先受偿权及开发商阶段性担保责任

——某银行诉叶某某、房地产开发公司金融借款合同案

【案件基本信息】

1. 裁判书字号

福州市鼓楼区人民法院（2021）闽0102民初10370号民事判决书

2. 案由：金融借款合同纠纷

3. 当事人

原告：某银行

被告：叶某某、房地产开发公司

【基本案情】

2015 年 11 月 23 日，原告和两被告签订编号为鼓人借字第 20157251×××号《某银行股份有限公司个人一手住房贷款合同》，约定：叶某某向原告贷款 540000 元，贷款期限为 240 个月；贷款用于叶某某购买坐落于福州市荆溪镇荆溪东大道×××复式单元；贷款利率为浮动利率，浮动周期为 12 个月，首次定价日的贷款利率为定价日当日适用的参考利率基础上下浮 5%，重新定价日的贷款利率为定价日当日适用的参考利率基础上下浮 5%，参考利率为中国人民银行公布的相应期限贷款基准利率；还款方式为等额本息，还款周期为月；若叶某某未按约定期限还款，就逾期部分，从逾期之日起按照逾期贷款罚息利率按日计收利息，直至清偿本息为止；逾期贷款罚息利率为本合同约定的贷款利率水平上加收 50%，按罚息利率计收利息的，计息公式为：利息 =（本金+应付未付利息）×实际天数×日罚息利率；叶某某以本合同项下贷款所购房屋向原告提供抵押担保，担保范围为本合同项下叶某某全部债务，包括本金、利息（包括利息、复利、罚息）、原告实现债权的费用（包括但不限于律师费等）；房地产开发公司提供阶段性连带责任保证，自叶某某办妥本合同项下贷款所购房屋抵押登记手续并且原告收到他项权证之日起，房地产开发公司在本合同项下不再承担新的保证义务和责任，但对于在该日之前已到期的本合同项下债务，以及该日之前发生保证人或/及借款人违约而引起的本合同项下的债务，房地产开发公司仍应承担相应的违约责任或/及保证责任；叶某某未按期归还贷款本息，原告有权宣布本合同项下贷款本息全部提前到期、依法及本合同约定对抵押房屋行使抵押权、要求叶某某赔偿因其违约而给原告造成的损失，包括因实现债权而导致的律师费、要求房地产开发公司承担保证责任等。随后，原告依约向叶某某发放贷款 540000 元。2015 年 11 月 27 日，原告和叶某某办理位于福州市荆溪镇荆溪东大道×××复式单元的预购商品房抵押权预告登记。合同履行过程中，叶某某未依约向原告偿还贷款，自 2021 年 1 月起，叶某某拖欠贷款本息，经原告多次催告，叶某某置之不理。原告认为，原告与两被告签订的贷款合同系双方的真实意思表示，合法有效；原告已依约提供贷款，叶某某拖欠贷款本息已构成根本性违约，原告有权要求叶某某立即偿还贷款本息，并承担违约责任；房地产开发公司作为连带保证的保证人应对叶某某的上述债务承担连带责任；同时，由于叶某某已为上述贷款提供抵押物作为担保，则原告有权要求实现抵押权，就抵押物有权优先受偿。基于上述，原告依法向法院提起诉讼，请求法院依法判决，支持原告的诉讼请求，以维护原告的合法权益。因此诉至法院，请求：1. 判令叶某某立即向原告偿还贷款本金434343.17 元，并支付贷款利息及罚息（暂计至 2021 年 9 月 7 日，贷款利息为 6506.25 元、罚息为 231.37 元，此后的利息及罚息按照合同约定及中国人民银行有关逾期人民币贷款规定计收至叶某某实际清偿之日止）；2. 判令叶某某承担原告因本案支出的律师费 4500 元；3. 判令房地产开发公司对叶某某上述第 1 项、第 2 项下债务承担连带清偿责任；4. 判令叶某某立即协助原告办理位于福州市荆溪镇荆溪东大道 402 复式单元的抵押登记手续，房地产开发公司应督促叶某某并配合其办理抵押登记；5. 确认原告有权以叶某某提供抵押担保的位于福州市荆溪镇荆溪东大道 402 复式单元折价或以拍卖、变卖该抵押物所得的价款优先受偿上述第 1 项、第 2 项下债务；6. 本案的诉讼费用、保全费用、公告费用由两被告共同承担。

另查，《某银行股份有限公司个人一手住房贷款合同》附件一第五条约定开发商担保方式为阶段性担保，附件二第四条载明“……若保证人提供阶段性连带责任保证的，则自借款人办妥本合同项下贷款所购房屋抵押登记手续并且贷款人收到他项权证之日起，保证人在本合同项下不再承担新的保证义务和责任”。案涉房产即叶某某提供抵押担保的位于福州市荆溪镇荆溪东大道 402 复式单元于 2015 年 11 月 27 日办理了抵押预告登记，预告抵押登记权人为某银行。案涉房产于 2018 年 12 月 24 日经房地产开发公司申请，办理了总确权登记。

【案件焦点】

1. 在讼争房产已办理抵押预告登记的情况下，作为预告登记权利人的银行对预告抵押房产是否享有优先受偿权；2. 在讼争房产已完成房屋产权初始登记的情况下，开发商的保证担保是否应当免除。

【法院裁判要旨】

福建省福州市鼓楼区人民法院经审理认为：某银行与叶某某、房地产开发公司签订的《某银行股份有限公司个人一手住房贷款合同》等文件系双方当事人真实意思表示，合同内容不违反法律、行政法规的强制性规定，合同成立生效，双方均应信守履行。某银行履行了放款义务，叶某某未按约还款，已构成违约，某银行有权要求叶某某偿还尚欠的贷款本息。某银行为追索本案债权支出律师代理费4500元，叶某某应当依约向某银行赔偿律师代理费4500元。

关于预告抵押登记权利人某银行是否对预告抵押房产享有优先受偿权的问题。《最高人民法院关于适用〈中华人民共和国民法典〉有关担保制度的解释》第五十二条第一款规定，当事人办理抵押预告登记后，预告登记权利人请求就抵押财产优先受偿，经审查存在尚未办理建筑物所有权首次登记、预告登记的财产与办理建筑物所有权首次登记时的财产不一致、抵押预告登记已经失效等情形，导致不具备办理抵押登记条件的，人民法院不予支持；经审查已经办理建筑物所有权首次登记，且不存在预告登记失效等情形的，人民法院应予支持，并应当认定抵押权自预告登记之日起设立。现案涉房产已办理抵押预告登记及建筑物所有权的首次登记，且没有证据证明存在预告登记失效的情形，满足了预告抵押权利人享有优先受偿权的法定条件，抵押权于预告抵押登记之日起设立，某银行有权就该抵押房产折价、拍卖或变卖的价款优先受偿。

关于房地产开发公司是否对案涉债务承担阶段性连带保证责任问题。《某银行股份有限公司个人一手住房贷款合同》约定房地产开发公司的阶段性保证责任期间止于叶某某取得房产的《房屋所有权证》并办妥以贷款银行为抵押权人的他项权证时，据此，保证期间终止的时间节点为抵押权设立之时，现本院依据《最高人民法院关于适用〈中华人民共和国民法典〉有关担保制度的解释》第五十二条规定，认定房产的抵押权于预告抵押登记之日即2015年11月27日设立，阶段性保证责任的保证期间已经届满，故本院对某银行要求房地产开发公司对案涉债务承担连带保证的诉请不予支持。

依照《中华人民共和国民法典》第四百零二条、第四百一十条、第五百零九条、第五百七十七条、第六百七十六条，《最高人民法院关于适用〈中华人民共和国民法典〉时间效力的若干规定》第一条第三款，《最高人民法院关于适用〈中华人民共和国民法典〉有关担保制度的解释》第五十二条第一款，《中华人民共和国民事诉讼法》第一百四十四条之规定，判决如下：

一、叶某某于本判决生效之日起十日内向某银行偿还借款本金434343.17元及利息、罚息（利息、罚息暂计至2021年9月7日为6737.62元，此后应按合同约定计至款项全部清偿之日止）；

二、叶某某于本判决生效之日起十日内赔偿某银行律师代理费4500元；

三、叶某某未履行上述给付金钱义务，某银行有权就叶某某提供的福州市荆溪镇荆溪东大道×××复式单元折价、拍卖或变卖的价款优先受偿本判决第一项、第二项确认的债权；

四、驳回某银行的其他诉讼请求。

判决后，双方当事人均未上诉，本判决现已生效。

【法官后语】

随着《中华人民共和国民法典》的颁布，《最高人民法院关于适用〈中华人民共和国民法典〉有关担保制度的解释》的出台，笔者认为在讼争房产已办理抵押预告登记的情况下，作为预告登记权利人的银行对预告抵押房产享有优先受偿权。在讼争房产已完成房屋产权初始登记的情况下，开发商的保证担保应当免除。

首先，所谓抵押权的预告登记，即债权人和债务人约定通过办理抵押权预告登记的形式，来保障债权人在将来条件具备时能够取得抵押权。

其次，在《最高人民法院关于适用〈中华人民共和国民法典〉有关担保制度的解释》颁布前，就“抵押权的预告登记能否产生优先受偿效力”众说纷纭，司法实践中存在较大的争议；就购房者从预告登记到正式登记的手续上，购房者向开发商预购商品房时，预购商品房尚未建造完成，没有办理所有权的首次登记，以该预购房向银行申请抵押贷款，鉴于预购商品房尚未交付，还不符合办理权属证书的条件，购房者与银行到房产管理部门办理抵押预告登记，待抵押人领取房地产权属证书后，再办理房地产抵押登记。可见，在预购房尚未建造完成的情况下，购房者从预告抵押登记至正式登记耗时长，且手续冗长烦琐，有碍于高速运行的市场交易。

再次，《最高人民法院关于适用〈中华人民共和国民法典〉有关担保制度的解释》的颁布对“抵押权的预告登记的优先受偿效力”作出了明确的规定，该解释第五十二条规定，当事人办理抵押预告登记后，预告登记权利人请求就抵押财产优先受偿，经审查存在尚未办理建筑物所有权首次登记、预告登记的财产与办理建筑物所有权首次登记时的财产不一致、抵押预告登记已经失效等情形，导致不具备办理抵押登记条件的，人民法院不予支持；经审查已经办理建筑物所有权首次登记，且不存在预告登记失效等情形的，人民法院应予支持，并应当认定抵押权自预告登记之日起设立。根据《最高人民法院关于适用〈中华人民共和国民法典〉时间效力的若干规定》第三条规定“民法典施行前的法律事实引起的民事纠纷案件，当时的法律、司法解释没有规定而民法典有规定的，可以适用民法典的规定”，本案的案涉合同虽签订于《中华人民共和国民法典》施行前，但关于抵押权预告登记是否具有抵押权正式登记的效力以及抵押权的设立时间的问题，在《中华人民共和国民法典》生效之前并无法律明确规定，而《最高人民法院关于适用〈中华人民共和国民法典〉有关担保制度的解释》对此作了明确规定，故本案可适用该解释。因案涉房产已办理预告抵押登记及建筑物所有权的首次登记，且没有证据证明存在预告登记失效的情形，则本案原告的抵押权自预告抵押登记之日起设立，故本案原告有权就案涉抵押房产折价、拍卖或变卖的价款优先受偿。

最后，在讼争房产已完成房屋产权初始登记的情况下，银行为保障其权利，通常会在按揭贷款合同中约定开发商的阶段性保证截至讼争房产的抵押登记手续办理完毕之日，其合同目的在于督促开发商尽早履行办理产权初始登记的义务，以便银行的抵押权可以尽早设立，抵押权设立后，银行依法享有对房产处置价款的优先权，开发商的阶段性保证责任也因此免除，即开发商的保证担保与讼争房产的抵押担保应为非此即彼的关系，根据《最高人民法院关于适用〈中华人民共和国民法典〉有关担保制度的解释》第五十二条之规定，某银行的抵押权自预告登记之日起设立，其有权以案涉房屋处置所得价款优先受偿债权，某银行签订合同的目的已经实现。此时，因买受人叶某某怠于履行办证义务而让开发商继续承担保证责任，有违公平，故本案不应拘泥于《某银行股份有限公司个人一手住房贷款合同》的字面意思，应从合同本意出发予以理解，并对房地产开发公司的连带担保责任予以免除。

编写人：福建省福州市鼓楼区人民法院　林莹

43

公司为他人提供担保时，法院需依职权主动审查是否构成越权担保

——信托公司诉建筑公司等金融借款合同案

【案件基本信息】

1. 裁判书字号

北京市西城区人民法院（2021）京0102民初7664号民事判决书

2. 案由：金融借款合同纠纷

3. 当事人

原告：信托公司

被告：建筑公司、住宅公司、房地产开发公司、管理公司、实业公司、辛某、吴某某

【基本案情】

2019年，信托公司与建筑公司签订《信托贷款合同》及其补充协议。2019

年8月30日，信托公司分别与住宅公司、辛某、吴某某签订《保证合同》，与建筑公司签订《应收账款质押合同》，与实业公司签署《股权质押合同》，与房地产开发公司签订《抵押合同》。案件审理过程中，信托公司未能提交房地产开发公司同意提供抵押担保的股东会或董事会决议。后信托公司依约向建筑公司发放贷款。2020年12月21日，建筑公司未按约支付利息，2021年1月22日，信托公司向建筑公司发送《提前还款通知书》，宣布贷款提前到期，要求立即偿还信托公司全部债权，建筑公司仍未支付任何款项，故信托公司起诉至法院。该案中，房地产开发公司已签收开庭传票但未到庭参加诉讼，亦未对《抵押合同》效力提出异议。

【案件焦点】

债权人要求公司承担担保责任时，如担保人未对担保合同效力提出异议，法院是否应依职权主动审查是否构成越权担保及债权人是否尽到合理审查义务并构成善意。

【法院裁判要旨】

北京市西城区人民法院经审理认为：房地产开发公司作为抵押人，与信托公司签署《抵押合同》，以其所有的160个车位为涉案债权提供抵押担保并办理了抵押登记。根据《中华人民共和国公司法》第十六条的规定，公司担保行为必须以公司股东（大）会、董事会等公司机关的决议作为授权的基础和来源。本案中信托公司未能提交房地产开发公司股东会、董事会等权力机关的决议文件，亦未能举证证明其就相关决议事项尽到了合理审查义务，且根据现有证据不足以认定本案中存在无须公司机关决议的例外情形。因此，在现有证据无法证明信托公司构成善意的情况下，涉案《抵押合同》对房地产开发公司不发生效力，该公司不承担基于有效担保产生的担保责任。需要说明的是，虽然本案中房地产开发公司经本院依法传唤未到庭参加诉讼，亦未对抵押合同的效力提出异议，但《抵押合同》的效力及信托公司是否构成善意，为案件的基本事实，本院需主动审查查明。据此，对信托公司要求对《抵押合同》中抵押物清单中的 160 个车位的折价或拍卖、变卖所得价款享有优先受偿权的主张，本院不予支持，并根据《最高人民法院关于适用〈中华人民共和国担保法〉若干问题的解释》第七条之规定，确定房地产开发公司承担的民事责任为债务人建筑公司不能清偿部分的二分之一。

综上，依照《中华人民共和国合同法》第八条、第六十条第一款、第一百零七条、第二百零七条，《中华人民共和国担保法》第十八条、第三十一条，《中华人民共和国物权法》第二百二十六条，《中华人民共和国公司法》第十六条，《最高人民法院关于适用〈中华人民共和国担保法〉若干问题的解释》第七条、第二十条，《中华人民共和国民事诉讼法》第六十四条第一款、第一百四十四条之规定作出如下判决：

一、建筑公司于本判决生效之日起十日内向信托公司偿还借款本金 1321 万元，截至 2021 年 1 月 27 日的利息 483 805.56 元、罚息 67 884.72 元、复利 5365 元，以及自 2021 年 1 月 28 日起至实际清偿之日止的罚息、复利（按照《信托贷款合同》约定的标准计算，且利息、罚息、复利合计不超过年利率 24%）；

二、辛某、吴某某、住宅公司、管理公司对本判决第一项确定的某某公司的给付义务向信托公司承担连带清偿责任，辛某、吴某某、住宅公司、管理公司清偿完毕后，有权向建筑公司追偿；

三、房地产开发公司在建筑公司就判决第一项所确定的债务不能清偿部分的二分之一范围内承担民事责任；

四、实业公司于本判决生效后十日内配合信托公司对实业公司持有的某某盛开投资有限公司 100%股权为信托公司办理股权质押登记手续；

五、驳回信托公司的其他诉讼请求。

判决后，双方当事人均未上诉，本判决现已生效。

【法官后语】

司法实践中，法院对公司对外担保效力的认定标准已逐步由“内部关系限制说”统一发展为“代表权限制说”，法院对公司对外担保效力的认识逐渐统一：公司对外提供担保，债权人具有对公司章程、公司权力机关担保决议等与担保相关文件的必要形式审查义务，否则担保合同对公司不产生效力。本案认为，在担保人未对担保合同效力提出异议的场合，法院仍需要主动依职权审查债权人对公司对外担保尽到合理审查义务并构成善意，主要理由为：

一、法院主动审查担保合同效力符合《中华人民共和国公司法》（以下简称《公司法》）第十六条的规范性质

《公司法》第十六条是公司对外担保最核心的法律条款，但该条并未对法律后果作出规定，《公司法》作为组织法，其规范既有组织规范，也有行为规范，第十六条属于组织规范的范畴，因而不能简单将其归入效力性规定或者管理性规定。从组织规范角度，《公司法》第十六条是对法定代表人行使代表权的一种限制，对外担保不是法定代表人单独决定的事项，而必须以公司决议机关作出的决议作为授权的基础和来源。公司内部的重大决策、管理、监督和对外意思表示需要借助于一定的机构或者人员来实行，无论担保人是否到庭参加诉讼，公司作为组织机构的属性并未变化，在诉讼中未提出异议，并不能当然视为公司整体及公司的所有股东在签署担保合同时同意公司对外提供担保，法院仍然需要主动审查公司组织机构的意思表示。

二、法院主动审查担保合同效力系查明案件事实的要求

从历史演变的视角看，《全国法院民商事审判工作会议纪要》对于越权担保中债权人无法证明自己善意的情形下，合同效果为“无效”，《最高人民法院关于适用〈中华人民共和国民法典〉有关担保制度的解释》中，合同效果为“担保合同对公司不发生效力”。在有效无效的判断层面，合同效力是一个法律评价问题，关系到合同能否取得法律所许可的效力，确认合同的效力是解决合同纠纷需要解决的首要问题，当事人未提出确认合同效力的诉请，法官在审理案件中也需先对合同效力依法确认。在司法解释明确之后，“不发生效力”属于合同效力的归属问题，解决的是合同效力是否归属于特定民事主体的问题，虽然不涉及对合同有效无效的评价，但是否发生效力仍然是基础事实问题，查明案件基本事实是法院的职责，即使担保人未提出抗辩，法院也需依职权主动审查。

三、法院主动审查担保合同效力有助于保护公司和中小股东权益

《公司法》第十六条规定的价值取向是通过决议方式对外提供担保，维护公司和中小股东的合法权益，平等保护公司担保债权人与其他债权人的合法权益。鉴于公司的权利行使与义务负担系通过决策程序完成，充分体现公司管理的资合性与人合性，如将涉及公司巨大利益的行使权限擅自赋予个人行使，势必侵害公司尤其是公司小股东的合法权益。担保的无偿性特点决定了担保权人在获得担保债务清偿时无需支付任何对价，而公司其他债权人在获得债务清偿时系基于对待给付义务。因此，即使担保人未对担保合同效力提出异议，司法实践中应当对公司对外提供担保进行主动审查，平衡保护债权人、公司中小股东的利益，否则有违公平原则。

编写人：北京市西城区人民法院　田静霆　贾月

44

抵押物未登记情况下损害赔偿责任的性质及范围

——李某诉苏某宽抵押合同案

【案件基本信息】

1. 裁判书字号

北京市第二中级人民法院（2021）京02民终8742号民事判决书

2. 案由：抵押合同纠纷

3. 当事人

原告（被上诉人）：李某

被告（上诉人）：苏某宽

【基本案情】

宋某某累计向李某借款320.1万元。2013年5月27日，李某和郑某某签署《抵押担保合同》约定郑某某以其房产作为宋某某还款之担保。2014年7月1日、2日，李某和宋某某、苏某宽分别签署两张《借条》，约定宋某某自李某处借款不还，则将苏某宽的房产抵押给李某。2016年7月31日宋某某出具《承诺书》，明确苏某宽及郑某某的担保房产一直有效。2017年初，李某曾向西城法院提起诉讼，请求西城法院判决宋某某、郑某某、苏某宽承担相应的清偿责任。诉讼过程中，宋某某因死亡注销户口。鉴于不能证实宋某某留有遗产，李某未申请西城法院将宋某某妻子、女儿追加为被告。随后，李某撤回针对宋某某的起诉，请求西城法院继续审理。西城法院于2019年6月27日作出（2017）京0102民初770号判决，以李某与郑某某的抵押合同尚未成立等原因，驳回李某全部诉讼请求；李某上诉后，北京市第二中级人民法院作出（2019）京02民终11246号判决，维持一审判决，同时认为："李某可以请求作为抵押人苏某宽配合办理抵押登记"，"苏某宽仅在宋某某对主债务不能清偿的范围内承担补充责任"。因宋某某已经去世，现有证据不能证实其留有遗产，宋某某对主债务已经不能清偿，李某亦无法向郑某某主张权利，故起诉苏某宽要求其以北京市西城区的房屋价值为限，补充清偿债务人宋某某欠付李某的借款本金及利息。苏某宽不同意李某的全部诉讼请求。

【案件焦点】

1. 根据案涉2014年7月1日、2日的两张借条，苏某宽应当承担何种民事责任；2. 本案是否属于重复起诉。

【法院裁判要旨】

北京市西城区人民法院经审理认为：

一、因李某在（2017）京0102民初770号以及（2019）京02民终11246号案件中均以抵押合同纠纷为案由，且其诉讼请求为要求苏某宽办理抵押登记或承担因未办理抵押登记而产生的其他责任；而苏某宽在该案中亦围绕抵押合同是否有效，抵押权是否设立进行答辩。两审法院亦确认案件案由为抵押合同纠纷，且围绕抵押登记是否设立，未设立产生何种民事责任进行阐述。至本案起诉时，李某仍然要求苏某宽承担因未设立抵押而产生的损害赔偿责任，因此本院亦认可根据两张借条约定，苏某宽有为案涉抵押房产设立抵押登记的合同义务。至本案庭审辩论终结之时，案涉抵押房产并未在涉诉借贷合同项下设立抵押登记。根据《全国法院民商事审判工作会议纪要》（法〔2019〕254号，以下简称九民纪要）第六十条内容，李某可以请求苏某宽办理抵押登记手续，若因抵押物灭失或其他原因不能办理抵押登记，李某亦可以请求苏某宽以抵押物的价值为限承担责任。具体到本案，二中院亦在判决中阐明苏某宽仅在宋某某对主债务不能清偿的范围内承担补充责任的结论。在此情况下，对于二中院所论及的此种“补充责任”，应根据九民纪要相关规定，将其确定为因不能办理抵押登记而产生的损害赔偿责任，但该责任范围应以抵押物价值为限。针对苏某宽提出该抵押合同并未经抵押物共有人同意的答辩意见，本院认为案涉两份借条上仅有苏某宽的签字，且苏某宽为案涉抵押物登记的唯一所有权人，对相对人而言有理由相信苏某宽有完整的处分权，据此苏某宽的此项答辩主张缺乏法律依据，本院不予支持。

二、根据《最高人民法院关于适用〈中华人民共和国民事诉讼法〉的解释》（法释〔2015〕5号）第二百四十七条第一款之规定，判断是否构成重复起诉的关键在于在后诉案件的诉讼请求是否可能推翻在前起诉案件的裁判结果。于本案中，李某诉讼请求及其请求权基础是基于二中院在（2019）京02民终11246号判决书中阐明的补充性质的损害赔偿责任，而非该案中提出的连带保证责任。因此，若李某在本案中提出的诉讼请求得到支持，亦不会与前案结论产生冲突，据此本院对苏某宽此项答辩意见不予采纳。

综上，对于2014年7月1日借条项下苏某宽因未设立抵押登记而应承担的补充性质的赔偿责任，且苏某宽提出一事不再理抗辩不能成立，因此应当承担以订立合同时苏某宽所能预见到的合理损失范围。但抵押人以全部市场价值为限承担损害赔偿责任的前提，是存在九民纪要提及的“抵押物灭失或被转让等”不可归责于抵押权人的情形。然而在本案中，李某并未举证证明上述情形的存在，且对于抵押物未设立抵押登记，李某与苏某宽双方均负有同等过错，故本院酌定苏某宽应当以 2014 年 7 月 1 日时案涉抵押房产市场价值的二分之一为限承担该种补充赔偿责任。而根据（2017）京 0102 执 9515 号执行裁定书中经查事实，宋某某本人已死亡，无遗产可供执行，又无义务承担人。据此可以认定苏某宽承担补充赔偿责任的条件已经成就。据此，本案中苏某宽应以 95.44 万元为限，对 2014 年 7 月 1 日借条项下宋某某继承人不能清偿的债务承担补充赔偿责任。

依照《中华人民共和国合同法》第八条、第一百一十三条第一款，《中华人民共和国物权法》第十五条、第一百七十九条第一款、第一百八十七条，《最高人民法院关于适用〈中华人民共和国民法总则〉诉讼时效制度若干问题的解释》第三条，《最高人民法院关于适用〈中华人民共和国民事诉讼法〉的解释》（法释〔2015〕5 号）第九十条、第二百四十七条第一款之规定，判决如下：

一、被告苏某宽于本判决生效后十五日内对宋某某在 2014 年 7 月 1 日借条项下欠付原告李某的款项（截至 2021 年 3 月 29 日剩余本金为 198 万元，利息为自 2014 年 12 月 31 日起至上述本金实际清偿之日止按中国人民银行同期贷款利率或一年期同期全国银行间同业拆借中心公布的贷款市场报价利率计算）在 954400 元限额内承担补充赔偿责任；

二、驳回原告李某的其他诉讼请求。

苏某宽不服原审判决，提起上诉。北京市第二中级人民法院经审理认为：根据本案查明事实和各方当事人的陈述，认定苏某宽主张抵押合同无效、本案诉讼时效已过、本案符合一事不再理的上诉意见均不成立。原审判决认定事实清楚，适用法律正确，应予维持。依照《中华人民共和国民事诉讼法》第一百七十条第一款第一项规定，判决如下：

驳回上诉，维持原判。

【法官后语】

可以将本案的主要事实与裁判逻辑分述如下：抵押合同成立且生效后，抵押人违反设立登记的合同义务，自始至终没有就案涉抵押房产在不动产登记部门为抵押权人设立抵押登记。其间抵押权人没有向抵押人催告履行或是诉请设立抵押登记，而是径直起诉债务人与抵押人对全部借贷债务的清偿义务承担连带责任。在先起诉的民间借贷纠纷案件当中，法院驳回了债权人暨抵押权人对抵押人的诉讼请求，并在判决中释明抵押权人“仅有权在债务人对主债务不能清偿的范围内承担补充责任”。嗣后债务人去世，债务人对主债务不能清偿的范围随之确定。法院审理后首先认为抵押权人依据抵押合同约定诉请抵押人承担补充责任与此前要求抵押人与债务人对借贷债务承担连带责任的两次诉讼因诉讼标的指向的请求权基础不同，所以并非重复起诉；其次认为因主债务不能清偿的范围已经确定且抵押权登记仍未设立，且双方对于抵押登记未能设立各应承担50%的过错，据此抵押人应当在以抵押合同成立时抵押物评估价值的二分之一为限对不能清偿的主债务承担补充责任。根据以上内容，本案的裁判要点如下：

一、关于本案的法律适用问题

本案一审判决作出于九民纪要发布之后《中华人民共和国民法典》实施之前，因此主要的裁判依据为根据《全国法院民商事审判工作会议纪要》（以下简称《九民纪要》）第六十条①所引用《中华人民共和国合同法》与《中华人民共和国物权法》的相关规定。在《中华人民共和国民法典》施行后，《最高人民法院关于适用〈中华人民共和国民法典〉有关担保制度的解释》第四十六条②吸收并进一步完善了《九民纪要》第六十条的规定，因此在未来审理此类

---

① 《全国法院民商事审判工作会议纪要》第六十条规定：【未办理登记的不动产抵押合同的效力】不动产抵押合同依法成立，但未办理抵押登记手续，债权人请求抵押人办理抵押登记手续的，人民法院依法予以支持。因抵押物灭失以及抵押物转让他人等原因不能办理抵押登记，债权人请求抵押人以抵押物的价值为限承担责任的，人民法院依法予以支持，但其范围不得超过抵押权有效设立时抵押人所应当承担的责任。

② 《最高人民法院关于适用〈中华人民共和国民法典〉有关担保制度的解释》第四十六条第三款规定：因抵押人转让抵押财产或者其他可归责于抵押人自身的原因导致不能办理抵押登记，债权人请求抵押人在约定的担保范围内承担责任的，人民法院依法予以支持，但是不得超过抵押权能够设立时抵押人应当承担的责任范围。

争议时，对于法律事实发生在2021年1月1日之后的案件应当适用《最高人民法院关于适用〈中华人民共和国民法典〉有关担保制度的解释》的相关规定。

二、如何认定本案中抵押人所应承担的补充责任

关于《九民纪要》第六十条以及《最高人民法院关于适用〈中华人民共和国民法典〉有关担保制度的解释》第四十六条第三款所确定责任属于连带责任还是补充责任，条文本身确实没有直接予以明确。但连带责任基于约定或法定而产生，该结论目前已经形成当然共识，因此在立法没有明确使用“连带责任”用语的情况下，自然应当适用补充责任的规则。本案争议经历两次诉讼，在前次诉讼中抵押权人认为抵押人应当对案涉债务承担连带责任，审理法院正确地向抵押权人就责任性质进行了释明。需要指出的是，对于抵押人提出的重复起诉抗辩事由，审查是否构成重复起诉时不应仅凭诉讼请求数额是否相同作出判断，而应当实质性地审查诉讼请求所对应的请求权基础是否同一，如请求权基础内容不同的，原则上不应认定在后起诉构成重复起诉。

三、如何认定“抵押权能够设立时抵押人应当承担的责任范围”

审查此项争议涉及两方面内容，分别是如何确定抵押物的价值以及抵押人是否应当以全部价值为限承担补充责任。对于前者，本案中抵押权人在申请房产价值评估时提出了两个评估时点，即抵押合同成立时与本案起诉时。在现实情况中，由于房地产市场价格波动，至本案起诉时案涉抵押房产的价值几乎超出抵押合同成立时的两倍之多，因此此项争议的结论对当事人权益影响重大。对此《最高人民法院关于适用〈中华人民共和国民法典〉有关担保制度的解释》正确地规定应当以抵押权能够设立时确定抵押财产的价值。个中考虑在于该条所确定的补充责任衍生于抵押人在抵押合同项下的违约责任，而从保护合理预期的原则出发，确定违约方所应承担违约责任应当以合同订立时当事人所能合理预见的范围为准。因此本案中应当以抵押合同约定完成抵押登记的时间点来确定抵押房产中用以清偿债务的财产限度。但需要指出的是，如果抵押权人嗣后再次催告抵押人设立抵押登记，但抵押人始终拒不配合的，在具体认定抵押权能够设立的时间点上可以加重考虑抵押人的过错，并作出有利于抵押权

人的认定。

关于抵押人是否应当以全部价值为限承担补充责任一节，《最高人民法院关于适用〈中华人民共和国民法典〉有关担保制度的解释》确立了因“可归责于抵押人自身的原因”导致不能办理抵押登记的规则。此处的审理难点在于如果抵押权人对未设立抵押登记同样具有过错，例如长期不催告抵押人设立登记等情形时，能否相应减轻抵押人所应承担的补充责任范围。对此，最高人民法院指导性案例第168号“中心银行股份有限公司东莞分行诉陈某华等金融借款合同纠纷”给出了明确答案，即抵押人对未能办理抵押登记有过错的，相应减轻抵押人的赔偿责任。在未来确定此类争议中的具体过错时，可以适用侵权法中过错相抵原则以及违约责任中的减损规则来作出判断。

编写人：北京市西城区人民法院　张乃月　赵萌

45

债务人重整计划执行完毕后，债权人主张抵押权应否予以支持

——某银行诉投资公司抵押合同案

【案件基本信息】

1. 裁判书字号

山东省青岛市中级人民法院（2020）鲁02民初1505号民事判决书

2. 案由：抵押合同纠纷

3. 当事人

原告：某银行

被告：投资公司

第三人：汽贸公司

【基本案情】

1. 2019 年 3 月 28 日，某银行（贷款人）向汽贸公司分公司（借款人）发放借款人民币壹亿伍仟伍佰万元整。同日，投资公司自愿以其享有的土地使用权为上述借款提供抵押担保。投资公司形成股东会决议，同意为上述借款提供抵押。当事人就抵押物办理了抵押登记，某银行取得不动产登记证明。其后，某银行依约发放八笔借款，借款金额合计为 1.5 亿余元。借款到期后，汽贸公司分公司未依约还款。

2. 2019 年 9 月 5 日，河北省唐山市中级人民法院（以下简称唐山中院）受理对汽贸公司的重整申请。同年 12 月 5 日，唐山中院确认某银行享有普通债权，债权金额为 156927289.65 元。某银行向投资公司发出《通知函》，督促投资公司作为抵押人于 2019 年 10 月 18 日前及时向管理人申报债权。

2019 年 12 月 9 日，唐山中院批准《汽贸公司重整计划》，终止重整程序。该重整计划载明，普通债权人每家 50 万元以下的部分以现金方式全额清偿，超过 50 万元的债权部分，在重整计划执行期限内，以每 100 元普通债权分得约 16.722408 股庞大集团资本公积转增股票方式予以清偿，股票的抵债价格按 5.98 元/股计算（同日 ST 庞大收盘价为 1.32 元），该部分普通债权的清偿比例为 100%。2019 年 12 月 30 日，汽贸公司重整计划执行完毕。

2019 年 11 月 28 日，某银行向汽贸公司破产管理人发送《关于商请预留抵债股份的函》，载明抵押人不同意申报，原告申报了债权。因该笔债权原告拥有足值抵押物，且以股抵债以存在极大不确定的预估价格作价，严重损害原告利益，特商请管理人为原告预留抵债股票，暂不现实交割，待原告申请法院处置抵押物后视情况进行后续选择处理。截至上述《情况说明》出具日，某银行未向管理人提供现金账户和股票账户，应受偿的现金和股票仍在管理人账户提存。

2020 年 8 月 7 日一审立案时，ST 庞大收盘价为 1.15 元。某银行请求法院判令某银行对抵押物享有优先受偿权。

【案件焦点】

1. 债务人重整计划执行完毕后，某银行是否有权主张抵押权；2. 某银行享有的主债权是否得到清偿。

【法院裁判要旨】

对于焦点一，首先，某银行主张抵押权符合法律规定。《中华人民共和国企业破产法》第九十二条第三款规定：债权人对债务人的保证人和其他连带债务人所享有的权利，不受重整计划的影响。基于抵押和保证都属于保障主债权实现的担保方式，因此，依据该条规定应保障重整后债权人对抵押人享有的权利。其次，借款人破产重整的，债权人和担保人应依据诚实信用原则积极履行各自的权利义务。对于涉案债权，某银行及时通知抵押人申报债权，在抵押人临至期限届满仍不申报的情况下主动申报债权。相反，投资公司收到通知后拒不申报债权。诚实信用是民法基本原则，更是商事活动中应遵循的价值准则。某银行积极行使权利、履行义务，亦保护了抵押人投资公司有权预先行使的追偿权。投资公司的行为显然有违诚信，其关于债权人已申报债权不应再主张抵押权的抗辩不应得到法律的支持，否则就将导致抵押人怠于申报债权反而抵押责任消灭、显失公平的法律后果。

对于焦点二，某银行的主债权并未获得实际清偿。涉案《汽贸公司重整计划》载明，普通债权清偿比例为 100%。对此，上市公司股票在二级市场的收盘价是股票价值的客观体现。而《重整计划》关于汽贸公司抵债股票的定价远超二级市场该股票的收盘价。正因如此，某银行对《重整计划》有异议，拒绝受领重整计划分配的“现金 50 万元+股票 26158410 股”，即该行债权并未获得实际清偿。根据上述《中华人民共和国企业破产法》第九十二条第三款规定，某银行有权就未获清偿的债权向投资公司主张抵押权。同时，根据权利义务相平衡的原则，亦应保护抵押人在重整程序中行使追偿权的权利。因此，在债权通过实现抵押权得到实际清偿之后，抵押人投资公司可代替某银行在重整程序受偿。

综上，对于重整程序确认的债权，原告有权以被告投资公司提供的抵押财产折价或者以拍卖、变卖该抵押财产所得的价款优先受偿。原告超出该债权金额的诉请，本院予以驳回。判决如下：

一、对于河北省唐山市中级人民法院（2019）冀02破2号之十三民事裁定书所确认的债权，原告某银行有权以被告投资公司所有的抵押财产折价或者以拍卖、变卖该抵押财产所得的价款优先受偿；

二、原告某银行的债权得到清偿后，被告投投资公司有权代替原告某银行在第三人汽贸公司重整程序中受偿；

三、驳回原告其他诉讼请求。

判决后，双方当事人均未上诉，本判决现已生效

【法官后语】

对于债务人重整方案确定普通债权清偿率为100%且重整方案执行完毕后，债权人是否有权主张抵押权的问题，我国企业破产法和担保法及其司法解释并未作出明确规定。对此，依据企业破产法、担保法及其司法解释的相关规定以及诚实信用原则，遵循商法高效、便捷的理念，应保障债权人在申报债权后仍有权向抵押人主张权利；同时，为了实现当事人之间权利义务相平衡，亦应保护抵押人在重整程序中预先行使追偿权，即代替债权人在重整程序受偿。具体将从以下几方面予以分析：

一、准确认定债权人申报债权的法律意义

首先，债权人申报债权并不意味着债权人放弃向担保人主张权利。对此，企业破产法已作出明确规定，无须赘述。其次，债权人申报债权既能保障主债权的实现，亦能确保担保主体将来预先行使追偿权。在目前的破产审判实践中，登记债权、分配破产财产等均以主债权为主。因此，债权人申报债权既是权利也是义务。有鉴于此，《最高人民法院关于适用〈中华人民共和国担保法〉若干问题的解释》第四十五条规定“债权人知道或者应当知道债务人破产，既未申报债权也未通知保证人，致使保证人不能预先行使追偿权的，保证人在该债权在破产程序中可能受偿的范围内免除保证责任”，通过否定式的规范模式鲜明体现了申报债权行为的义务性质。综上，依据法律、司法解释等规定和基本

法理，债务人破产（重整）程序中，债权人申报债权既是权利亦是义务，不应因债权人申报债权认定其放弃主张担保权利。

二、依据诚信原则，公平高效认定担保权利实现方式

在《中华人民共和国民法典》及其担保制度司法解释施行前，对于债权人已经在债务人重整程序中申报了债权，又向法院主张担保权利的，对于担保权利的实现方式主要有三种观点：1. 债权人可同时通过申报债权和向担保人主张方式行使债权，二者互不影响，诉讼中判决担保人承担担保责任，同时担保人代债权人在破产程序中受偿。2. 债权人只要在债务人破产程序中申报了债权，就只能在该程序中可得的受偿数额确定后六个月内才能就未受偿部分向担保人主张权利。3. 债权人可同时通过申报债权和向担保人主张方式行使债权，但二者互相影响，判决担保责任时应当扣减债权人在破产程序中可能获得的受偿额。

上述三种实现方式中，笔者倾向于第一种方式。原因为：首先，第一种方式彻底遵循了《中华人民共和国企业破产法》第九十二条所规定的“债权人享有的担保权利不受重整计划影响”原则。所谓“不影响”原则，不应仅指申报债权不影响债权人向担保人提起诉讼，还应包括不影响担保人依法依约承担担保责任。其次，第一种方式更符合商法高效、便捷的核心价值和基本理念。不论是破产程序还是重整程序，普遍都程序复杂、耗时漫长。而第二种方式除了延误债权人主张担保权利，并未创造任何效益，亦未减轻债务人和担保人的责任，制度设计非常低效。最后，第一种实现方式更符合诚信原则，能够有效防范担保人的道德风险，以实现担保制度的法律意旨。我国破产审判实践中，对于债权受偿数额的认定具有一定不确定性。例如，本案中，2019 年 12 月《重整计划》被裁定批准时，ST 庞大收盘价为 1.32 元；2020 年本案立案时，ST 庞大收盘价为 1.15 元，均远低于《重整计划》确定的 5.98 元/股。因此，如果适用第三种方式，必然面临如何扣减债权人在重整程序中受偿数额的难题：如按二级市场收盘价确认受偿额，有违《重整计划》；如按《重整计划》予以认定，又显失公平。并且，如以《重整计划》为依据，则担保人将因怠于申报权利

（亦即怠于预先行使追偿权）而免除担保责任，明显有悖诚实信用基本原则。如果依此判决，即是助长担保人的“道德风险”，既不利于债权人利益保护，亦有损破产重整的秩序稳定和制度价值。同时，鉴于第一种方式赋予担保人取得债权人在破产程序中地位的权利，故并未不当增加担保人的责任和风险，反而助力各方权利义务尽早回归正轨。综上，这种方式能够鼓励各方遵守诚信原则，积极行使权利、履行义务，防范道德风险，减少时间成本，确系处理担保权利实现的最佳方案。在承担担保责任后，有权取得债权人在破产程序中的地位和权利。

三、民法典担保制度司法解释的相关规定

值得说明，《最高人民法院关于适用〈中华人民共和国民法典〉有关担保制度的解释》（以下简称《民法典担保制度司法解释》）第二十三条即采用了第一种担保权利实现方式，即允许债权人同时申报债权并向担保人主张权利，同时规定担保人清偿债权人全部债权后，可以代替债权人在破产程序中受偿。此外，《民法典担保制度司法解释》第二十四条将《最高人民法院关于适用〈中华人民共和国担保法〉若干问题的解释》第四十五条（仅适用于保证）的规定扩展适用到整个担保制度，重申债权人知道或应当知道债务人破产，既未申报债权也未通知担保人，致使担保人不能预先行使追偿权的，担保人就该债权在破产程序中可能受偿的范围内免除担保责任。民法典担保制度司法解释的上述规定，对长久以来争议不断的债权人申报债权与实现担保权利关系问题给予了符合商法精神及法律规定的明确结论，体现了最高院认识不断深化、解释水平持续提高。因本案事实发生在2019年，故判决没有直接适用《民法典担保制度司法解释》第二十三条规定，但借鉴了该条的解释精神，对《民法典担保制度司法解释》施行后类案审理和裁判亦具有一定的指导意义。

编写人：山东省青岛市中级人民法院　宿敏

46

流押条款和以物抵债协议的区分认定

——艾某、王某甲诉赵某、王某乙抵押合同案

【案件基本信息】

1. 裁判书字号

山东省淄博市中级人民法院（2021）鲁03民终2250号民事判决书

2. 案由：抵押合同纠纷

3. 当事人

原告（上诉人）：艾某、王某甲

被告（被上诉人）：赵某、王某乙

【基本案情】

艾某、王某甲于2019年10月23日、10月24日向法院起诉赵某、王某乙民间借贷两案，经法院主持调解，两案均于2019年11月19日达成调解协议，法院分别作出（2019）鲁0302民初4370、4408号民事调解书。4370号案调解协议内容为：两被告欠两原告借款本息合计624700元，于2019年12月30日前一次性付清，自2019年11月19日起至借款实际付清之日的利息，按本金624700元乘以年利率18%支付，诉讼费、保全费合计9920元，由两被告负担。4408号案调解协议内容为：两被告欠两原告借款本金500000元，于2019年12月30日前一次性付清，自起诉之日起至借款实际付清之日的利息，按本金500000元乘以年利率18%支付，诉讼费、保全费合计7920元，由两被告负担。因两被告未按生效调解书自动履行付款义务，两原告申请强制执行，法院于2020年6月24日作出（2020）鲁0302执385、388号执行裁定书，查封赵某、

王某乙以文化创意园名义开发的旅游房24套。2020年6月17日，就上述两民间借贷案原、被告达成执行和解协议一份，协议内容为：一、两被执行人欠申请人借款本金及诉讼费用1142540元，两被执行人于2020年7月31日前一次性还清；二、借款本金113万元自2019年11月1日至借款还清之日按年息18%计算的利息于2020年7月31日前一次性付清；三、两被执行人以其文化创意园名义开发的旅游房24套抵顶给申请人（已查封）抵偿债务，在2020年7月31日前被执行人可自行变卖交款到法院，届期后10日内不能清偿债务，则所有权转移申请人；四、执行费16226元，由两被执行人支付；五、申请人在本和解协议生效后，撤回强制执行、限高和账号冻结，房产查封继续有效。协议由原、被告签字捺印并加盖“文化创意园”章。该协议签订后，两原告撤回了执行申请，但两被告既未按约履行还款义务，亦未将涉案24套房产交付原告。为此原告提起本案诉讼，请求判令被告履行执行和解协议，限期将涉案24套房产交付原告。

庭审中，原告主张该24套房产办理了相关建设审批手续，但在法院限期内未提交证据证明。经法院向区土地、建设行政主管部门了解，以山东文化创意园名义开发的涉案24套旅游房既未办理土地出让手续亦无规划、施工等建设审批手续。

【案件焦点】

执行和解协议第三条是否有效，其系流押条款还是以物抵债协议。

【法院裁判要旨】

山东省淄博市淄川区人民法院经审理认为：本案双方当事人争议的焦点问题是：执行和解协议第三条是否有效以及原告据此要求被告限期交付涉案24套房屋的请求是否成立。执行和解协议第三条关于“届期后10日内不能清偿债务，则所有权转移申请人”的约定无效。基于此，原告要求被告限期交付涉案24套房产的诉讼请求，不予支持。理由如下：首先，从执行和解协议的上下文看，该协议第一条、第二条约定了被告偿还借款本息的期限，也就是说，虽然4370、4408号民事调解书已经确定了被告履行付款义务的具体期限且履行期限已经届满，但经双方协商，原告自愿同意延长被告的还款期限至2020年7月31日，双方就还款达成了新的协议，约定了新的履行期限，该协议约定有效。执行和解协议第三条的前半部分虽表述为“以其山东文化创意园名义开发的旅游房24套抵顶给申请人（已查封）抵偿债务”，从文义看似乎是以物抵债，但下文又表述为“在2020年7月31日前被执行人可自行变卖交款到法院，届期后10日内不能清偿债务，则所有权转移申请人”。由此可认定该条本意系在基于前两条协议约定了新的债务履行期限后，以涉案24套房产设定抵押，债务人还款仍需按照约定期限履行，如到期还款，则物仍归属被告处分，否则物的所有权转移给原告，而非在债务履行期限届满前直接以物抵债完成履行行为。但《中华人民共和国物权法》第一百八十六条规定：“抵押权人在债务履行期届满前，不得与抵押人约定债务人不履行到期债务时抵押财产归债权人所有。”原、被告在执行和解协议第三条中约定被告未在2020年7月31日前清偿债务的，涉案24套房产所有权转移给原告，违反了上述禁止流押的法律规定，应属无效。其次，《中华人民共和国物权法》第一百八十四条第四项规定：所有权、使用权不明或者有争议的财产不得抵押。而涉案24套房产系无任何建设审批手续、依法不得作为提供抵押的财产。再次，原、被告均认可涉案24套房产是山东文化创意园项目，而该公司股东是赵某、杨某，并非两被告。故即使该24套房产系经审批建设的合法财产，但两被告是否有权处分及房屋是否出售他人、哪些房屋已经出售，因被告拒绝提供相关证据，在本案中无法查明，故涉案24套房产也不具备交付条件。最后，退一步讲，即使被告以涉案24套房产提供抵押合法有效，依据《中华人民共和国物权法》第一百九十五条的规定，抵押权的实现要依照法定程序，抵押权人在债务履行期限届满前，与抵押人约定债务人不履行到期债务时抵押财产归债权人所有的，只能依法就抵押财产优先受偿，而不能直接转移抵押物所有权。综上，原告的诉讼请求，缺乏法律依据，应予驳回。原告可通过其他法律途径维护自身合法权益。被告在签订执行和解协议后，不主动按约履行到期债务且明知涉案24套房产无任何建设审批手续且已部分出售，仍承诺到期未偿债则24套房产所有权转移给原告，其隐瞒事实、虚假承诺的不诚信行为，应予谴责和训诫。据此，一审判决：

驳回艾某、王某甲的诉讼请求。

艾某、王某甲不服一审判决提起上诉。山东省淄博市中级人民法院经审理认为：本案争议焦点为涉案执行和解协议第三条是否有效以及上诉人据此要求交付24套房产是否成立。《中华人民共和国物权法》第一百八十六条、第二百一十一条明令禁止抵押权人或质权人在债务履行期限届满前，与抵押人或出质人约定债务人不能履行债务时，担保财产归债权人所有，以避免债权人乘债务人之急迫，而滥用其优势地位，通过压低担保物价值的方式获取暴利。物权法关于禁止流押或流质的规定，意味着在履行期限届满前，有关债务人不能履行债务时，抵债物就归属于债权人的约定，因违反禁止流质或流押的规定而无效。因此，债权人不能直接请求债务人履行交付或者权属变更义务，否则其就可以基于合同的履行取得物权，从而架空了物权法关于禁止流质或流押的规定。因此，涉案执行和解协议第三条中“届期后10日内不能清偿债务，则所有权转移申请人”的约定无效，上诉人主张该条款有效并据此要求被上诉人交付24套房产的上诉请求，违反相关法律规定，不予支持。一审判决认定事实清楚，适用法律正确，应予维持。据此，二审判决：

驳回上诉，维持原判。

【法官后语】

本案中所涉执行和解协议第三条约定：“两被执行人以其山东文化创意园名义开发的旅游房24套抵顶给申请人（已查封）抵偿债务。在2020年7月31日前被执行人可自行变卖交款到法院，届期后10日内不能清偿债务，则所有权转移申请人。”而本案的争议焦点和核心问题就在于对该内容的理解，即对其是流押条款还是以物抵债协议的区分认定。

所谓流押条款，是指在债务履行期限届满前，担保权人与抵押人或者出质人所达成的，如果债务人在债务履行期满后不履行债务，担保权人可以取得担保物的所有权的约定。《中华人民共和国民法典》（以下简称《民法典》）颁布前，《中华人民共和国物权法》第一百八十六条对流押进行了规定：“抵押权人在债务履行期届满前，不得与抵押人约定债务人不履行到期债务时抵押财产归债权人所有。”《民法典》颁布后，其第四百零一条对流押进行了规定：“抵押权人在债务履行期限届满前，与抵押人约定债务人不履行到期债务时抵押财产归债权人所有的，只能依法就抵押财产优先受偿。”《民法典》对流押条款的法律效力问题未再作出规定。流押的立法意义在于避免出现担保或抵押物的价值远远超过被担保债权的数额，债务人不履行债务后，抵押物或担保物的所有权直接转为担保权人所有，从而导致担保人或抵押人的合法权益遭受损害。

以物抵债协议系债务清偿的方式之一，是当事人之间对于如何清偿债务作出的安排，是对债的履行的变更。私法领域以尊重当事人的意思自治为基本原则，《民法典》第五百四十三条规定：“当事人协商一致，可以变更合同。”以物抵债协议是当事人在债务履行期限届满后就如何履行债务重新达成的合意，只要当事人的意思表示真实，内容不违反法律、行政法规的强制性规定，即为有效。《全国法院民商事审判工作会议纪要》（法〔2019〕254号）第四十四条、第四十五条对履行期届满后达成的以物抵债协议和履行期届满前达成的以物抵债协议分别作出了规定，对当事人在债务履行期届满后达成的以物抵债协议，在不违背当事人的真实意思表示、不损害第三人合法权益，亦不违反法律、行政法规的强制性规定的情况下，我国法律对此种情况下的以物抵债协议持肯定态度。

通过以上对流押条款和以物抵债协议的对比，不难看出两者表面上有相似之处，但两者存在本质上的不同。其一，是否存在担保合同。流押条款是担保合同中的条款；以物抵债协议不具有担保性质，是对债的履行的变更。流押条款中的物为抵押物，以物抵债协议中的代替物是债的履行标的。其二，两者区分的关键在于合同是否排除了债权实现时对物的折价、清算程序。其三，债权人签订流押条款目的是利用优势地位获得大于债权的利益；而以物抵债协议是平等民事主体之间的合同，建立在意思表示自由、真实的基础上。反映当事人的真实意思表示、不违反法律法规的强制性效力性规定的以物抵债协议真实有效。具体到本案中，执行和解协议第三条“两被执行人以其山东文化创意园名义开发的旅游房24套抵顶给申请人（已查封）抵偿债务。在2020年7月31日前被执行人可自行变卖交款到法院，届期后10日内不能清偿债务，则所有权转移申请人”。该条本意系在基于前两条协议约定了新的债务履行期限后，以涉案24套房产设定抵押，债务人还款仍需按照约定期限履行，如到期还款，则物仍归属被告处分，否则物的所有权转移给原告，该第三条属于抵押担保条款，涉案24套房产系抵押物，该条约定了债务履行期届满，债务未受清偿时，则涉案24套房产归原告所有，属于典型的流押条款，而并非像原告所称，该条属于“以物抵债”协议。根据《民法典》第四百零一条的规定，流押条款并不发生抵押物所有权变动的效力，其该约定因违反法律强制性规定而无效，故依法应驳回原告的诉讼请求。

编写人：山东省淄博市淄川区人民法院　杜桂华

四、质　　押

47

股权质权的行使期间

——担保公司诉曹某某股权质权案

【案件基本信息】

1. 裁判书字号

北京市西城区人民法院（2021）京0102民初13759号民事判决书

2. 案由：股权质权纠纷

3. 当事人

原告：担保公司

被告：曹某某

【基本案情】

2014年12月13日，担保公司委托某银行向商贸公司发放对公客户委托贷款，贷款金额为4500万元；贷款的年利率为24%；贷款期限为自2014年12月30日起至2016年1月15日止。

次日，曹某某签订《股权质押合同》，以其所持有的地产公司700万股（占持股比例35%）的股权及其派生权益（即质押物股权自身价值及其股权应得红利及其他收益），为商贸公司的上述借款提供担保，质押期限自2014年12月20日起至2018年1月12日止，担保公司在主合同项下主债权诉讼时效期间行使质权。

2014年12月20日，曹某某对上述股权办理了质押登记。

另外，地产公司以其国有建设用地使用权对案涉主债权提供抵押担保；徐某某、张某某对案涉主债权提供连带责任保证担保；置业公司与担保公司签订六份《商品房买卖合同》作为案涉主债权的担保。

后担保公司通过某银行依约履行了出借义务，但商贸公司未依约清偿，各抵押人和保证人亦未履行抵押和保证责任。

担保公司于2018年10月30日将商贸公司、地产公司、连某某、曹某某、徐某某、张某某、实业公司、置业公司诉至顺义区法院，后担保公司撤回对曹某某的起诉。顺义区法院于2019年6月24日作出（2018）京0113民初31574号民事判决，判决：商贸公司偿还担保公司借款4500万元及相应利息；担保公司有权对地产公司抵押的国有建设用地使用权拍卖、变卖所得价款在抵押权范围内享有优先受偿权；担保公司对置业公司已办理备案登记的《商品房买卖合同》对应的房屋拍卖、变卖所得价款在其债权范围内享有优先受偿权；地产公司、张某某、徐某某、置业公司、实业公司对商贸公司偿还担保公司4500万元借款本金并支付相应利息的义务承担连带清偿责任。

上述判决生效后，担保公司向顺义区法院申请强制执行，该案执行回案款14200元。因被执行人名下暂无财产可供执行，故裁定终结对上述判决第一项、第四项的本次执行程序。

【案件焦点】

担保公司的主张是否超过质权的行使期间。

【法院裁判要旨】

北京市西城区人民法院经审理认为：抵押权人应当在主债权诉讼时效期间内行使抵押权；未行使的，人民法院不予保护。以登记作为公示方法的权利质权，参照适用抵押权的上述规定。本案中，主债权的履行期限为2014年12月30日起至2016年1月15日止，故主债权的诉讼时效应从2016年1月16日起计算，即本案主债权的诉讼时效截至2019年1月15日届满。担保公司就案涉主债权曾于2018年10月30日向顺义区法院提起诉讼，该案判决中并未涉及曹某某，担保公司确曾在该案中起诉曹某某，但因未能提供曹某某明确的身份信息，故撤回对曹某某的起诉。综上，一审法院认为本案应当认定担保公司向曹某某行使质权的时间为2018年10月30日，未超过主债权诉讼时效期间。

另外，虽然（2019）京0113执8782号执行裁定仅终结对（2018）京0113民初31574号民事判决第一项、第四项的本次执行程序，但根据现有证据不能证明担保公司与地产公司、置业公司、曹某某就抵押及质押的顺序作出明确约定，亦无证据证明担保公司就抵押财产获得清偿，故该案执行情况与担保公司在本案中向曹某某主张权利并不冲突。

案涉《股权质押合同》约定，曹某某以其所持有的地产公司700万股（占持股比例35%）的股权及其派生权益为担保公司的主债权提供担保，担保范围包括担保公司对商贸公司在主合同项下享有的债权本金、利息、罚息、违约金、损害赔偿金和实现债权及质权的律师费、诉讼费及其他相关费用。现担保公司要求对曹某某持有的地产公司700万股股权拍卖、变卖所得价款在质权范围内享有优先受偿权，有事实和法律依据，但应以（2018）京0113民初31574号民事判决中认定的担保公司对商贸公司享有的主债权未清偿部分为限。

综上，依照《中华人民共和国合同法》第六十条，《中华人民共和国物权法》第二百零二条，《最高人民法院关于适用〈中华人民共和国民法总则〉诉讼时效制度若干问题的解释》第二条，《最高人民法院关于适用〈中华人民共和国民法典〉时间效力的若干规定》第一条第二款之规定，判决如下：

原告担保公司对被告曹某某持有的地产公司700万股股权拍卖、变卖所得价款在（2018）京0113民初31574号民事判决第一项确定的债权未清偿范围内享有优先受偿权。

判决后，双方当事人均未上诉，本判决现已生效。

【法官后语】

依照《全国法院民商事审判工作会议纪要》第五十九条的规定，抵押权人应当在主债权的诉讼时效期间内行使抵押权。以登记作为公示方法的权利质权，参照适用前款规定。但抵押权人未在主债权诉讼时效期间内行使抵押权，其后果是产生诉讼时效抗辩还是抵押权消灭，存在不同观点。

原《最高人民法院关于适用〈中华人民共和国担保法〉若干问题的解释》第十二条第二款规定，担保物权所担保的债权的诉讼时效结束后，担保权人可在诉讼时效结束后的二年内行使担保物权。但《中华人民共和国物权法》第二百零二条改变了原《最高人民法院关于适用〈中华人民共和国担保法〉若干问题的解释》第十二条的规定，该条规定抵押权人应当在主债权诉讼时效期间行使抵押权。但在表述抵押权人未在主债权诉讼时效期间行使抵押权的法律后果时，其规定是“人民法院不予保护”。实践中对此有不同的理解。一种观点认为，抵押权人未在主债权诉讼时效期间内行使权利，其后果是使抵押人产生诉讼时效抗辩，抵押权本身并未消灭；另一种观点认为，应将《中华人民共和国物权法》第二百零二条理解为，主债权诉讼时效经过后，抵押权就因除斥期间的经过而消灭。

针对第一种观点，从理论上来说，抵押权并未消灭，抵押人不能请求涂销登记。如此会出现抵押权人不能行使抵押权，抵押人又不能请求涂销抵押登记的情况，抵押人和抵押权人之间的权利义务陷入僵局。且诉讼时效抗辩作为抗辩权，在抵押人未主动提出该抗辩的情况下，人民法院不能主动审查。此时若判决抵押权人得以行使抵押权，抵押人在向债权人承担了担保责任后，如允许其向主债务人追偿，则有关主债务诉讼时效的规定将失去意义；如不允许其追偿，则抵押人的权利将得不到保障，其结果是抵押人承担了超过主债务人所应承担的责任，不符合担保的从属性要求。

针对第二种观点，除《中华人民共和国物权法》第二百零二条对抵押权作出规定外，该法第二百二十条第一款和第二百三十七条，对质权和留置权亦作出了规定，“出质人可以请求质权人在债务履行期届满后及时行使质权；质权人不行使的，出质人可以请求人民法院拍卖、变卖质押财产”“债务人可以请求留置权人在债务履行期届满后行使留置权；留置权人不行使的，债务人可以请求人民法院拍卖、变卖留置财产”。《全国法院民商事审判工作会议纪要》认为，以登记作为公示方法的权利质权，也存在与抵押权类似的问题，故将《中华人民共和国物权法》第二百零二条有关抵押权的规定类推适用于以登记作为公示方法的权利质权。

《最高人民法院关于适用〈中华人民共和国民法典〉有关担保制度的解释》也沿用了《全国法院民商事审判工作会议纪要》的观点，该解释第四十四条规定，主债权诉讼时效期间届满后，抵押权人主张行使抵押权的，人民法院不予支持；抵押人以主债权诉讼时效期间届满为由，主张不承担担保责任的，人民法院应予支持。主债权诉讼时效期间届满的法律后果，以登记作为公示方式的权利质权，参照适用前款规定。

依照上述规定，股权作为以登记作为公示方法的权利质权，质权人应当在主债权的诉讼时效期间内行使，如质权人在主债权诉讼时效期间届满前未行使质权的，出质人可以主债权诉讼时效期间届满为由，主张不承担担保责任。该期间又称为权利质权的行使期间，亦为法定的除斥期间，不受当事人约定或登记部门要求登记的担保期限的限制，也不适用关于诉讼时效中止、中断的有关规定。

编写人：北京市西城区人民法院　田甜

48

股权质押未经登记不影响担保权人向担保人主张违约赔偿权利

——汪某珺诉叶某、耿某琳民间借贷案

【案件基本信息】

1. 裁判书字号

上海市第一中级人民法院（2021）沪01民终11815号民事判决书

2. 案由：民间借贷纠纷

3. 当事人

原告（被上诉人）：汪某珺

被告（上诉人）：叶某

被告（被上诉人）：耿某琳

【基本案情】

2018年11月3日，汪某珺与耿某琳订立《个人借款合同》，约定耿某琳向汪某珺借款200万元整，用途为个人投资，约定借款期限从2018年10月11日起至2020年10月10日止。耿某琳为保证借款合同的履行，以其案涉房屋作为抵押担保。2018年10月11日、2018年11月3日汪某珺向耿某琳共转款200万元整。

2019年2月21日汪某珺（债权人）、耿某琳（债务人）与叶某（担保人）还订立担保合同，约定拟更换担保物，以叶某持有的餐饮公司20%的股权作为耿某琳借款的担保，该公司注册资本为1000万元，叶某系三股东之一，持股比例为40%。撤销案涉房屋对耿某琳债务的担保，注销房屋抵押登记。若耿某琳未归还借款，汪某珺有权请求人民法院拍卖、变卖担保的股权（担保人持有的诚某智公司20%的股权），以所得价款优先受偿。

担保合同订立后，未办理股权质押的登记。2019年2月21日，案涉房屋的抵押权注销。该房屋事后被转让，转让价为325万元。

嗣后，耿某琳仅归还了部分利息，汪某珺以耿某琳未归还借款为由，要求耿某琳归还借款及利息，由叶某承担担保责任。

【案件焦点】

1. 股权质押未登记，叶某是否应当承担担保责任；2. 股权价值浮动，叶某应当承担的责任范围，是否在100万元股权价值范围向汪某珺承担耿某琳不能归还本金、利息部分的赔偿责任。

【法院裁判要旨】

上海市闵行区人民法院经审理认为：耿某琳应向汪某珺归还借款及利息。叶某未申请设立登记，导致汪某珺最终无法就案涉股权的交换价值享有优先受偿权，叶某应承担相应的违约责任。叶某以其持有注册资本为1000万元的餐饮公司20%的股权质押，股权价值为200万元。考虑到汪某珺未积极主张自身权利，酌定叶某就其违约行为承担其在担保协议中质押股权价值的范围中承担50%即100万元的赔偿责任。

上海市闵行区法院判决：

一、耿某琳归还汪某珺借款本金200万元；

二、耿某琳给付汪某珺至2020年10月10日的借款利息及延迟支付利息的占用费合计121503.66元；

三、耿某琳付汪某珺以200万元为基数，自2020年10月11日起至借款实际归还之日止按月息1%计算的利息；

四、叶某在100万元范围内对耿某琳不能归还部分向汪某珺承担赔偿责任。

叶某对一审判决第四项不服提起上诉。

上海市第一中级人民法院经审理认为：虽然，涉案担保合同未办理股权出质登记手续，导致股权质押的担保效力并未发生，但是未办理股权质权登记手续，并不影响该担保合同本身的效力。现叶某未积极履行担保人办理股权登记的义务，而汪某珺作为担保权人亦怠于行使其权利，故认同一审法院关于双方违约责任过错比例的认定。

对于汪某珺因叶某违约造成损失范围，如果涉案担保合同完全履行，股权质押登记完成，汪某珺获得的担保利益即履行利益应在涉案公司20%股权价值范围内。考虑到股权价值系处于一种浮动的状态，不一定等同注册资本的1000万元的20%，故将叶某向汪某珺承担的违约责任确定为在涉案公司20%股权价值的二分之一范围内对耿某琳不能归还的借款本金、利息部分承担赔偿责任。

综上，依照原《中华人民共和国合同法》第一百零七条、第二百零六条，

《中华人民共和国物权法》第二百二十六条，《中华人民共和国民法总则》第一百五十三条，《中华人民共和国民事诉讼法》第一百七十条第一款第二项之规定判决：

一、维持上海市闵行区人民法院（2021）沪0112民初10371号民事判决第一项、第二项、第三项；

二、变更上海市闵行区人民法院（2021）沪0112民初10371号民事判决第四项为叶某在其所有的餐饮公司20%股权价值的二分之一范围内对耿某琳不能履行上海市闵行区人民法院（2021）沪0112民初10371号民事判决第一项、第二项、第三项部分向汪某珺承担赔偿责任。

【法官后语】

股权作为特殊的动产，作为担保物设立担保系属于权利质权，权利质权的生效即担保效力的发生必须通过特定的变动方式，应在办理完出质登记才发生法律效力。这从我国1995年《中华人民共和国担保法》第七十八条，到2007年《中华人民共和国物权法》第二百二十六条，再到2020年《中华人民共和国民法典》第四百四十三条，均是一脉相承的。而本案解决的是，在作为担保物的股权没有出质登记，即股权质押担保的效力在当事人之间没有发生时，如何处理担保人即出质人责任的问题。

首先，股权质押未作登记，股权的担保效力没有发生，但是担保权人（质权人、债权人）与出质人的担保合同的效力不受股权是否办理出质登记的影响。对于担保合同效力的认定，我国的规定存在一个演进的过程。1995年《中华人民共和国担保法》第七十八条是将担保合同的效力与担保效力一体把握，即“质押合同自登记之日起生效”，合同的效力取决于担保物是否登记。2007年《中华人民共和国物权法》第十五条确立了区分原则，即“未办理物权登记的，不影响合同效力”，因此，质押合同的效力不再受到质押登记是否办理的影响。2020年《中华人民共和国民法典》总则编再次明确规定民事法律行为的无效必须存在法定的事由。本案中，出质人与质权人的质押担保合同并不存在法定的无效事由，虽然双方并未办理股权的出质登记，但未经登记不影响质押合同的效力。

其次，质权人可以依据质押合同的约定向出质人主张违约责任。质押担保合同未发生担保效力，不代表合同在双方当事人之间不具有其他约束力。出质人向质权人不承担担保责任，并不意味着出质人不承担任何责任。司法实践中，应如何认定出质人承担责任的性质？最高人民法院第168号指导性案例对此具有参考价值。该案对未办理不动产抵押登记的抵押人应承担的责任性质做出了认定，该案裁判要点表明，不动产抵押担保未发生效力，债权人可依据抵押合同主张抵押人在抵押物的价值范围内承担违约赔偿责任。同理，股权质押未发生效力，债权人即质权人可以向出质人主张违反担保合同约定的违约责任。本案中，出质人叶某怠于履行股权质押登记的义务，造成股权质押的合同目的没有实现，债权人汪某珺可以要求违约方叶某承担违约责任。

最后，出质人应在股权价值范围内承担违约赔偿责任。违约责任的范围即损失赔偿额，根据《中华人民共和国民法典》合同编第五百八十四条的规定，该数额应当相当于违约所造成的损失，包括合同履行后可以获得的利益。违约赔偿额应以履行利益为基础，结合可预期规则、损益同销规则、减损规则、过失相抵规则等综合认定。具体到本案，一是涉案质押合同的预期履行利益与担保物的价值相当，即涉案公司20%的股权价值。但股权价值系浮动的价值，其并非当然等同于借款本金200万元或者公司注册资本1000万元的20%，因此，一审法院直接将股权价值确定为200万元依据并不充分，而应以具体执行该股权时的价值作为时点。二是确定违约责任范围是要考虑到债权人本身的过错，也就是《中华人民共和国民法典》合同编第五百九十二条的过失相抵规则。由于股权质押登记手续应由出质人与质权人共同办理，作为质权人的汪某珺对于未办理该手续所发生的损失亦存在过错，故应减少出质人叶某相应的损失赔偿额。

综上，股权质押未登记，股权质押合同依然有效，担保权人（质权人）可以依据该质押担保合同要求担保人（出质人）承担违约责任，违约损失赔偿额以执行时该股权价值为基础，质权人对于未办理股权登记有过错的，相应减轻出质人的赔偿责任。

编写人：上海市第一中级人民法院　凌捷

49

对已质押的应收账款行使优先受偿权的要件分析

——融资担保公司诉文化投资发展公司等借款担保案

【案件基本信息】

1. 裁判书字号

江苏省无锡市滨湖区人民法院（2021）苏 0211 民初 3236 号民事判决书

2. 案由：借款担保纠纷

3. 当事人

原告：融资担保公司

被告：文化投资发展公司、影视传媒公司、王某、宋某红、沈某平、魏某、娱乐传媒公司

【基本案情】

融资担保公司为某银行对影视传媒公司的债权提供连带责任保证担保。影视传媒公司向融资担保公司提供应收账款最高额质押反担保，应收账款为影视传媒公司与娱乐传媒公司签订的《电视连续剧 A 信息网络传播权独占专有许可使用协议》所产生的应收账款 440 万元及《电视连续剧 B 信息网络传播权独占专有许可使用协议》所产生的应收账款 480 万元，上述应收账款质押已于 2020 年 3 月 25 日在中国人民银行征信中心办理质押登记。

某银行向影视传媒公司等发函，主张其借款债权提前到期，并要求融资担保公司履行担保责任、代偿贷款本息，后融资担保公司向某银行代偿贷款本息共计 3016328.42 元，并取得《代偿说明书》。

现融资担保公司起诉至法院，请求法院判令影视传媒公司偿还融资担保公

司向某银行履行的担保债务3016328.42元，并判令融资担保公司有权以影视传媒公司用于质押的对娱乐传媒公司的应收账款在920万元范围内优先受偿，娱乐传媒公司立即向融资担保公司履行3016328.42元的付款义务。

【案件焦点】

1. 影视传媒公司对娱乐传媒公司是否享有920万元应收账款债权；2. 如果影视传媒公司对娱乐传媒公司享有应收账款债权，融资担保公司是否对其应收账款质权享有优先受偿权。

【法院裁判要旨】

江苏省无锡市滨湖区人民法院经审理认为：本案中，应收账款质权人融资担保公司未能证明其已就应收账款质押事项直接通知或通过应收账款出质人影视传媒公司通知了应收账款债务人娱乐传媒公司，在娱乐传媒公司明确否认知晓应收账款质押存在的情况下，娱乐传媒公司就电视连续剧A授权使用费的清偿行为合法、有效，故影视传媒公司对娱乐传媒公司的该笔应收账款因清偿而已消灭。

融资担保公司向本院提供了作为办理案涉应收账款质押登记依据的《电视连续剧B信息网络传播权独占专有许可使用协议》，协议约定在影视传媒公司提供协议约定的授权书原件、上线通知书及等额增值税专用发票后，娱乐传媒公司按照协议约定支付相应的授权使用费，娱乐传媒公司辩称影视传媒公司尚未依约提供上线通知书、发票和介质等材料，而影视传媒公司对此予以认可，因而自上述协议约定而言，并结合影视传媒公司提交的应收账款情况说明所称的电视连续剧B项目在公司财务账册及凭证中无相应账面应收款，难以认定影视传媒公司对娱乐传媒公司享有电视连续剧B项下480万元应收账款债权。

案涉应收账款虽已登记，但是现有证据不能证明该应收账款客观真实存在，融资担保公司在设立案涉应收账款质权时疏于核实该应收账款客观真实性的风险，应自行承担。因此，融资担保公司要求以影视传媒公司用于质押的对娱乐传媒公司的应收账款在920万元范围内优先受偿、娱乐传媒公司立即向融资担保公司履行3016328.42元付款义务的诉讼请求缺乏理据。

江苏省无锡市滨湖区人民法院判决如下：

一、确认被告文化投资发展公司应归还原告融资担保公司代偿款3016328.42元。

二、被告影视传媒公司、王某、宋某红、沈某平、魏某对被告文化投资发展公司的上述第一项付款义务承担连带清偿责任。

三、驳回原告融资担保公司的其他诉讼请求。

判决后，双方当事人均未上诉，本判决现已生效。

【法官后语】

以应收账款出质的，质权自办理出质登记时设立。[①] 在实践中，出质人在中国人民银行征信中心办理应收账款质权登记时，多数情况下只是提供应收账款质押合同、基础交易合同等材料。然而，如果应收账款质权人要求对于登记的应收账款行使优先受偿权时，应收账款基础交易关系的债务人往往会辩称基础交易关系的债权并不存在，因而应收账款质权人难以实现其应收账款质权。

关系图：质权人→出质人（应收账款债权人）→应收账款债务人

在本案中，融资担保公司已经就两协议项下的920万元办理应收账款质权登记，但是在主张对应收账款行使优先受偿权时，娱乐传媒公司辩称应收账款并不存在。因此，判断能否对已质押的应收账款行使优先受偿权，首先需要对应收账款质权的要件进行分析。作为权利质权，应收账款质权也应适用动产质权的有关规定，即应收账款质权人在设立应收账款质权时应当对应收账款具有支配力：一是在应收账款质权设立时或至少在应收账款质权实现时，能够确保应收账款是特定的，应收账款质权人由此对应收账款具备支配的客观基础；二是在应收账款质权设立时或至少在应收账款质权实现时，基础交易关系的债务

① 《中华人民共和国民法典》第四百四十五条第一款。

人对应收账款予以认可和支持，应收账款质权人由此对应收账款具备支配的现实可能性。由此可见，对已质押的应收账款行使优先受偿权，涉及核查应收账款客观真实性的义务以及设立应收账款质权的通知义务。

一、核查应收账款客观真实性的义务

关于在设立应收账款质权时，核查应收账款客观真实性的义务：出于控制法律风险、提高交易速度、减少交易成本的考量及应收账款的债权属性，不应当由应收账款出质人负担上述核查义务，而应当由应收账款质权人进行核查，由此确保应收账款的客观真实性或者在将来能够客观真实存在，从而确保应收账款质权人对应收账款的支配力。如果应收账款质权人疏于核查应收账款的客观真实性，那么应由其自行承担应收账款并不客观真实存在的风险，而不能由基础交易关系的债务人承担，否则显失公平，有损市场交易安全。

二、设立应收账款质权的通知义务

关于在设立应收账款质权时，通知基础交易关系债务人的义务：与核查应收账款的客观真实性相似，应当由应收账款质权人通知基础交易关系债务人设立应收账款质权的具体情况，并在通知中应当明确基础交易关系债务人不应再向基础交易关系债权人进行清偿，并要求基础交易关系债务人回函予以确认。如果没有证据能够证明应收账款质权人已履行了通知基础交易关系债务人的义务，那么应收账款质权的设立对基础交易关系债务人不发生效力，基础交易关系债务人仍可向基础交易关系债权人履行付款义务。

编写人：江苏省无锡市滨湖区人民法院　丁国军　杨啸天

ISBN 978-7-5216-3276-7

图书在版编目（CIP）数据

中国法院2023年度案例．借款担保纠纷／国家法官学院，最高人民法院司法案例研究院编．—北京：中国法制出版社，2023.5

ISBN 978-7-5216-3276-7

Ⅰ.①中… Ⅱ.①国… ②最… Ⅲ.①借贷-经济纠纷-案例-汇编-中国②担保-经济纠纷-案例-汇编-中国 Ⅳ.①D920.5

中国国家版本馆CIP数据核字（2023）第026350号

策划编辑：李小草　韩璐玮（hanluwei666@163.com）
责任编辑：韩璐玮　　封面设计：李宁

中国法院2023年度案例．借款担保纠纷

ZHONGGUO FAYUAN 2023 NIANDU ANLI. JIEKUAN DANBAO JIUFEN

编者/国家法官学院，最高人民法院司法案例研究院
经销/新华书店
印刷/三河市紫恒印装有限公司
开本/730毫米×1030毫米　16开　　印张/16　字数/193千
版次/2023年5月第1版　　2023年5月第1次印刷

中国法制出版社出版
书号 ISBN 978-7-5216-3276-7　　定价：69.00元

北京市西城区西便门西里甲16号西便门办公区
邮政编码：100053　　传真：010-63141600
网址：http://www.zgfzs.com　　**编辑部电话：010-63141790**
市场营销部电话：010-63141612　　**印务部电话：010-63141606**

（如有印装质量问题，请与本社印务部联系。）